U0593213

技术创新与发展丛书

—TECHNOLOGY INNOVATION AND DEVELOPMENT SERIES—

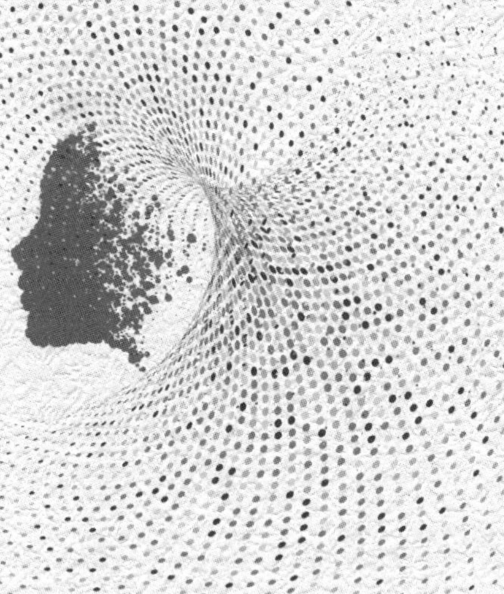

李 婷 著

协同创新初论
打开创新黑箱的钥匙

On Collaborative Innovation
The Key to the Black Box of Innovation

本书得到国家社会科学基金重点项目“供给侧结构性改革驱动经济发展新动力的理论基础与实践路径研究”（项目编号：16AZD002）的支持。

经济管理出版社
ECONOMY & MANAGEMENT PUBLISHING HOUSE

图书在版编目（CIP）数据

协同创新初论——打开创新黑箱的钥匙/李婷著. —北京：经济管理出版社，2020. 7
ISBN 978-7-5096-7322-5

Ⅰ. ①协… Ⅱ. ①李… Ⅲ. ①中国经济-经济建设-技术革新 Ⅳ. ①F124. 3

中国版本图书馆 CIP 数据核字（2020）第 139213 号

组稿编辑：王光艳
责任编辑：魏晨红
责任印制：黄章平
责任校对：张晓燕

出版发行：经济管理出版社
（北京市海淀区北蜂窝 8 号中雅大厦 A 座 11 层 100038）
网　址：www. E-mp. com. cn
电　话：（010）51915602
印　刷：唐山昊达印刷有限公司
经　销：新华书店
开　本：720mm×1000mm/16
印　张：13
字　数：240 千字
版　次：2020 年 9 月第 1 版　2020 年 9 月第 1 次印刷
书　号：ISBN 978-7-5096-7322-5
定　价：68. 00 元

前　言

自然界和人类社会总是以富有意义的协同方式共生共长。犹如黑白棋子对弈，结局是必然，但方格之间万般变化。当我们面对越来越复杂的经济系统，“协同学”仍然不过时，协同创新也许更像一把开启创新黑箱的密钥，虽然不能直接为经济增长提供现成答案，但能够在复杂系统中不断探索更高层次的普遍规律，使社会集体行动更趋于自然的协同。

经济的长期繁荣是所有人所期许的。在当今世界，在参与国际竞争的经济发展过程中，创新驱动已逐步成为各国探索经济增长的首要战略。对于中国而言，成为世界第二大经济体后，已步入老龄化社会行列，人口红利的逐渐消失和资源环境约束的强化，使我们不得不考虑如何避免落入“中等收入陷阱”问题。

通过技术创新推动增长已成为毫无争议的核心要求。中国已逐步从要素驱动和投资驱动转向创新驱动以促进经济高质量可持续增长，更加注重协同创新，加快建设国家创新体系。由 40 多年改革开放的经济发展轨迹可知，中国在实施创新驱动的过程中，经济增长动力系统具有鲜明的制度改革特征，经济制度结构变革对经济增长方式产生重要影响。因此，本书把视角锁定在研究技术与制度如何协同创新，以实现国家创新体系与制度创新安排之间的良性互动与匹配，进而有效激发中国经济增长的潜能，促进经济增长动力转换并驱动经济增长。

瑞典以及欧洲一些国家为什么会产生“创新悖论”，而美国却成为世界创新大国？这说明创新与经济增长之间很可能存在“黑箱”。创新是一个黑匣子，制度因素是最重要的“社会过滤”。本书在创新黑箱观点的基础上，用量子理论中“薛定谔的猫”实验将创新黑箱的混沌状态解构为协同与不协同的二维状态，是否协同创新需要相应的条件，而奇点集的突变区域正是博弈状态点集合，保持协同创新的关键是系统内部是否有相应的机制能够形成可持续循环系统保障负熵不断地输入。

通过比较分析瑞典和美国的创新投入与产出发现，美国完善活跃的金融体系是实现创新绩效的关键，美国的技术创新体系、制度创新体系与金融创新体系三者形成协同创新机制，三个系统之间相互影响、相互推进，不断更迭推动经济增长。这点从《华尔街日报》的头版可知，每一位最富有的赢家并非做出了革命性的贡献，而是金融资本又一次站稳了人类经济系统中的核心位置。

在系统演化博弈理论框架下，本书第四章在博弈模型中增加金融支撑机制收益，并分析金融支撑机制对技术与制度协同创新演化博弈的影响，结果表明，金融创新能有效提升协同创新收益，弱化“搭便车”行为，有效提高技术与制度协同创新的概率，是影响技术与制度协同创新的重要条件。从中国近十多年的相关数据测算结果上来看，总体上三个系统协同发展，螺旋式上升驱动经济增长，但在2015年三者的协同度达到最高之后略有下降。从两两系统之间的协同度来看，近十几年来，中国科技创新与金融创新的协同度最高，金融创新与制度创新的协同度最低，且具有滞后性。

如何寻找到较优路径，是本书研究的重点。本书在技术与制度协同创新驱动经济增长的路径研究章节，构建了技术、制度、金融三者协同创新的系统动力学模型，定性与定量地研究、分析三个系统的内在影响机制，进而预测系统的动态演化行为。分析结果表明，在机制调控方案中，金融创新路径最优；在金融创新调控方案中，应优先考虑优化金融融资结构市场化程度；在政府创新动力调控方案中，政府创新动力在平台上的调控路径较优，充分有效利用低龄高学历老年人力资本有利于提升智库平台效率，从而增强政府创新动力；在人才调控方案中，提升科研人员流动率明显优于单独提升各个系统的人才比重。

由理论与实证分析可知，金融创新是影响技术与制度协同创新的重要因素，建立技术、制度、金融三者协同创新机制是实现经济可持续稳定增长的关键。随着中国对高质量经济增长的进一步要求，金融与实体经济之间的联系越来越紧密，也越来越复杂。在经济增长的研究框架中，将金融创新纳入协同创新的研究中具有十分重要的理论意义。对于中国经济发展而言，技术与制度协同创新之间还可以有更好的融合，制度创新和金融创新之间的协同创新空间还很广阔，技术创新和金融创新之间还有更多可能性。本书针对较优路径提出的政策建议，对于推动技术和制度协同创新、提高科研转化率、增加技术市场成交额，进而推动经济增长与提升经济发展质量有重要的实践意义。

本书得到了国家社会科学基金重点项目“供给侧结构性改革驱动经济发展新动力的理论基础与实践路径研究”（16AZD002）的支持，在此表示衷心的感谢。

由于作者水平有限，书中难免有疏漏与错处，恳请专家学者们以及读者朋友们提出宝贵意见。

李婷

2020年2月

目 录

第一章
绪 论

第一节　研究背景

改革开放以来，中国充分利用丰富的资源禀赋和市场需求潜力巨大的比较优势，采用要素驱动和投资驱动相结合的经济发展模式，经过 40 多年的实践，经济发展取得举世瞩目的成绩。按照世界银行的标准，2015 年中国人均国内生产总值（GDP）超过 8000 美元，进入中等收入偏上国家行列。为了避免落入中等收入陷阱，并防止经济社会发展陷入长期停滞状态，创新已经成为解决各种社会问题和经济问题的灵丹妙药（Jay Rao 和 Fran Chuan，2017）。创新驱动就是把高科技和知识作为最重要的资源，通过市场化、网络化实现科技与经济的一体化，形成产业集聚，从而推动经济发展（黄晟，2009）。然而，在 2000 年中国就已经迈入老龄化社会行列，人口红利逐步消失，高污染等资源环境问题凸显，在当前经济发展阶段，仅靠要素驱动和投资驱动的经济发展模式不再显现优势，中国经济增长率逐步呈现出下行放缓特征。为了避免类似中等收入国家经济发展轨迹的发生，中国逐步从要素驱动和投资驱动转向创新驱动阶段，探索创新驱动经济有效增长的方式及其动力系统。

中共十八大报告中也明确指出要实施创新驱动发展战略，要坚持走中国特色自主创新道路。创新发展注重的是解决发展动力问题。我国创新能力不强，科技发展水平总体不高，科技对经济社会发展的支撑能力不足，科技对经济增长的贡献率远低于发达国家水平，这是我国这个经济大个头的“阿喀琉斯之踵”（习近平，2016）。中共十九大报告提出：“建立产学研深度融合的技术创新体系，促进科技成果转化，培养造就一大批具有国际水平的战略科技人才、科技领军人才、青年科技人才。”习近平主席在 2018 年 5 月 28 日中国两院院士大会上强调：“努力建设世界科技强国，要充分认识创新是第一动力，提供高质量科技供给，着力支撑现代化经济体系建设。”2018 年 12 月 18 日，习近平主席在庆祝改革开放40周年大会上提出："改革开放40年的实践启示我们：创新是改革开放的生命。"因此，无论从经济发展阶段需要，还是从现实发展现状考虑，都必须改变传统的经济发展方式，发挥创新在经济社会发展中的引领作用。

然而，经济增长不是简单的系统过程，创新更是复合的系统演化过程。从生产力发展角度，科技创新是第一生产力，是经济增长的动力基础。从生产关系角度，中国经济增长动力系统具有鲜明的制度改革特征。在全面深化体制改革和供给侧结构性改革背景下，中国特色社会主义经济制度结构对经济增长方式产生重要影响。因此，研究中国经济增长动力转换驱动经济增长问题，必须充分考虑中国经济增长降速的内在原因，为了避免"两张皮"创新现象抑制创新成果与绩效，应从协同创新的角度，运用系统演化等理论分析技术与制度协同创新。技术与制度协同创新从生产力与生产关系统一的角度，实现国家创新体系与全面深化体制改革的制度建设之间相互互动、相互影响、相互匹配，从而内生激发中国经济增长的潜能，实现驱动经济增长。基于此，研究技术与制度协同创新驱动经济增长的条件、机理、路径三个问题成为本书的重点，通过分析加强协同创新的演化条件，探索整个协同创新系统的机理，寻找协同创新驱动经济增长的较优路径，求解中国经济增长新动力的构成系统与协同创新机制，以期积极有效促进经济可持续增长。

第二节　研究内容

一、技术与制度协同创新驱动经济增长的理论与案例分析

通过分析"创新悖论"发现，创新与经济增长之间存在"创新黑箱"，创新不一定能够驱动经济增长，创新黑箱中存在制度因素的"社会过滤"。以制度因素为主的社会过滤如何与创新相互作用影响经济增长？本书通过量子理论、突变理论逐步将创新黑箱的混沌状态解构成二维的叠加态、三维的曲面，通过耗散结构理论描绘黑箱中二者运动的规律和轨迹。通过对三维曲面的分析发现，中叶的奇点集正是博弈状态点集合，也是协同创新与否的博弈状态集，能否突变到协同创新状态需要相应的条件，关键是系统内部是否有不断的负熵输入。在此理论基础上，本书以瑞典和美国为案例分析对象，通过比较分析得出有利

于创新成果绩效的协同创新条件和机制。

二、技术与制度协同创新驱动经济增长的条件研究

在对创新黑箱的描绘中，应用突变理论将黑箱解构成三维曲面，出现协同创新的奇点集，本书称为“协同创新的博弈区”。在这个“协同创新的博弈区”，不同的条件因素将决定状态点形成协同创新和不协同创新两个不同的突变结果。本书在此理论基础上，运用动态演化博弈的方法分析技术与制度协同创新的条件，通过建立技术（企业）—制度（政府）的博弈模型，分别分析有金融支撑机制和没有金融支撑机制对技术与制度协同创新的影响，解析出提高技术与制度协同创新概率的条件。

三、技术与制度协同创新驱动经济增长的机理研究

在条件研究结果基础上，本书将金融因素纳入技术与制度协同创新的分析框架后，进一步分析技术与制度的协同创新如何影响金融创新发展的演化，以及金融创新如何影响技术与制度的协同创新机制。为了能够更加清晰地描述三个系统之间相互影响的有序状态以及最终演化出的协调性，本书通过协同度测算来衡量这种共生协调性结果。根据伺服原理，本书选择中国 2006~2017 年三个创新系统中 15 个重要序参量来测量协同度，分析技术创新系统、制度创新系统、金融创新系统三个系统之间的相互关系、相互作用、相互影响的有序状态以及最终演化出的协调性。

四、技术与制度协同创新驱动经济增长的路径研究

本书在设计好技术创新、制度创新、金融创新三个系统的回路后，围绕序参量建立了影响系统运行的一系列方程来确定所有变量之间的定量关系，构建了三个系统协同创新的系统动力学模型。运用系统动力学软件 Vensim DSS 6.4，实证模拟分析三个系统协同创新的路径。在模型通过历史性检验与敏感性分析后，将模拟值设定为基准模型方案。在不同路径分析中，采用情景分析方法，对不同调控方案进行分析与综合对比得出研究结论。最后，以结论中较优路径作为参考提出相应的政策建议。

第三节　研究方法和技术路线

一、研究方法

（一）文献归纳法

通过对经济增长理论脉络、创新作为驱动力的相关理论研究、技术与制度关系的理论研究、金融创新驱动经济增长的理论研究，以及技术与制度协同创新动态演化研究的梳理，分析现有文献的精华之处与局限性，并提出本书的主题。

（二）案例分析法

通过理论推演深入分析创新悖论、创新黑箱等概念，借鉴物理学中的量子理论、突变理论、耗散结构理论来逐步揭开创新黑箱之谜，将黑箱的混沌状态逐步解构为二维、三维的清晰结构。通过瑞典和美国的案例分析，进一步得到金融创新是技术与制度协同创新的必要条件。

（三）演化博弈法

在理论分析的基础上，通过构建政府—企业的动态演化博弈模型来阐述技术创新和制度创新的动态协同演化关系，分别分析有金融支撑机制和没有金融支撑机制对协同创新的影响，最终得出技术与制度协同创新的条件。

（四）计算机模拟仿真

技术创新、制度创新、金融创新分别是独立的系统，应用 CiteSpace V 分析三个系统的结构与重点影响因素，进一步通过建立符合系统协同度模型，测量三者的协同度，并在协同度测量的基础上，进一步构建三者协同创新的系统动力学模型。采用 Vensim DSS 6.4，通过计算机仿真模型的模拟，运用情景分析法，设计不同的路径调整方案，经过进一步对比分析，最终选择较优的路径。

（五）访谈调查法

根据计算机仿真模拟得出的研究结果，分别对较优路径进行实践论证。对政府部门人员、国企管理人员、民营企业决策层、科研人员等进行访谈，并对访谈的结果进行梳理提炼，最后提出相应的政策建议。

二、技术路线

本书的技术路线图 1-1 所示。

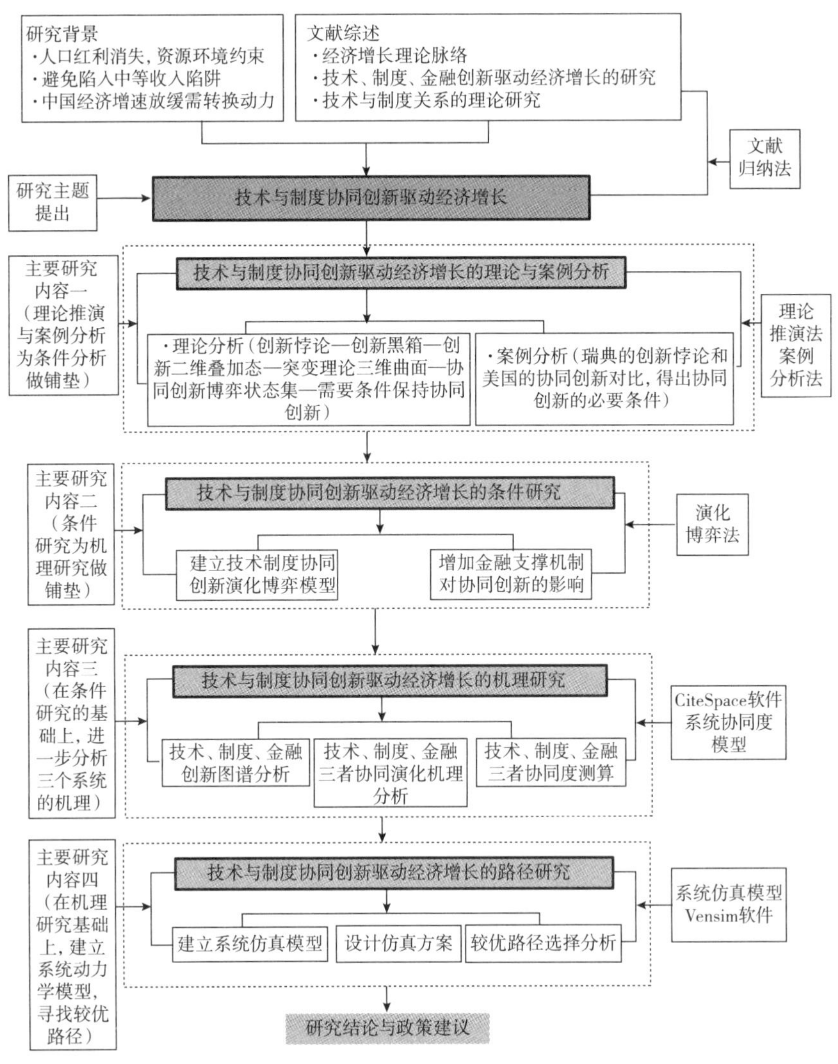

图 1-1 本书的技术路线

第四节　研究特色与创新

本书的研究特色与创新体现在以下几个方面：

第一，理论基础的交叉运用。现有对技术与制度协同创新的研究主要是从文献分析的角度，提出技术与制度协同创新的演化特征。本书不仅从文献分析的角度，还借鉴物理学量子理论中“薛定谔的猫”实验、突变理论和耗散结构理论进行理论推演，一步一步揭开“创新黑箱”内部结构，将物理学理论应用在经济学上，为技术与制度协同创新成为新的创新机制突破黑箱驱动经济增长提供了新的研究视角与理论基础，进一步完善并延展了相关理论研究。

第二，与以往二维协同创新不同，本书从技术、制度、金融三维协同视角来研究协同创新的驱动机制。首次提出金融创新是技术与制度协同创新的重要条件假设，并发现了金融创新既是技术与制度协同创新的黏合剂，更是技术与制度协同创新驱动经济增长的催化剂。这为激励金融创新推动技术与制度协同创新提供了很好的理论支撑。同时，在三维协同创新机制下，金融创新是技术与制度协同创新稳定的条件与黏合剂，反过来有利于三维协同创新机制可持续地推动经济增长。因此，此分析视角有利于促进金融系统进一步为实体经济提供更多的创新性服务。

第三，本书创新性地将系统动力学运用于技术、制度、金融三者的协同创新机制中。本书建立三者协同创新的系统动力学模型，通过计算机系统仿真方法，运用情景分析法，在不同方案的系统动态演化中寻找影响协同创新以及提升科研成果转化率的较优路径，最后提出相应的政策建议。这对政府推动协同创新机制的具体落地实施有重要的现实意义。

第二章

国内外研究现状综述

第一节　经济增长理论脉络

一、古典和新古典经济增长理论的局限性

经济增长问题历来是经济理论探讨的热点，特别是增长动力如何促进经济增长的研究。古典经济学家亚当·斯密、大卫·李嘉图等奠定了许多关于现代经济增长理论的基础。斯密的主要贡献是提出分工理论，因人类才能的差异化是分工的起源，分工进一步提升劳动者技能，推动技术进步，从而创新了生产制度并促进交换与贸易制度不断完善，通过扩大社会再生产，促进社会繁荣。李嘉图认为，国家财富的总收入来源于工资、利润和地租，实现财富增长的必要条件是增加资本积累，而资本积累来自利润。因此，应通过提高劳动生产率、降低地租、降低工人工资的政策主张来增加资本积累促进利润增长，这是发展生产力促进经济增长的有利方式。马克思用系统的思维研究经济增长，在社会资本再生产理论中，从动态的角度研究技术、制度和生产要素的关系。在马克思的增长理论中，资本家对剩余价值的追逐是经济增长的驱动力。因此，在经济均衡增长的稳定性问题上，马克思认为资本主义制度恰恰缺乏保障这种平衡态的机制，使得社会资本再生产的条件失衡，从而不利于经济的稳态平衡增长。

之后，现代经济增长理论以哈罗德—多马模型为理论起点，核心是强调资本积累在经济增长中的决定作用，并认为国家干预和调节宏观经济是有必要的。哈罗德—多马模型发展了凯恩斯的理论体系，并将凯恩斯的短期静态分析扩展到长期和动态的分析模式中，使凯恩斯经济学更易于被人接受、更具体、更富有实践意义（刘耀祥，2006）。然而，哈罗德—多马模型假定的前提是资本—产出比不变，并没有考虑到技术进步是经济增长的重要因素。索罗、斯旺等对

此模型进行修正，提出了新古典经济增长模型，新古典增长理论强调了技术进步是人均收入增长的源泉，新古典增长模型也为后续的经济增长研究提供了有效的分析工具。

综上，古典政治经济学家将劳动、资本、土地等视为内生要素，将技术进步、社会经济制度等视为外生因素，二者共同促进经济增长，这为后续的研究提供了定性的分析框架，但古典经济增长理论具有历史局限性，无法体现现代经济增长的特征；而这在新古典增长理论中有拓展延伸，新古典增长理论不仅承认技术进步的重要作用，甚至也强调经济增长的源泉是技术进步，认为当经济中不存在技术进步时，经济最终会陷入停滞状态，但新古典增长理论最大的局限性在于假定技术进步是外生变量而将其排除在外考虑（周小亮，2015）。

二、内生增长理论与经济增长

新增长理论的产生以罗默的《递增收益与长期增长》和卢卡斯的《论经济发展机制》为标志。罗默（1986）在《递增收益与长期增长》中提出经济增长的源泉是知识和技术研发，在罗默的模型中，技术进步是内生的，可实现经济持续增长，而知识进步决定技术进步，因而，人力资本和技术水平两个因素被纳入模型中，以此来体现知识的进步。Lucas（1988）在《论经济发展机制》中提出人力资本是经济增长的内生动力，认为人力资本的溢出与知识的流动对一国的经济产生重要影响，人力资本投资是经济增长和效率提高最根本的动力。1990 年，罗默从理论上第一次提出了内生增长模式，内生的技术进步被定义为经济增长的核心。Barro（1990）以政府支出和经济增长的关系为研究视点，建立了关于政府支出的内生增长模型，认为政府效率优化仍然符合生产效率的条件，所以政府在提高经济增长效率中起决定性作用。Yang 和 Borland（1991）提出经济增长是通过劳动分工的演变来解释的，研究了人力资本积累、劳动分工演化、内生比较优势、贸易依赖、市场结构和经济增长之间的关系，他们在 Y-B 模型中引入了熟能生巧的概念，阐述了通过经验积累也就是熟能生巧可创造出内生比较优势，经验积累使得个人生产效率提高，分工的演化机制产生了内生增长，强调了技术进步对经验积累的效益以及对比较优势的转换作用。Aghion 和 Howitt（1992）在所建立的模型中引入熊彼特的“创造性毁灭”概念，分析了纵向创新与技术进步以及经济增长的关系，他们认为技术进步是一种创造性的毁灭过程，通过提高产品质量而将低端产品挤出市场的方式推动技术进步。Dodzin 和 Vamvakids（2004）探讨了国际贸易对发展中国家各部门生产分配的影响，结论表明，贸易开放度的增加导致工业增加值的生产份额增加，农业产值也随之增加，贸易促进发展中国家实现工业化。

大量研究表明，内生增长理论从人力资本、知识进步、研发创新、国际贸易等角度较好地解释了经济增长，对于新古典增长理论的研究框架是一个突破，强调了技术进步是影响经济增长的内生决定因素。因此，从各国政府制定增长政策的角度，内生增长理论具有一定的参考价值。但是在内生增长理论中，严格的假设条件和实证分析是其最大的挑战，这也降低了模型的现实说服力。同时，忽略经济制度这个重要因素对经济增长的影响是内生增长模型的另一个制约点，不利于用内生增长模型进一步深度分析经济增长。

三、制度建设与经济增长

制度经济学主要强调制度在经济发展中发挥着根本性作用，将经济体之间经济绩效的差异归因于制度与政策是经济增长理论的最新进展。以诺斯、威廉姆森、舒尔茨、林毅夫等为代表的学者以制度动力源促进经济增长为探讨中心主题。诺斯（1994）通过制度经济学的方法来解释经济增长，论证了产权制度的作用，并拓宽了制度变迁理论，将产权制度和意识形态等作为经济演变发展过程的变量去考量经济增长。奥尔森（2005）认为，政府在市场发展过程中起到关键的作用，不能忽视政府的权利，这解释了为什么有些经济体能够促进本国经济繁荣与财富增长，但有些经济体却不能，这说明不同类型的政府对经济增长产生的作用可能不同，有可能产生促进经济增长的作用，也有可能阻碍经济增长，他提出的“强化市场型政府”概念为发展中国家治理演变提供了实用的分析框架。诺斯和戴维斯等（1971）认为，资本积累、创新等是经济增长体是否存在一个有效的制度安排与权利体系才是经济增长的原因，特别是有效的制度安排能够降低交易费用，而更有效的制度安排体系不断更替出现在经济增长的过程中。Acemoglu、Johnson 和 Robinson（2006）提出了无论从实证还是从案例上看，经济制度差异是经济发展差异的根本原因，经济制度决定了经济体的激励机制和对经济行为者的限制，以及最终形成的经济结果，因为不同群体能从不同的经济制度中受益。因此，各国制度安排或政策决定是与一个国家的技术水平相适应的。最新的文献还从制度具体化角度，通过定量分析，试图将产权制度、合约制度等具体化的制度内生，以分析具体制度在经济增长中的重要作用。也有许多经济学家从金融制度角度研究资本循环对经济增长的影响。Foley（1982）提出了马克思资本循环的数学模型，其资本要素、资本构成、剩余价值率、剩余价值资本化率、生产、销售和金融时间滞后都可以从企业的相关数据中衡量出来，并将需求引起通胀的模型纳入分析框架中，该模型针对指数路径进行求解，表明通常存在一种具有正向资本累积率的解决方案。Mathews（2010）认为，马克思资本循环从经典角度描述宏观经济现象的连贯框架，并在 Foley 的模型基础上，从资本循环的角度研究金融制度体系对经济增长的影响。这对中国建立多层次的资本市场、完善市场融资体系等金融制度创新具有现实参考意义。

四、演化经济增长理论的形成

目前，演化经济学在经济增长理论方面有了越来越多的应用。特别是近年来，演化经济学家从更广泛的角度，特别是驱动机理的角度，考虑演化理论对经济增长的影响。Nelson（2002）认为，古典经济学既是演化的也是制度的，演化和制度在新古典经济学兴起的过程中被忽略了，提出应该重新考虑演化和制度经济学，并将二者以连贯的方式融合在一起。Alcouffe 和 Kuhn（2004）讨论熊彼特的内生增长模型是否能够通过创造性破坏来符合熊彼特的发展愿景，扩展了 Aghion-Howitt 模型，发现内生增长理论不能承载熊彼特关于变革和发展的进化；相反，许多演化模型却能够适合于熊彼特创新。Audretsch 和 Audretsch（2004）认为，知识与可利用的知识或经济知识之间存在差距，经济知识来自由经济主体积极驱动的、普遍可用的、知识体系中的选择过程，而企业家精神是推动选择过程的重要机制，从而创造知识的多样性，而知识的多样性反过来促进知识溢出机制，实证表明，具有较高创业水平的地区确实表现出较强的劳动生产率增长。Galor 和 Michalopoulos（2012）提出，企业家精神的演变在经济发展过程中发挥了重要作用，并在社会内部和社会之间发挥了不平等的作用：在发展早期阶段，愿意承受风险的特征在促进经济增长中产生了演化优势，加速了技术进步和经济发展的进程；在发展成熟阶段，规避风险的特征获得了进化优势，削弱了发达经济体的增长潜力，并促进了各国经济增长的趋同。从以上文献可以看出，学者们从各个角度演绎演化思想对经济增长的影响，也反映出演化理论越来越受到关注，其影响力也越来越大，演化经济学家锁定的研究对象也越来越细化。整体而言，虽然演化经济学只被称为经济发展理论的一个分支，但其在处理经济增长驱动机制与演化路径上的优势却能够为本书提供重要的理论分析框架。

五、国内学者对中国经济增长动力的研究

胡乃武、周帅、衣丰（2010）和沈坤荣、李子联（2011）都提出应从产业

结构的调整、民营经济发展、资本市场的完善、“人口红利”发挥、制度变革等方面发掘经济增长的潜能与动力。靳涛（2011）从政府在市场经济中角色转换角度提出，要过渡到充分发挥市场优化配置资源的状态，保持中国经济可持续发展，则必须进一步深化体制改革。周建军（2012）提出，在实现经济社会可持续发展的过程中，既强调增长速度，也强调经济增长的方式，强调在增加投资和广泛性参与经济增长的过程中，包容性增长具有十分积极的意义。任保平（2015）从中国经济新常态背景出发，提出中国经济增长的潜力开发主要在要素配置、制度供给、规模经济等方向，把微观、中观和宏观相结合，调整路径转型支持体系和政策支持体系。任兴洲（2015）分析了我国经济新常态与经济增长动力转换的特征，提出品牌的重要性要与创新、竞争力相结合，为企业创新营造良好的制度环境。郭艳、李宝会和蔡颖（2015）以江苏省为例，应用差分自回归移动平均模型对江苏省经济增长动力进行分析，提出围绕科技创新、新型城镇化等培育经济增长新引擎。国家统计局综合司课题组（2014）专门针对我国经济增长动力及其转换进行立项研究，提出四大新动力：消费拉动新动力、要素质量提升新动力、服务业发展新动力、区域协同新动力，这些新动力的成长需要培育，需要成长期，实现经济转型升级任重道远。胡家勇（2015）提出，新常态下中国经济增长的动力将发生根本性转换，居民消费、创新、民营部门和中西部地区将逐渐成为经济增长的重要驱动力。李中（2015）提出，从优化资源配置、创新投融资机制、消费主导等方面来构建我国经济增长动力机制，并强调发挥好政府在经济发展阶段转换中的作用。唐羽（2015）对经济“旧常态”向经济“新常态”转换的必然性及其动力机制进行了分析，提出应从以往的投资驱动转为创新驱动经济增长，技术进步带来的后发优势力量成为新常态经济的一大动力。张占斌（2015）提出，要加快实现经济新常态的增长动力转换，就应该扩大国内消费需求，优化经济需求结构；强化科技和产业组织方式创新，加快实现创新驱动新常态；构建新的区域增长带和增长极；释放改革最大红利；积极参与全球经济治理。李团中、付春晖和王道（2015）以湖北省经济增长的动力特征为切入点，分析湖北省在经济发展新常态下面临的关键问题，提出从内需释放形成的拉力、自主创新培育的驱动力、产业升级塑造的支撑力和区域统筹散发的推进力四个方面推动经济增长。

上述研究结合了中国改革开放 40 多年来经济发展的现实背景，分别从不同的角度、层面，特别是从体制改革层面研究了中国经济增长的动力问题，但是上述研究多数没有依据经济新常态的基本特征，也没有依据经济系统演化趋势去探析中国经济增长动力和增长点的历史演变及其规律与特征（周小亮，2015），特别是没有将新经济增长理论和新制度经济学框架内技术与制度两个增长动力的关键性变量，通过经济演化的角度统一起来考虑。因而，这对具有时代特征的中国经济增长动力系统和新增长点问题的解读十分有限。

第二节　创新作为驱动力的相关理论研究

一、创新驱动的内涵

1912年，Schumpeter首次提出了创新概念，并将其应用于经济学分析中，他将其定义为五个方面的创新：引入新产品、引进新技术、开辟新市场、新的材料供给来源、新的组织形态。之后诺斯等分别对创新理论进行了细化与演化，从国家层面、市场结构、区域创新、服务机构等领域对创新进行进一步演绎。

创新驱动的概念，最早是由美国学者迈克尔·波特（2002）在《国家竞争优势》中提出来的。Coad（2008）使用分位函数的非参数估计法分析创新在企业成长过程中的作用，最终的回归结果表明，企业的成长和企业创新驱动作用之间呈正相关关系。傅兆君（2012）就美国创新战略的三个阶段做了详细的讨论，提出美国创新战略对中国创新发展的启示：坚持自主创新战略，不断加强国际合作，而中国创新驱动特征，是理论创新、制度创新和技术创新的统一创新体系，将是中国未来经济发展的动力。庞柏林（2011）提出了国家创新系统的概念，并分析、总结了美国、日本、德国等先进国家的国家创新系统特点和经验，为中国建立国家创新体系提供了借鉴。邓衢文、李纪珍和褚文博（2009）则从建立创新平台的角度，将英国和荷兰作为研究对象，分析这两个国家创新平台的建设模式，提出中国应发挥政府的引导作用，建立相应的创新平台，通过需求促进创新，以充分发挥平台的辐射效应。罗勇和张旭（2010）主要以英国的创新测评系统作为案例，并结合我国建设创新型国家战略实施过程的实际情况，对我国创新测评系统的实施提出了相关建议。胡婷婷和文道贵（2013）分析了世界主要国家创新驱动发展的基本路径与特征，并构建了各国的创新评价指标体系，得出各国技术创新驱动评价结果。

洪银兴（2011）认为，国家创新力不是个体创新力的相加，而是一种集成能力，创新型经济体是以知识和人才为依托，以创新为主要驱动力，以发展拥有自主知识产权的新技术和新产品为着力点，以创新产业为标志的经济。蔡乌赶和周小亮（2013）提出生态创新驱动因素通过整合能力对创新绩效产生影响及外部网络强度具有调节作用的假设，并通过数据检验企业生态创新驱动、整合能力与绩效之间的关系。刘志彪（2011）提出，在制度创新的支持下，突破中等收入陷阱魔咒的关键在于加速发展创新型经济。张银银和邓玲（2013）认为，创新驱动是一个系统工程，可以通过选择适合的创新形式培育壮大新兴产品及业务，促使创新链与传统产业链有效融合，并集聚创新要素推进传统产业集群向战略性新兴产业集群转变，这些都是实现创新驱动传统产业向战略性新兴产业转型升级的路径。陈勇星等（2013）认为，在创新驱动的过程中，先有创新后有驱动，创新是驱动的前提条件，而驱动是创新的必然结果。

马克（2013）认为，形成新的经济发展方式是中国未来较长一段时间内经济发展的主线，其探讨了创新驱动发展的路径转换过程和新路径下的"四个突破"，即从创新文化建设、创新理论研究、创新体系建设、创新制度建设四个方面提出加快形成新的经济发展方式的对策建议。张来武（2013）认为，创新驱动要以人为本，打造先发优势和企业家驱动，关键是要创新改革的形式，更多地依靠诱导性制度变迁来推进改革。任保平和郭晗（2013）指出，经济发展方式转变的创新驱动不是单一方面的创新，而是一种集合产业、科技、产品、制度、战略、管理、文化等各个方面的综合创新。肖文圣（2014）提出，为实现创新型经济的目标，"硬创新"是根本，"软创新"是保障，英国通过建立完善的国家创新体系为"硬创新"提供保障和激励，从而实现创新驱动战略。赵志耘（2014）认为，通过劳动者素质的提高以及改进劳动和资本两种要素的组合方式，有利于发挥经济增长潜力，但关键还是要依靠创新才能实现。陈曦（2013）认为，创新的主体是创新体系的重点，应确立以政府为主导、以企业为主体、中介机构积极参与、研发机构和科研人员为创新源的创新主体系统，充分发挥各个创新主体的作用，加强协同合作。夏天（2009）认为，创新驱动是现代经济发展模式的重要特征，应以自主创新为根本，在金融危机条件下，重新审视创新经济的功能，不断完善相关的金融制度，在防止系统性风险的同时，也要让虚拟经济更好地为实体经济服务。吴锋刚和沈克慧（2013）指出，应构建国家创新体系，建立相互关联的机构组织组成的创新系统，并充分利用政府研发资助政策降低企业研发活动成本，以弥补企业在资金和资源方面的不足。

以上学者分别从创新驱动的概念、创新的平台、国家创新体系、实现的路径等不同视角对中国实施创新驱动进行了研究。总体上看，创新驱动并不是直线型发展模式，而是一种系统的螺旋式上升过程。从发达国家实施创新驱动的经验借鉴可知，基于中国特色的经济发展背景，在借鉴国际优越创新发展模式的同时，更应以自主创新为主，充分发挥中国的比较优势，建立起良性的创新生态环境，使国家创新体系内各个创新主体不仅能够发挥各自的作用，而且相互协同创新。这是一个“创新—调整—再创新—再调整”的循环推进过程，通过螺旋式上升提升国家创新系统的竞争力并不断驱动经济可持续发展。

二、技术创新驱动经济增长的理论研究进展

科技创新是驱动经济发展的引擎，是影响经济增长的重要因素。对此，理论界的研究在传承中不断发展。Schumpeter（1942）充分认识到科技创新对产业发展的重要贡献，产业发展的实质也是一种内部经济结构创造性破坏过程。Solow（1957）认为，国民收入增长的“余额”就是科技创新引起的，科技创新是推动现代经济突破传统模式增长的根本原因。Denison（1962）把经济增长因素分为生产要素和提高生产要素效率的全要素生产率，即他也认识到科技创新对经济增长的贡献。Rostow（1963）认为，主导产业部门是区分不同经济发展阶段的主要指标，而由科技创新所带来的产业持续增长则是这些产业能够成为主导产业部门的一个关键原因。Lucas（1988）的人力资本溢出模型和Romer（1989）的知识溢出模型中，已经把技术进步作为经济的内生变量纳入了增长模型的理论框架之中，认为各个国家或地区经济增长的差异是由其技术进步水平差异所致。因此，欠发达国家或地区必须要依靠各种形式的创新才能实现经济赶超。以Aghion和Howitt（1998）为代表的Schumpeter主义增长模型等对内生经济增长理论进行了拓展，深化了科技创新在经济增长中的作用与认识。Kydland和Prescott（1996）通过分析模型推导理论的定量含义，解决了相关定量问题，认为技术的重大变化以及对经济的冲击是由宏观经济波动引起的。Porte（2008）认为，产业发展的重要因素包括产品创新、过程创新和专有知识的扩散，科技创新是产业演进发展并促进经济增长的根本原因。

发展动力是解决创新发展的重要问题。2014年，中央经济工作会议已指出，中国经济发展进入新常态，适应和引领我国经济发展新常态，关键是要依靠科技创新转换发展动力。目前，我国学者的研究重点更多是从实证角度，围绕影响经济增长的全要素增长率进行量化研究。吕明元（2007）主要运用A-U模型对技术创新推动产业成长的路径及机制进行了研究，从产业演化的角度提出，应根据不同产业属性和一国所处的经济阶段选择不同路径。刘伟和张辉（2008）将技术进步和产业结构变迁从要素生产率中分解出来，实证度量了产业结构变迁对中国经济增长的贡献，并将其与技术进步的贡献进行对比，结果表明，随着市场化程度的提升，产业结构变迁的贡献率逐步让位于技术进步。袁堂军（2009）通过测算中国企业的全要素生产率水平探讨全要素生产率变化

的原因，实证结果表明，中国资本、技术密集型制造业的生产率有明显改善，但劳动密集型制造业的生产率却呈现停滞状态甚至下降趋势，关键是要克服资源配置扭曲现状与低效率问题。胡宗义和刘亦文（2010）通过利用动态 CGE-MCHUGE 模型从宏观经济、产业部门及就业三个层面仿真研究科技进步对中国宏观经济的影响，研究结果表明，技术进步有利于促进中国经济增长，改善福利，提高人民生活水平，促进国内经济资源的优化配置，有利于产业发展并促进劳动力在不同产业间流动。陈诗一（2010）设计了一个基于方向性距离函数的动态行为分析模型对节能减排的损失和收益进行模拟分析，提出虽然节能减排在前期对技术进步有负面影响，但受前期较高的技术效率和后期技术进步的双重作用，中国工业全要素生产率在未来仍然保持逐年增长的态势。张浩然和衣保中（2011）采用 EDA 方法估算了中国 268 个城市的全要素生产率，检验了技术进步、结构调整与就业增长的关系，实证结果表明，人力资本和科技投入水平是推动中国城市就业增长的重要因素。王利政、高昌林和朱迎春等（2012）将电子信息、创新资产和提升经济竞争力的资产三类无形资本纳入测算生产率增长中，基于此方法对测算中国科技进步贡献率的有益思路，提出了开展我国无形资本相关测算等建议。何锦义（2012）围绕如何科学合理地测算生产率问题，提出生产率状况的指标应明确体现生产率真实水平，符合生产率变化特点并非忽高忽低，还能进行国家或地区之间的比较，而高深的模型和复杂的数据处理不一定能产生合理的测算结果，结果的合理性是重要的评价标准，同时还需要考虑不同政府部门对生产率相关指标的测算重点不同因素。孙冰（2012）设计了技术创新能力和产业竞争力指标体系，以中国 28 个省市 2003~2008 年的高技术产业为样本进行实证分析，结果表明，技术创新能力与产业竞争力有显著相关关系，创新研发能力影响产业的效益竞争力和产业的成长竞争力。邹心勇和赵丽芬（2013）主要采用 DEA 的 Malmquist 生产率指数对 1978~2010 年中国经济全要素生产率进行评价，得出中国全要素生产率平均增长率为 1.49%，其增长主要来自制度变迁。陈刚、赵志耘和许端阳（2014）从科技创新驱动的要素重组、产业结构升级和需求结构优化视角，探讨了科技创新支撑经济发展方式转变的动力机制。王海花、谢富纪和周崇安（2014）在创新生态系统视角下，构建了我国实施创新驱动发展战略的“知识—组织—制度—空间”四维协同理论框架。

由上述研究文献可知，学者围绕科技创新与产业演进的关系进行了大量研究，但不同产业的创新演化规律有其自身的特点，还应该结合产业的属性以及特定国家和历史阶段进行具体分析。从计量测算的角度，因学者的研究思路与研究方法不一致，所采用的计算函数和数据收集处理方法也不同，所以，对全要素生产率的计算结果也不尽相同，估值之间也存在比较大的差异。一方面，这进一步说明经济增长中科技创新的重要性；另一方面，也反映科技创新对经济增长不同侧面的贡献，能起到互相补充或交叉验证的作用。从现有研究成果来看，大部分学者不仅探索了科技创新对产业发展的内在作用机理，还从科技创新的需求侧，从需求条件和需求约束等视角出发研究科技创新和产业发展之间的内在逻辑关系，不断丰富了技术创新促进经济增长的理论研究。

三、制度创新驱动经济增长的理论研究进展

无论是旧制度经济学还是新制度经济学，都提出了制度创新的重要性，产权制度是研究的核心。国内许多学者也从这个角度对制度创新促进经济增长展开了研究。潘义勇（2001）提出有效的产权制度才能促进经济增长，20 世纪 90 年代的社会主义国家经济体制改革推动了社会主义国家经济的快速增长的事实，是对产权制度创新的再次检验。邱成利（2001）对制度创新与产业集聚的关系进行研究，探讨了制度创新对产业集聚的作用机制，提出加快有利于产业集聚的正式制度和非正式制度创新，弥补制度供给的不足。傅晓霞和吴利学（2002）分析了中国 20 年来的制度变迁和经济增长，从定量研究的角度出发，评估了中国改革开放所引起的制度变迁对经济增长的贡献，并验证了制度创新与制度变革是中国经济增长主要因素之一的观点，指出中国的体制改革仍能在很大程度上促进中国的经济增长。贾辉艳（2007）提出，要实现我国经济的可持续增长，转变经济增长模式的关键是制度变革和制度创新。杜明义（2008）从区域经济发展角度，提出要很好地发展区域特色经济，需要创新包括正式制度与非正式制度在内的配套制度，循序渐进推进新农村经济增长，促进西部民族地区的新农村建设。李刚和陈前（2010）通过分析改革开放 30 年来，中国经济增长率与消费增长率、投资增长率以及出口增长率之间的关系，提出制度创新才是中国 30 年高速增长的初始动力，金融危机时代使得中国现存的制度创新对经济的推动力作用降低。因此，进行制度创新和技术创新将是后危机时代中国的必然选择。尚晓晔（2011）以我国农村土地承包制为例，提出土地制度创新，激发了农民生产的积极性，促进了经济增长。同时，还应进一步完善农地产权制度，进行土地承包经营权流转的制度创新，才能进一步促进农村经济的增长。连宏谋、夏凯和郑明（2012）通过对制度促进经济增长的静态与动态分析，论证了制度对经济增长的重要促进作用，但在制度变革的结果使生产关系已经基本适应生产力要求的情况下，即制度与生产力的发展达到了新的均衡时，起主要作用的就是技术，而不是制度了。谢金箫（2014）提出，从西方发达国

家的经验来看，通过技术创新和制度创新可以达到推进本国经济持续稳定发展的目的，但在具体使用过程中，根据经济形势来选择，而我国面对经济下滑的风险，需要通过制度创新为技术创新提供更好的保障。王学龙和袁易明（2015）从制度公平性和人力资本的视角出发，对中国“技术膨胀型经济失速”的困局提供了解释，提出社会公平性下降在很大程度上抵消了技术进步的积极效果，造成了此种现象。因此，面对当前这种现状，技术创新固然重要，但更重要的是进行制度改革即制度创新，将中国经济推向一个高水平均衡。

以美国为代表的发达国家，其不断的技术创新是保持美国始终处于全球经济发展最前列的重要前提，但其相应的制度创新与技术创新相匹配也是不容忽视的重要因素。中国经济转轨还未完成，制度不均衡问题仍然存在，但制度创新仍将是中国下一阶段深化体制改革的重点。综上文献可知，制度因素是中国实施创新驱动过程中非常重要的影响因素。目前，中国仍处在经济三期叠加状态中，仅仅实施单一的技术创新驱动或者单一地研究制度创新驱动似乎并不足以解决经济增长动力转换问题。因此，本书试图将技术创新和制度协同结合在一起考虑，通过二者理论关系研究，尝试解释：把技术与制度协同演化创新作为中国经济增长转换的新动力，驱动新一轮的经济增长。

四、金融创新驱动经济增长的理论研究进展

随着金融在一国经济中的地位越来越重要，越来越多的经济学家把研究视角锁定在金融发展与经济关系上。学者们主要从金融支撑技术创新的角度分析技术创新促进经济增长的研究。科技创新与金融创新将共同或交替推动高新技术产业、金融业的发展，共同推动经济结构的优化和经济发展模式的转变。资本化是科技与金融结合的核心推动力，资本化能力是我国科技与金融结合的制度与机制保障，是我国提高自主创新能力、发展新兴产业、增强国家实力的关键。Levin（1997）提出，在金融体系中，金融功能将通过技术创新和资本积累两种途径对经济增长产生重要影响。Beck、Levine 和 Loayza（2004）对金融中介在全要素生产率中的作用进行了实证分析，发现金融对技术创新存在显著的正向影响，而全要素生产率的增长通过 GDP 的整体增长来实现。Tadesse（2002）考察了一个经济体金融体系结构中其市场导向程度与实体部门经济绩效之间的关系后提出，在金融部门发达的国家中，以市场为基础的系统优于以银行为基础的系统，而以银行为基础的系统在金融部门不发达的国家表现得更好。Atanassov、Nanda 和 Seru（2007）使用 1974~2000 年美国上市公司的面板数据进行实证分析，结果表明拥有创新项目和技术的公司将相对更多地利用间

接融资（如公共债务和股权），而创新较少的公司则倾向于使用基于人际关系的借款（如银行借款）；依赖于间接融资的公司获得了更多的专利，而这些专利在影响后续专利方面更为重要；第一次发行公共债务的公司和通过SEO发行股票的公司在发行两年后的创新活动显著增加。

中国改革开放40多年，在信贷扩张支持下投资驱动带来经济高速增长，这一时期的银行主导型金融结构有利于产业的发展。叶耀明和王胜（2007）的研究充分证实了这一点，他们以长三角城市群的面板数据为样本，实证结果表明，与创业风险投资公司相比，以商业银行为代表的金融中介机构在处理信息和保护创新企业家控制权等方面有着明显的优势，进而推动科技创新的大力发展。2012年，党的十八大提出实施创新驱动发展战略后，越来越强调科技创新是提高社会生产力和综合国力的战略支撑。且随着经济发展和产业结构升级，经济增长将更多依靠技术创新，实体经济“需求面”的因素将逐渐驱动金融结构由“银行主导”向“市场主导”转变（林志帆和龙晓旋，2015）。越来越多的学者认为，在经济增长动力转型阶段，直接金融市场更易于支持技术创新，从而推动经济增长。王莉（2007）研究了技术创新、金融结构和新经济增长的关系，讨论市场主导型金融结构和银行主导型金融结构在辅助技术创新方面的差异，以及金融结构与技术创新之间的互动关系，发现资本市场对技术创新有明显的支持作用。孙伍琴（2008）提出，技术创新高投入、高风险、高收益等特性为金融介入其中提供了依据和空间，金融体系的作用是通过提供动员储蓄、管理风险、处理信息、解决激励、便利交换、促进分工等功能促进技术创新，以金融市场为主的金融体系在促进技术创新、新兴产业成长上更为成功。叶子荣和贾宪洲（2011）提出，金融信贷支持对于代表技术创新的发明专利产出并未显示出积极影响，而对代表技术模仿的实用新型和外观设计具有显著的正向影响，由于企业从银行等金融机构获得的信贷资金并未配置于风险大、投资额高、投资回收期长的技术创新，而主要配置于风险小、投资额低、投资回收期短的技术模仿，说明金融支持对国家自主创新能力的提升没有起到显著的积极作用。俞立平（2015）基于面板数据分析了科研经费投入结构对国家创新的贡献，也提出银行科技贷款对科研创新的贡献不显著，其占科技投入的比例也逐年下降。这也从侧面反映了当前科技金融体系存在的弊端。程宇、周小亮和陈晓芳（2016）基于技术创新的视角，提出我国金融结构对技术创新的渗透力、支撑力、影响力与推动力有待加强，金融管制的放松可以推进金融结构优化，最后成为促进技术创新的强大动力。

在技术创新与金融体系的协同度研究上，Nelson（1994）借鉴经济增长的演化理论，一项新技术从诞生到成熟，都是沿着一个相对标准的轨道发展的，企业、产业结构与技术之间是协同发展的。沈能和赵建强（2005）认为，在一定程度上我国科技与金融之间具有因果关系，但是这种内在联系只是破除长期金融抑制政策后潜在能量释放的结果，因此，金融的有效利用程度仍然不高，相关金融市场存在制度上的缺陷需要完善。Saviotti 和 Pyka（2009）研究了技术与金融制度的协同演化，他们提出二者的协同演化关系将出现在金融资本与新兴产业部门的融合，随着新兴产业部门创造更多的价值，经济发展也随着金融资本的增值而增长，同时，经济增长也会反过来促进金融发展。李颖（2009）从金融支持对中小企业的影响角度，基于面板数据比较分析了金融发展对不同企业科技创新的影响，实证结果表明：金融支持对于中小科技企业的作用更为显著。吴勇民、纪玉山和吕永刚（2014）构建了技术进步与金融结构的有序度模型与复合系统协同度模型，通过实证分析得出我国技术进步与间接金融体系具有良好的协同效应，而技术进步与直接金融体系之间的良好协同机制尚未形成。吴勇民和王倩（2016）通过构建一个产业协同演化的 Logistic 模型，对技术与金融的协同演化机制进行实证分析，技术与金融的协同演化机制是推动互联网金融演化的动力，这说明互联网金融的兴起，不仅对传统金融是大的冲击，更是对传统金融的重要补充，有利于发展直接金融市场，也是实体经济发展的需要。刘湘云和吴文洋（2018）构建“科技金融—产业—环境”复杂系统动态演化层次结构模型，从系统间和系统内两个角度研究科技金融与高新技术产业协同演化机制。研究表明，科技金融与高新技术产业协同演化是一个由多要素、多主体、多层次形成的集合体，是一个典型的开放型复杂系统形成过程，二者通过竞争合作、风险共担、信息共享、交互学习等方式，最终实现科技金融与高新技术产业“1+1>2”的协同效应和良性互动。

近年来，中小企业发展迅猛，已经成为技术创新的主要市场主体。从中国总体企业数量来看，中小企业的数量 4000 多万家，已经占到了 99.2%，对 GDP 的贡献已经达到了 60%以上，税收占了 50%以上，就业占 80%以上（刘纪恒，2018）。但中国直接融资存量一直不高，不仅低于以美国为代表的市场主导型国家，而且低于银行间接金融市场主导型的国家，如德国和日本，甚至低于印度和印度尼西亚这样的新兴市场国家（彭振江和王斌，2017）。面对这“麦克米伦缺口”①，Jeong 和 Towsend（2007）将全要素生产率（TFP）增长分解为金融深化效应、财务深化效应、资本异质性效应和部门 Solow 残差效应，发现 73%

① “麦克米伦缺口”：起源于现代金融史上第一个正视中小企业融资难题的人——麦克米伦爵士。最初这个概念用于公开政府报告的是英国的金融产业委员会，是为了摆脱当时经济危机的困扰提出的。1931 年，麦克米伦在调研了英国金融体系和企业后，提交给英国政府一份《麦克米伦报告》，阐述了中小企业发展过程中存在的资金缺口，即资金供给方不愿意以中小企业提出的条件提供资金。

的全要素生产率增长是由金融深化效应和财务深化效应来解释的，这说明金融深化效应对技术创新产生了巨大的影响与推动作用。Auken（2010）考察了以技术为基础的小型企业融资问题，发现它们对传统的资金来源最熟悉，对政府的筹资举措最不熟悉，相比之下，社区资本和民间借贷更方便科技型中小企业。毛茜和赵喜仓（2014）基于科技型中小企业发展视角，运用数据图表和 IS-LM 模型，分析了科技金融创新对经济增长的作用效应。姚耀军和董钢锋（2015）也提出了中国现有金融体系与科技创新的协同程度较低，导致科技创新并未成为中国经济增长的主要驱动力。主要原因是中国当前间接金融占据主体地位，无法对创新型中小企业提供足够的金融支持。而当前中国 66% 的专利发明、74% 的创新和 82% 的新产品恰恰是来自这些中小企业。祝佳（2015）提出，中国技术创新与金融支持之间存在显著的空间互动效应，但中国创新驱动与金融支持的区域协同发展程度较低，且不同金融产业支持与创新驱动的协同程度存在差异，其中保险业对技术创新的推动作用不显著，且明显低于银行业和证券业。这说明金融支持不仅能推动技术创新，且加强金融支持的力度还能促进科技创新的发展速度比金融产业本身更快。

针对如何充分发挥金融功能实现创新驱动发展战略，学者们也做了较为充分的研究。闻媛（2009）认为，技术创新是动态过程，金融政策扶植科技创新时应注重不同环节和多种层面政策手段的配合。孙芙蓉（2011）认为，加快助推战略性新兴产业应大力发展创业投资和股权融资，积极开展知识产权质押融资、产业链融资等信贷方式创新。陈文俊等（2013）认为，科技金融是实施创新驱动发展战略的重要工具。张岭和张胜（2015）提出，与投资驱动和要素驱动发展模式不同，创新驱动发展对金融服务支持企业技术创新和实体经济发展提出了新的融资需求，创新驱动发展需要构建基于产业链配置创新链、围绕创新链完善金融链的长效机制，形成产业链、创新链、金融链的协同耦合。梁琳和林善浪（2018）认为，2008 年金融危机对金融市场和金融制度具有一定矫正作用，强化了中国金融体制改革对经济效率的提升作用，但 2008 年金融危机对不同金融部门的冲击作用是不同的，主要是强化了股票市场发展对经济效率的提升作用，但对银行部门的强化作用却没有那么明显。孙静（2018）提出，市场导向型金融制度的比较优势不仅依赖于市场发育本身，而且依赖于较好的经济基础、信用基础和制度基础。中国在发展直接融资、完善资本市场的道路上，必须重视制度性影响因素的建设，建设为市场机制提供支撑的良好公共管理环境、政治环境和信用文化环境，才能在推进突破性创新的进程中充分发挥金融体系应有的支持作用。

从以上学者的观点可以看出，在不同的经济发展阶段，银行主导型金融体系和市场主导型金融体系各有优劣。当前，在中国建设创新型国家的背景下，金融创新与科技创新的结合也将构成中国经济增长的原动力（童藤，2013），这也对金融创新提出新的要求。特别是，我国为加快实施创新驱动发展战略，制定了《国家创新驱动发展战略纲要》，明确我国到 2050 年建成世界科技创新强国“三步走”的战略目标。因此，在实施创新驱动战略阶段，我国需要大力发展直接金融市场，丰富完善金融体系，适当调整间接金融在金融结构中的占比，增强直接金融市场对技术创新的作用。这不仅是金融体系本身动态演化的进程，也是在创新驱动战略下，支撑技术创新，转变经济增长方式、提升经济效益的核心要求，更是在建成世界科技创新强国目标下，逐步实现经济高质量增长的内在要求。

在竞争日益激烈的市场中，技术创新和金融发展之间相互作用与相互促进的动态过程也对金融创新提出了更高的要求。大部分学者认为，金融创新是制度创新的一部分，制度创新是金融创新的基础。中国改革开放 40 多年来，政府是推动金融制度创新的决定力量，是金融创新的主要供给者。但在这个过程中，政府供给主导型强制性创新缺乏制度创新供给的针对性和有效性，抑制了微观金融主体的创新积极性，使金融创新和制度创新失去厚重的主体基础支持（刘芮珺，2004）。Porta、Lopez-De-Silanes 和 Shleifer（2000）通过实证分析 92 个国家大型银行的政府所有权发现：世界各地银行的政府所有权现象普遍存在，政府在商业银行中拥有的产权比重越大，则金融发展与创新的效率越低，金融创新的动力就越匮乏，经济也就越落后。可见，金融创新与制度创新是对立统一的，金融创新反过来也是推动制度创新的主导力量，通过持续不断的创新，创新主体获得收益，并为制度创新主体提出了新的要求，制度创新主体通过与金融创新主体之间的博弈，互相推进发展，一直循环下去（刘建军，2002）。在金融创新与制度创新之间的互动关系上，巴曙松和张宁（2004）认为，对于各种现实的金融创新，应当区分不同创新的推动力量，关键是建立金融创新与制度完善之间的互动关系，通过金融创新来发现制度的缺陷与不足，进而推动制度的完善，而制度的完善也为规范的金融创新提供了更好的条件。陶广峰（2006）提出，应该将市场还给市场，充分发挥市场机制作用，来深化制度改革，放宽直接市场，建立适应市场经济的新兴金融主体。彭芳春、许媛媛（2008）从弱化政府角色的角度提出，创新促进信贷市场制度变迁方式转变有效机制，逐步减轻政府承担和主导的强制性制度变迁的力度，鼓励和培育市场诱致性变迁的成本—收益作用机制。马运全（2011）从推进金融产权制度改革的角度提出，放宽金融市场准入，大力发展投资银行、对冲基金和金融控股公司等新型金融组织，形成多种所有制和多种经营形式的金融机构体系，激励有着更大创新能力和经营灵活的股份制、外商独资、合资类等金融机构参与市场竞争，提高我国金融业整体创新能力。但这也并非意味着一味地放松对金融创新的管制，蒋雨亭和史彦泽（2016）就提出，金融监管制度的功能不应仅局限于约束功能，还应该具有激励功能，因此，制度创新对金融创新的激励与约束作用是一对矛盾体，只有金融创新和制度创新相互之间形成协同创新的耦合状态，才能使制度创新更符合金融创新的需求，更有效激励和约束金融创新，金融创新更能可持续发展，更利于推动经济繁荣发展。

综上所述，本书发现在金融支撑技术创新的过程中，金融创新必须与制度创新相结合。本书认为技术、制度、金融三者要建立起有意识的协同创新机制，影响三者的市场主体和决定力量才能够更主动地形成协同创新模式。这种协同创新模式是开放型复杂系统，三者形成竞合关系，共享信息并相互学习，逐步建立起反馈机制环，最终形成风险共担利益共同体，使得三者的协同创新不断螺旋式上升，推动经济可持续增长。

第三节　技术与制度关系的理论研究

一、决定论的理论基础

根据马克思主义经济学的理论，“技术”对应“生产力”范畴，而“制度”对应“生产关系”范畴，技术创新解决的是减少生产成本的问题，制度创新解决的是节省交易成本的问题。在经济学领域里，关于技术与制度的关系，学者们各持己见。马克思、凡勃仑、艾尔斯等是技术决定论的重要代表，他们认为技术创新对制度变迁产生影响进而对经济发展起决定作用。另外，诺斯是制度决定论的主要代表，认为制度变迁决定技术变迁，在经济社会发展过程中制度才是核心因素，而技术只是经济增长的一种表现。国内学者林毅夫、吴敬琏主张制度比技术重要，是国内制度决定论的主要代表。林毅夫在解读中国为何没能成功诞生现代科学的“李约瑟之谜”时认为，问题的根源在于中国科举制度的激励结构将人们的创造力引离了科学技术的发明创造，抑制了人们从事技术创新的活力，从而阻碍了现代科学技术在中国的成长（林毅夫，1994）。吴敬琏（2002）也是鲜明地主张制度重于技术，制度决定技术，其在研究高新技术产业发展时指出，美国硅谷的活力之源泉在于制度，技术则是第二位的。

二、"互不决定论"和"互相决定论"

在决定论的基础上，拉坦提出"互不决定论"。拉坦指出，技术变迁与制度变迁的原因是非常相似的，不仅产生技术变迁和制度变迁需求的原因非常类似，形成技术和制度供给的原因也非常类似，因而技术变迁和制度变迁是共同或类似原因引起的两种不同过程和结果，并不存在技术变迁与制度变迁谁决定谁或者说谁更根本的问题（科斯，1994）。国内一些学者则提出"互相决定论"。袁庆明（2002）指出，技术变迁与制度变迁的关系不能一概而论，需要一种动态的和分层次的观点，认为技术变迁与制度变迁是一个交互决定的动态演进过程，不同层次的技术变迁和制度变迁的决定和被决定关系有所不同。赵放（2003）则认为二者相互决定，技术在经济增长中的决定作用已经被历史和现实证实，但在经济发展的过程中，制度也发挥着十分重要的作用，正是由于技术和制度相互决定和相互促进，才为经济增长提供了持续性的保证。

三、技术与制度协同演化理论

在生物学中，"协同进化"（Co-evolution）一词最早于 1964 年由 Ehrlich 和 Ravent 正式提出。关于协同进化的被广泛引用的严格定义是直到 1980 年才由 Jazen 给出。德国学者哈肯（Haken）1976 年创立了"协同学"（Synergetics），描述了系统进化过程中内部要素及其相互之间的协同行为和作用，并指出这种协同行为和作用是系统进化的必要条件。系统内部各要素在相互作用过程中，往往形成某一或某些变量，称为"序参量"，促使不同要素结合在一起自行演化发展，并主导系统向更高级、有序的结构发展（哈肯，2005）。因此，受生物协同进化等相关理论的启发，一些学者主张"技术—制度协同演化论"，即认为技术变迁与制度变迁的关系是一种既相互受益又相互制约的协同演化关系（杨勇华，2009）。

Pelikan（2003）将制度纳入演化经济学的分析中，在定义制度时沿用了诺斯对制度的定义，这有利于和现代制度分析相结合，以分析制度如何影响社会技术变化，以及技术演化如何影响政策制度，认为二者是互为因果的相互推动关系。Murmann（2003）在"知识与竞争优势"中基于历史视角，侧重国家创新系统、企业战略和绩效之间的共同演化过程。Reinstaller（2005）用创业政策概念来解释 20 世纪 90 年代制浆造纸行业可持续技术变革的社会过程，研究了

TFC 纸浆漂白方法的过滤和扩散在瑞典和美国存在差异的原因，以两国发生的技术、制度和消费者偏好的复杂协同进化为着眼点，研究结论表明，生产和消费如何向可持续路径过渡与经济和社会政策的支持有很大关系。Funk（2009）将协同演化的概念应用于手机行业的技术、制度和产业结构，实施开放标准制定方法带来移动电话市场的增长鼓励了其他国家也采用类似的标准，其中政府和企业推动了技术的扩散。Elsner（2010）论述了制度因素已经在“合作演化”框架中兴起，用来分析初始结构和社会制度之间的协同演化关系。他着重于制度因素的规模维度，在进化论和博弈论的框架中，出现“中观”概念，并用比整体人口更少的可持续合作群体来解释，这也有助于解释资本主义的多样性与可持续。然而，“互不决定论”和“互相决定论”倾向于中庸的态度，且回避了对实际问题的解决，故本书更倾向于协同演化的理论观点。

四、技术与制度协同创新动态演化研究

演化又称为进化，生物通过长时间的变化发展，形成可遗传、可变异的现象，包括解释这些现象的各种理论。早在 1948 年，马歇尔就提出演化的概念比静态博弈的概念更加复杂。1950 年，最早形成关于演化博弈思想理论成果的是纳什的“群体行为解释”，并提出了纳什均衡达到的前提条件。20 世纪 80 年代，史密斯（1973）与普瑞斯（1974）提出了演化博弈理论中的基本概念演化稳定策略（Evolutionary Stable Strategy），标志着演化博弈理论的诞生。自此以后，越来越多的经济学家把演化博弈理论引入经济学领域，包括对制度变迁、产业演化等的研究。

近年来，国内学者也逐渐开始关注演化博弈论。谢识予等（2001）从基本概念和相关内容着手研究演化博弈理论。胡支军和黄登仕（2004）给出证券组合选择的一个演化博弈方法。高洁和盛昭瀚（2004）研究了发电侧电力市场竞价的演化稳定策略。石岿然和肖条军（2004）在一个三阶段 Hotelling 博弈模型的基础上研究双寡头零售市场价格策略的演化稳定性问题。易余胤等（2003，2004，2005）运用演化博弈方法研究了信贷市场、双寡头市场、自主创新行为、合作研发中的机会主义行为等一系列问题。石岿然和肖条军（2007）对企业组织模式选择的演化问题，是从研究单一企业群体和两个企业群体进行产量竞争的角度进行。徐英吉和徐向艺（2007）认为，熊彼特的“创新”企业理论侧重于从技术创新或制度创新的单方面角度对企业持续成长进行研究，因此，在熊彼特创新理论的基础上，构建技术创新与制度创新协同模型的企业持续成长创

新理论，从而研究技术创新与制度创新的投入对企业持续成长的影响及其作用机制。沈炳珍（2009）以制度与技术的协同演化机制分析了马克思的生产力与生产关系的矛盾运动，对马克思的增长理论进行了一定的拓展。齐宝库、蔚筱偲和郭亮亮（2010）通过建立绿色采购政企博弈模型，将相关各方即采购方和政府方的博弈收益进行定性分析，对绿色采购行为进行博弈的演化得到科学、客观的评价结果。孙晓华和秦川（2011）在协同演化论的分析框架下阐述了技术创新与制度创新的互动关系，研究了基于技术和制度协同提升的产业演进过程，并以中国水电行业的发展历程为例考察了技术与制度的互动性及其在产业发展中的协同作用。孙兆刚（2012）将制度、技术、资源分别视为生态经济系统的高层、中层和低层子系统，以 Logistic 曲线为基础，建构了生态经济发展的非线性动力学模型；最后以系统论的观点分析了制度、技术、资源与生态经济发展、科学发展观贯彻、和谐社会构建之间的互动关系。蔡乌赶（2012）以福建省软件业为例运用系统动力学的方法分析了技术创新、制度创新和产业系统三者螺旋演化的机制，并进行了实证研究。眭纪纲（2013）以工业革命中的技术创新与制度变革为案例，讨论了产业发展过程中技术和制度的协同演化过程与机制。程宇（2013）通过动态演化博弈模型，分析科技—金融双创新驱动下的收益分配机理和构建合理的利益分配机制。焦雨生（2014）认为，技术创新与制度创新的协同演化是一种 TSCPII 式的演化，且这个过程不仅仅是 SCP 分析链条的延后，各个环节之间更是一种非线性、双向的互动过程。李昌峰等（2014）以流域生态治理为研究对象，通过上下游地方政府博弈情景设定，建立演化博弈理论模型，引入约束因子等确定出最有策略状态稳定值。黄凯南（2014）以制度、技术、偏好的多维视角研究了经济增长的结构变迁过程，但是对政府的作用强调不足。李清泉等（2015）则是在“技术—制度”协同理论视角下，对欠发达地区产业创新发展模式进行研究，提出通过网络化的产业组织结构模式、链式产业动力模式和生态补偿式的产业发展模式推动产业发展。解学芳（2015）认为，技术创新与制度创新是文化产业创新的核心要素，构建了技术与制度协同创新主导的文化产业跃迁模型，提出在技术与制度协同创新的基础上，国家文化产业治理的体系。刘英基（2015）建立经济制度、技术创新与清廉政府建设协同发展研究，提出构建基于经济制度与技术创新协同的清廉政府建设体系思路，以推动其实现长效和可持续发展。王继升（2015）从演化博弈的视角，通过构建演化博弈模型，分析小微企业与银行间信贷行为的动态演化过程，并针对演化均衡结果提出相应的政策建议。李煜华、刘洋、胡瑶瑛（2015）运用动态演化博弈理论构建了科技型小微企业与科技型大企业协同创新模型，并分析双方在创新过程中的动态演化过程，提出了协同创新策略。以上学者都是从技术与制度协同演化角度分析二者协同创新在高技术产业、文化产业、科技型企业的演化博弈过程，特别是分析二者协同创新对博弈主体的利益分配机制方面有优势，有利于在后续研究中结合马克思经济学与制度经济学的特征，构建驱动经济增长机制新的分析框架。

第四节　文献述评

国内外学者针对经济增长理论，创新驱动理论，技术创新、制度创新、金融创新和经济增长之间的关系，技术和制度协同演化关系等方面已有非常丰富的研究且体系完善，这些文献研究为本书提供了非常重要的理论基础。特别是关于创新驱动的最新研究以及技术与制度协同演化理论，为本书提供了很好的借鉴。虽然在具体的条件、机制与路径方面，现有的研究成果数量仍然有限，但这也使得本书在现有研究基础上，有进一步拓展的机会。

第一，从以上相关文献研究来看，促进经济增长的驱动力是从要素驱动与投资驱动到以技术创新为主的创新驱动，再到制度创新的一个新的研究方向，在这个漫长的研究过程中，大部分学者偏重于围绕技术创新对经济增长的理论与实证展开研究，从制度创新推动经济增长角度展开研究的较少。直到近十年，才逐步重视制度因素，将研究视角转移到技术创新与制度创新的动态演化视角上。本书认为，以往较多是将技术创新与制度创新作为经济增长的单驱动力，二者没有吻合匹配，是“两张皮”动力。因此，本书的理论观点是，将技术创新与制度创新二者协同演化、协同创新作为促进经济增长的一种新的、协同的驱动力，并逐步成为促进经济增长的新引擎。

第二，目前的文献研究中主要以技术创新和金融创新、技术创新和制度创新等二者协同创新为视角，从科技创新推动产业增长、金融支撑技术创新促进经济增长、高技术产业技术创新和制度创新等方面提出相应的政策建议与治理体系。这里缺失了金融发展作为重要因素对技术与制度协同创新的支撑研究。因此，本书认为有必要在创新理论的基础上，将金融创新作为技术与制度协同创新的条件，重新审视分析二者协同创新的动态演化博弈过程，从而进一步探索技术、制度、金融三维度的协同创新模式。

第三，目前较多文献研究金融发展与技术创新的协同演化机制，将金融制度纳入制度创新的范畴，只强调金融创新对技术创新的辅助作用。然而，金融既具有市场资本属性，又与政府制度紧密相连；既与科技创新息息相关，也是政府经济调控的重要抓手。因此，金融创新分别与技术创新和制度创新关联紧密，应该成为一个独立的、重要的系统去分析其对技术与制度协同创新的可持续影响机制。因此，本书将在三者协同创新模式的基础上，进一步对这三个系统相互影响的机理与实现三者协同创新的路径进行更深层次的探讨。

第三章

技术与制度协同创新驱动经济增长的理论与案例分析

创新最初发生在农业和采矿业，而后在制造业上带来了生产的剩余，正是这些剩余，使得在不动产和人力资本方面投资的大幅度增长成为可能，而这两种投资被广泛看作为经济增长做出很大贡献，因此，可以合理地说创新在增长过程中做出了直接和间接的贡献，如果没有创新，资本主义的增长过程将不具备任何重要的意义（鲍莫尔，2016）。但创新的作用被夸大了吗?

第一节　黑匣子里的协同创新是多维态

一、创新是一个黑匣子

（一）创新悖论的产生

熊彼特的创新理论提出，创新是经济发展的本质规定，必须能够创造出新的价值，而创新的主体是“企业家”。这也解释了为什么美国这个创新大国这么重视“企业家精神”（包含冒险精神与创新精神）。迈克尔·波特认为，一国产业参与国际竞争的过程大致可分为要素驱动阶段、投资驱动阶段、创新驱动阶段和财富驱动阶段四个阶段（波特，2002）。由于日益严重的生态危机和环境问题，使得产业结构单一的经济发展模式面临资源枯竭的困境，在此经济发展背景下，创新驱动阶段能够把高科技和知识作为最重要的资源，通过市场化、网络化实现科技与经济的一体化，形成产业集聚，不断推动经济发展。因此，创新驱动发展成为各国探索发展的首要战略。

然而，创新是否能够绝对驱动经济增长？否定的答案来源于“欧洲悖论”与“瑞典悖论”。“欧洲悖论”最早出现在《欧盟创新绿皮书》（European Commission，1995）中，是指在知识经济阶段，欧洲经济增长与知识投资之间呈现出失衡现象。从知识投入和经济产出两个维度考量，欧洲在知识维度的高投入并未使得经济产出得到相应高增长（张晖明和张亮亮，2011）。虽然欧洲认为，自身在科研与高端人力资本方面全球领先，但其科研发明转化为产出增长率低。例如，在投入方面，1990~2005年，德国、法国、英国等主要欧洲国家研发支出占GDP的比重约为2.2%，瑞典、芬兰甚至超过了3%，美国平均为2.6%左右（塔夫特和彭晓宇，2007）。相对应，在产出方面，欧盟15国在此期间GDP增长率约为2%，2005年甚至下降为1.3%，意大利甚至是零增长，而美国同期GDP平均增速为3.65%。在收入水平方面，欧洲国家人均收入与美国人均收入之间的差距也明显扩大。“瑞典悖论”与“欧洲悖论”相似，瑞典的研发投入很高，但其研发密集型产品占制造业比重、创新型企业比重，市场及新产品营业额比重等均较低，表明创新产出与高研发投入十分不匹配（王海燕和梁洪力，2014）。

Fragkandreas（2013）提出产生“瑞典悖论”与“欧洲悖论”两个悖论的原因分别为：瑞典高创新投入没有带来高产出；欧盟缺乏将科研成果转化为国际竞争力的能力。Pessoa（2010）提出，“创新悖论”现象表明创新并不一定能有效地转化为经济增长。这种对新知识的投资没有自动转化为经济增长的现象称为“创新悖论”或“知识悖论”（Audretsch等，2008）。Ejermo等（2011）认为，“知识悖论”的产生有可能是区域创新系统出现失衡，也有可能是R&D投资边际收益递减导致，或者是二者共同作用下产生的。“创新悖论”的三个特征是：第一，研发活动并没有引起有效的GDP增长；第二，高研发支出，却产生低效的生产或出口；第三，区域创新系统显示出低下的生产效率。因此，在R&D与增长之间存在“创新黑箱”（Moutinho等，2015）或者存在某种环环相扣的机制，只有通过进一步的观察，并分析隐藏在黑箱中演化的机制，才能真正解释“创新悖论”产生的原因并破除症结。

（二）社会过滤的中介效应

“创新黑箱”的存在使得创新驱动与经济增长之间有了可探讨的空间与路径。Rodriguez-Pose（1999）首先提出了“社会过滤”（Social Filter）概念，并试图从社会过滤角度去破解“创新黑箱”。这意味着，对于经济增长而言，仅有创新或者知识的积累是不够的，创新活动对经济增长的作用还取决于区域本身的消化能力和过滤机制（Sterlacchini，2008；Cornett，2009），也就是“社会过滤器”。社会过滤器包括社会经济因素与创新体系，而地区社会经济条件与因素就是“介质层”（Rodriguez-Pose，2012），社会过滤与社会资本、技术积累、人力资本之间也交互影响，不良的社会过滤条件不仅不利于创新转化为增长，而且会对物质资本、金融资本、人力资本等要素产生挤出效应。肖克洛夫（Sokoloff）和恩格尔曼（Engerman）关于新世界各地区财富水平逆转的分析，同样论述了社会制度对经济发展的重要性（鲍尔斯，2006）。因此，创新一直都不是一种孤立的活动，而是存在于各个主体之间，通过信息知识的共享与流动，演化出系统的创新行为，同时还受到制度和社会资本的约束（Smith 和 Thomas，2015）。因此，一个区域将创新转化为经济增长的能力取决于这个地区的社会过滤强弱程度。社会过滤中包含积极成分和消极成分，积极成分占比越大，社会过滤越弱，积极成分占比越小，社会过滤越强。因此，由社会、经济、政治和制度等因素交融的社会过滤越强，越不利于地区创新，社会过滤越弱，越有利于创新转化为经济增长。

在描绘社会过滤这个抽象概念时，Crescenzi 和 Rodríguez-Pose（2011）采用欧盟 15 国 1990~2004 年的数据，分析了基础设施与创新、迁徙和当地社会过滤之间的关系，通过动态面板数据回归表明，欧盟地区的增长由该地区和邻近地区充分的社会过滤能力、良好的创新能力和吸引移民的能力组合而成。Rodríguez-Pose 和 Peralta（2015）借鉴 Rodríguez-Pose 和 Crescenzi1（2008）的方法，结合 R&D、创新体系和知识溢出，分析创新如何影响墨西哥区域经济增长与绩效，并采用了如下模型：

$$\frac{Y_{i,t}}{Y_{i,t-T}}=\alpha+\beta_1\log(y_{i,t-1})+\beta_2 R\&D_{i,t}+\beta_3 SocFilter_{i,t}+\beta_4 Spill_{i,t}+\beta_5 ExtSpill_{i,t}+\beta_6 ExtSocFilter_{i,t}+\beta_7 ExtGDPpc_{i,t}+\varepsilon$$

其中，$R\&D$ 为区域 i 在 t 时间 R&D 支出占 GDP 比重，$SocFilter$ 为区域 i 在 t 时间的社会过滤，$Spill$ 为区域 i 在 t 时间的知识溢出，$ExtSpill$ 为区域 i 的相邻区域在 t 时间的知识溢出，$ExtSocFilter$ 为区域 i 的相邻区域在 t 时间的社会过滤，$ExtGDP$ 为区域 i 的相邻区域 GDP 水平。模型的实证结果表明，墨西哥各州的区域经济增长来源于有利的社会过滤条件地区 R&D 的直接投资，不仅可以从知识溢出中受益，而且还可以从相邻富裕地区良好的社会条件包围中受益。在这个过程中，社会过滤还体现出了积极的向外溢出效应。

因此，在给定的社会资源环境下，社会过滤的存在使创新进入黑箱。创新到一定程度边际收益为 0，会进入盲区与瓶颈，形成黑箱的混沌区，从而无法驱动经济增长。到底是哪一种原因造成的“创新黑箱”？学者们的判定标准是：若“知识悖论”发生在低速增长部门，则是区域创新系统失调而使得 R&D 没有转化成为经济增长；若“知识悖论”发生在高速增长的部门，则可能是 R&D 投资边际收益递减导致（覃成林和任建辉，2016）。这也是为什么创造成长和保持成长这么难？为什么启动或重启成长引擎会如此艰难？需要打开黑匣子，了解其过程（克里斯坦森和雷纳，2013）。因此，必须重视社会过滤的存在，才能进一步对黑箱进行判定，并找到突破创新黑箱的路径。

二、创新黑箱的二维叠加态

现在我们知道在 R&D 与经济增长之间存在着“创新黑箱”，在“创新黑箱”中强烈存在着社会过滤这个因素，但是我们仍不知道创新与社会过滤之间到底是如何相互作用的。实际上，微观的创新与宏观的社会过滤之间是一种宏观与微观的纠缠态，这与“薛定谔的猫”这个著名的量子力学思想实验类似，实验密闭盒子中的猫可以视为宏观的系统，盒子中辐射源是否发生衰变则视为微观系统，而猫是活态还是死态则是宏观与微观之间的一种纠缠状态（李宏芳，2006；钟欣，2018）。接下来我们借鉴这种思维去解析创新黑箱中的状态。

（一）薛定谔的猫：叠加态与坍缩

薛定谔著名的猫悖论实验在 1935 年发表于 *Naturwissenschaften*（第 23 卷 812 页）（见图 3-1）。这个思想实验很简单，按照薛定谔的提议，我们设想：在一个黑匣子中有一个辐射源、一个用来记录辐射粒子的检测器、一瓶毒药、一只活猫。匣子中的装置使得检测器打开的时间只足够材料中的原子有 50% 的机会发生衰变，当检测到衰变时，检测器记录下这个事件，衰变触发玻璃瓶并被打碎，这只猫就会被杀死；否则，这只猫就还活着（Gribbin，2015）。这一切在结束实验，打开匣子之前，我们是无法知道实验结果的。辐射衰变完全是偶然，不可预测，因此辐射衰变与否具有等概率。因此，在我们有意识地观察这一实验之前，原子既是衰变，又不衰变；毒药瓶子既是被打破的，又是完好无损的；猫既是死的，又是活的。

在这个思想实验中，猫既是死的又是活的，当我们不去观测时，它没有确定的状态。哥本哈根解释将有人往屋里看之前的状态称为“叠加态”，猫既是活的又是死的这两种可能性将产生一个态的“叠加”。只有我们在打开匣子观测它的那一瞬间，这也是一种有意识的观测，这种叠加态就崩溃了，波函数坍缩为其中一个态，猫才是“真实的”（Gribbin，2015）。也就是我们观测到的唯一状态：猫要么死了，要么活着，二者其中之一的结果。

（二）创新黑箱中的猫态解释

量子力学是处理微观系统的理论。但“薛定谔的猫”似乎跨越了只有微观

图 3-1　黑匣子中猫的叠加态

世界才有的这种叠加态，使得宏观世界也存在着这样的状态。在创新黑箱中，创新与社会过滤之间的纠缠态与“薛定谔的猫”叠加态类似，要么创新突破黑箱促进经济增长，要么创新被黑箱吞没并没有推动经济增长。但这一切在开箱之前，创新是处于叠加态的。

我们做个类推：第一，创新就是黑箱中的猫；第二，我们将黑箱中辐射源、检测器、毒药三者类推为社会过滤器与一个阈值；第三，辐射源、检测器、毒药三者的作用在于是否衰变引起毒药释放，毒药释放则猫被毒死，毒药没有释放则猫活着。通过这一系列类推我们可以得出，创新黑箱中社会过滤器强度超过阈值，社会过滤中不利因素增多，制度创新力弱，阻碍创新驱动经济增长；创新黑箱中社会过滤器强度低于阈值，社会过滤中有利因素增多，制度创新力强，将推动创新驱动经济增长。

在没有对匣子中的猫进行观测时，没有确定的状态，关键是要“有意识地观测”，通过波函数的坍缩，叠加态就会消失为非模糊的纯态，使不确定的黑箱变为确定态。而我们将“薛定谔的猫”思想实验引入创新黑箱的解释，就是希望将创新与社会过滤之间在黑箱的相互作用进一步刻画出来，避开模糊状态与混沌状态，使单一混沌状态能够被刻画成二维叠加态。因此，有意识地观测，对于这个状态的趋势非常重要，我们需要有意识地让社会过滤变弱，提升制度创新力，让创新黑箱中社会过滤强度低于阈值，推动创新驱动经济增长。但在量子力学中，体系的状态有两种变化：一种是体系的状态按运动方程演进，这是可逆的变化；另一种是测量改变体系状态的不可逆变化。因此，量子力学对决定状态的物理量不能给出确定的预言，只能给出物理量取值的概率（郭光灿，2011）。那么，在经济学范畴内，我们同样只需要在取值概率的基础上，加强有意识的观测，创造条件让社会过滤低于阈值的概率更高，则观测到创新与社会过滤以更融合的协同态突破黑箱驱动经济增长的“真实态”概率则更高。

三、突变理论与黑箱关系

（一）突变理论的应用

突变理论由法国数学家勒内·托姆（René Thom）提出，并以其 1972 年发表的《结构稳定性和形态发生学》一书的问世为标志。在人类活动与自然界中，除了包括渐变和光滑的变化现象在内的连续变化外，还存在着许多不连续的飞跃与大量的突然变化与跃迁现象。对于连续变化的过程，可以通过微分方程等数据工具来描绘，而对于纯粹不连续的变化过程，可以通过离散数学和概率论来解析。但类似生物的变异、桥梁的崩塌、细胞的分裂、市场变化、经济危机等，都属于突变的现象，介于连续变化和飞跃之间的变化，是既不可微，也并非完全离散过程。因此，突变理论从理论上解决了这个困惑。

在方法论上，突变理论应用了黑箱理论，也就是在没有打开黑箱之前，可以不用了解系统内部机制的情况下，状态变量为黑箱的输出，只需控制影响状态变量的参数，也就是对黑箱的输入，便可以根据输入与输出的情况对黑箱内部结构进行模拟（见图 3-2）。突变理论就是通过数学理论与工具来分析在稳定状态下，系统随参数变化的状态，以及当控制参数到达临界点时，系统状态发生质变跃迁到另一状态的突变过程。

图 3-2　突变理论的黑箱模式

突变理论为何能够对自然界与人类社会各种突变现象提供统一模型？经过严密推导过程，托姆证明了一个重要的数学定理：当那些导致突变的连续变化因素少于 4 个时，自然界形形色色的突变过程，都可以用 7 种最基本的数学模型来把握：折迭突变、尖点突变、燕尾突变、蝴蝶突变、双曲脐突变、椭圆脐形突变以及抛物脐形突变，突变理论对事物的量变到质变规律以数学的语言进行了表达（赵倩，2014）。7 种突变类型状态变量、控制变量、势函数如表 3-1 所示。其中，c_i 为控制变量，s_i 为状态变量，$i=1$，2，3，4。

表 3-1 突变类型和势函数

突变类型	状态变量（个）	控制变量（个）	势函数
折迭突变	1	1	$f(s)=\frac{1}{3}s^3+c_1s$
尖点突变	1	2	$f(s)=s^4+c_1s^2+c_2s$
燕尾突变	1	3	$f(s)=\frac{1}{5}s^5+\frac{1}{3}c_1s^3+\frac{1}{2}c_2s^2+c_3s$
蝴蝶突变	1	4	$f(s)=\frac{1}{6}s^6+\frac{1}{4}c_1s^4+\frac{1}{3}c_2s^3+\frac{1}{2}c_3s^2+c_4s$
双曲脐突变	2	2	$f(s_1,s_2)=s_1^3+s_2^3+c_1s_1s_2-\frac{1}{3}c_2s_1+c_3s_2$
椭圆脐形突变	2	3	$f(s_1,s_2)=\frac{1}{3}s_1^3-s_1s_2^2+c_1(s_1^2+s_2^2)-c_2s_1+c_3s_2$
抛物脐形突变	2	4	$f(s_1,s_2)=s_2^4+s_1^2s_2-s_1s_2^2+c_1s_1^2+c_2s_2^2-c_3s_1+c_4s_2$

突变理论基本通过以上 7 种势函数来研究突变现象，通过状态变量和控制变量来描述系统行为，构造状态空间和控制空间，得到系统平衡状态的临界点。突变理论正是通过研究临界点之间的相互转化来研究系统的突变特征（丁庆华，2008）。人类社会中大部分问题最常使用 7 种初等突变模型中的两三种，其中尖点突变是最常用的突变模型，其相空间由 1 个状态变量和 2 个控制变量构成一个三维空间。

（二）突变的行为曲面

如何解构创新黑匣子的内部规律，我们可以通过突变理论的行为曲面来描绘黑箱，其意义在于通过突变模型的描绘有助于打开黑箱，使我们把握用直观的描述性语言所难以捉摸的条件（金观涛和刘青峰，2011）。根据上文提出在经济增长过程中创新黑箱之所以存在，是社会过滤在起作用。我们用技术创新来定义创新，社会过滤则可以用综合的制度因素来衡量，制度创新力越强，社会过滤越弱；制度创新力越弱，社会过滤越强。由表 3-1 可知，技术创新和制度创新作为黑箱的控制变量，协同创新作为状态变量，2 个控制变量和 1 个状态变量，属于尖点突变模型。因此，对应的尖点突变模型的势函数为：

$$f(s)=s^4+c_1s^2+c_2s \tag{3-1}$$

根据突变理论，平衡曲面方程为势函数一阶求导所得，奇点集方程为势函数二阶求导所得，由平衡曲面方程和奇点集方程的联立方程组得到分歧点集方程。

平衡曲面方程由式（3-1）的一阶导数求得，令 $f'(s)=0$，得到控制变量和状态变量综合作用后的某一状态。

$$f'(s)=4s^3+2c_1s+c_2=0 \tag{3-2}$$

令 $f''(s)=0$，对式（3-1）二阶求导，得到技术和制度协同创新与否所有临界点的奇点集方程：

$$f''(s)=12s^2+2c_1=0 \tag{3-3}$$

联立式（3-2）和式（3-3）可得到分歧点集方程（3-4），表明平衡曲面中的突变状态集合，当控制变量满足分歧点集方程时，系统的状态会发生非连续性突变。

$$8c_1^3+27c_2^2=0 \tag{3-4}$$

根据以上方程求解，我们得到了技术和制度协同创新行为曲面图（见图 3-3），行为曲面上任意一点代表不同的 I 和 T 值下协同创新度。行为曲面被一折叠区域分成三个区域：折叠区域称为中叶；折叠区域上方为上叶，表示系统处于协同创新状态；折叠区域下方为下叶，表示系统处于非协同创新状态。折叠面空间表示博弈状态，是由下叶非协同状态到上叶协同状态的博弈局面。

行为曲面的折叠在控制平面上的投影为尖角形，即阴影部分 LMN 。LM 为 OM' 在控制平面的投影，LN 为 ON' 在控制平面的投影。LM 为非协同边界，LN 为协同边界。若在技术创新的过程中，区域社会过滤强，制度创新力弱，则代表创新无法穿过黑箱，状态 C' 体现为处在下叶区域，随着 I 和 T 不断变化，C' 沿着 C_1 在曲面上变化，当到达 ON' 边界时，系统行为将突变到行为曲面上叶 C'_1，表示 I 和 T 进入协同创新状态，因此，LN 为协同创新边界。

当两者处在上叶为协同创新状态时，随着 I 和 T 的不断变化，状态点在行为曲面的上叶沿着 a'_1、a'_2、a'_3 向 b'_1、b'_2、b'_3 运动，当到达 b'_1、b'_2、b'_3 时，系统就达到了非协同边界，如 C 点顺着 CC' 线落下来，突变到 C' ，进入曲面的下叶非协同状态。一旦状态点脱离边界处于中叶折叠面之间时，表示处于不稳定状态，属于博弈式协同创新，会出现两种可能性：当状态点运动到 ON' 边界时，则突变回协同创新；当状态点运动到 OM' 边界时，则落到曲面的下叶，表现出不协同状态。

我们分析了突变的运动过程，状态点在行为曲面的上叶沿着 a'_1 向 b'_1 运动，一旦到达边界就会发生突变。那么为什么状态点会朝着两个方向运动，分别朝着协同创新边界和非协同创新边界运动，我们进一步通过熵理论和耗散结构理论来说明这一变化。

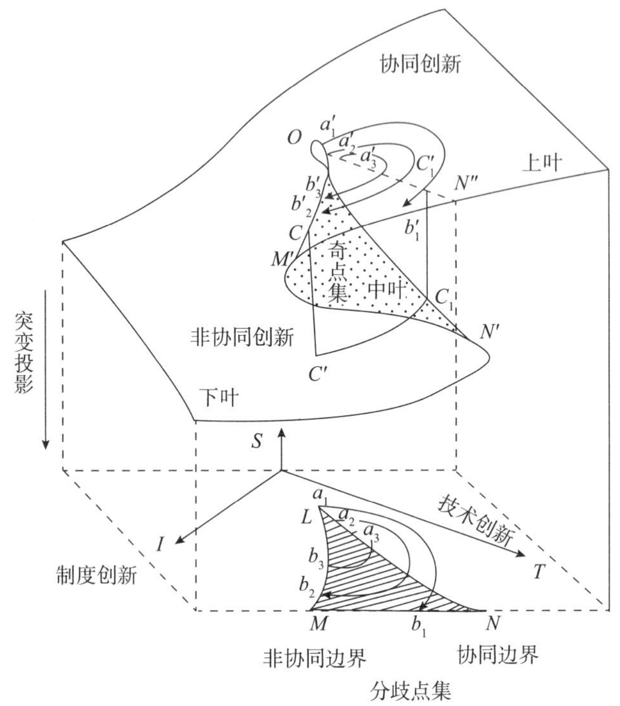

图 3-3 技术和制度协同创新行为曲面图

四、协同创新是一种耗散结构

（一）熵的产生

熵（Entropy）原本属于物理学范畴，1865 年由德国物理学家克劳修斯提出，其在发表的论文《力学的热理论的主要方程之便于应用的形式》中明确表达了“熵”的概念。存在于自然界中的任何一个封闭且孤立的系统中，都存在着能量转化，且从有效能转化为无效能的过程是不可逆的，在这个能量转化的过程中所产生的所有无效能总和就是熵（张文杰，2012）。具体而言，熵是指不能再被转化做功的能量总和的测量单位，是指分子运动的混乱程度或无序程度（吴玲等，2004）。这也说明了，一个孤立封闭的系统的熵永远不会减少，只会增加，这就是熵增原理，任何不可逆的过程都将导致熵的增加，熵只有对可逆过程才是不变的（宋华岭，2004）。1948 年，克劳德·艾尔伍德·香农将热力学的熵引入信息论，熵理论不断打破物理学范畴，在理论化学、生物学、信息通信、管理科学、社会经济等领域都有广泛应用。因此，熵能够用来度量系统状态的不确定性，表达系统的混乱程度，若任何一个封闭系统的熵自动增加到最大值，并稳定在最大熵状态下运行，则这个系统处于最混乱、无序、效率低下的状态，即熵值最大（刘建波，2005）。如果系统要向有序的方向发展，必须要降低熵值，远离平衡态，使系统运行在低熵状态（焦斌龙，2001）。

（二）耗散结构理论

比利时布鲁塞尔学派领导人普里高津（I. Prigogine）于 1969 年在国际“理论物理与生物学会议”上发表了《结构、耗散和生命》一文并正式提出了耗散结构理论。熵理论是耗散结构理论的前提，普里高津从热力学第二定律出发，通过研究非平衡态热力学系统在非线性区的演化特征，指出当系统远离平衡态的开放系统，在外界条件变化达到某一特定阈值时，量变可能引起质变，系统通过不断地与外界交换能量与物质，就可能从原来的无序状态转变为一种时间、空间或功能的有序状态，这种远离平衡态的、稳定的、有序的结构被称为“耗散结构”（Rifkin J. 和 Howard T.，1987；王丽平和许娜，2011）。普里高津的耗散结构理论解答了熵增原理的疑惑，使自然系统与人类系统之间能够统一。

耗散结构理论认为，对于孤立系统而言，熵是不断增加的，整个系统从有序到无序演化；而对于开放系统而言，系统本身可以通过与外界进行能量和物质的交换，使正能量能够抵消熵值的增加，使系统从无序又进一步演化回有序状态，这种从外界获得的正能量用负熵来表达。因此，普里高津将熵增原理推广到任意系统，提出了一个普遍的熵定律，系统的有序度可以用熵来表示，分成两部分：正熵表示“无序”，负熵表示“有序”（普里高津，1986）。系统的总熵为两部分之和，即系统内部产生的熵和外界输入的熵流之和：

$$ds = d_i s + d_e s \tag{3-5}$$

其中，$d_i s$ 是系统内部的不可逆变化引起的熵产，$d_i s \geqslant 0$ 永远不为负值，在不可逆过程中大于零，在可逆过程中为零，并说明系统内部矛盾不断集聚，越来越无序，越来越混乱的程度不断上升。$d_e s$ 是系统与外界进行物质交换过程中产生的熵流，可正，可负，可为零。当 $d_e s < 0$ 时，系统从外界引入负熵，或者向外界输出正熵，负熵越大，系统的有序度越高；当 $d_e s > 0$ 时，系统从外界输入正熵，或者向外界输出负熵，系统处于更加无序状态；当 $d_e s = 0$ 时，表示系统与外界无任何交换，则总熵 $ds = d_i s \geqslant 0$，系统自发退化，有序度越来越低（刘丽萍和刘玲玲，2009；李志强和刘春梅，2009）。

（三）协同创新系统的耗散特征

在研究了大量系统的自组织过程以后，普里高津总结归纳出，系统形成耗散结构需要满足四个条件：开放性、远离平衡态、非线性相互作用、涨落。结合贝塔朗菲对系统的定义以及熊彼特的技术创新定义，认为协同创新系统是一个具有开放性、非线性耦合、远离平衡态、涨落特征的复杂巨系统（车林杰，2016）。协同创新系统具有开放性特征，能够与外界进行物质与能量交换，系统内部各个子系统之间也存在相互交换。耗散结构中一个系统在开放前提下，外界对系统的影响逐渐变强，使得系统逐渐远离平衡态。而协同创新中的组成部分存在差异性，使得创新系统具备产生势能的条件，实现远离平衡态。协同创新作为一个复杂的巨系统，各个组成部分之间存在复杂的相互作用关系，子系统中每一个组成部分的创新能力、创新精神相互作用、相互叠加，而恰恰这种叠加具有随机性无法通过线性方程来表达。也正是这种协同创新过程中各种思维变化的随机性与不可预测性，使协同创新的趋势具有随机性，系统在运行过程中任何偏差的发生都有可能，非线性作用也会扩大。因此，协同创新系统存在涨落特征。

综上，协同创新系统是一种耗散结构。因此，我们可以用公式 $ds = d_i s + d_e s$ 来分析行为曲面中状态点运行的规律。当状态点在行为曲面的上叶沿着 a'_1、a'_2、a'_3 向 b'_1、b'_2、b'_3 运动，当到达 b'_1、b'_2、b'_3 时，说明协同创新系统的负熵逐步外流，而正熵逐步输入协同创新系统，使得协同创新系统逐步不稳定，逐步进入无序状态，状态点就到达了非协同边界，从而产生突变。当状态点在下叶时，说明系统处于非协同创新状态，当负熵逐步输入，正熵逐步输出协同创新系统时，协同创新系统逐步稳定，组织有序程度越来越高，系统协调性越来越好，逐步进入有序状态，状态点就逐步运动到协同边界，从而突变到上叶的协同创新状态。

（四）协同创新系统的动态性

哈肯在《社会协同学》中提出，如果一个群体的单个成员之间彼此合作，他们就能在生活条件的数量和质量上得到改善，获得在离开此种方式时所无法取得的成效（汪传雷，2013）。哈肯认为，一个由大量子系统以复杂方式相互作用所构成的复合系统，在一定条件下，子系统间通过非线性作用产生协同现象和协同效应，使系统形成有一定功能的空间、时间或时空的自组织结构（汤兆云，2010）。美国麻省理工学院的彼得·葛洛最早给出协同创新（Collaborative Innovation）定义，“由自我激励的人员所组成的网络小组形成集体愿景，借助网络交流思路、信息及工作状况，合作实现共同的目标”（姜颖，2016）。协同创新融合了熊彼特的“创新”概念和哈肯的“协同论”，这一概念也逐渐在创新系统中受到重视，大部分学者通过产学研、知识协同等角度将协同思想引入创新的过程，形成综合互动的协同创新，从而带来效率的提升与价值的增加（Bonaccorsi 和 Piccalugadu，1994；Etzkowita，2008；饶燕婷，2012）。Philbin（2008）基于系统视角，通过建立输入与输出要素矩阵来构建评价产学研合作的指标体系，其中输入又分为技术、管理和社会影响三个方面，输出分为知识共享与创新、合作持续性两个方面。Cyert 和 Goodman（1997）认为，产学研协同创新是一种独特的混合型跨组织关系，因此，从组织协同和学习的角度研究了如何建立稳定有效的产学研联盟来提高合作效率。陈劲和阳银娟（2012）提出协同创新系统的内涵：以实现知识、科技增值为核心目的，由政府、企业、高校、科研机构、科技中介机构和终端用户构成，为了实现有价值的科技创新、知识科技的自主创新、知识科技创新成果市场化、知识科技创新可持续发展，而开展的具有整体性和动态性的、复杂的知识科技创新组织模式。学者们认为，在协同创新的实践中，历经了从一元到多元，从单系统到多系统，由内部向外部延展的过程，使协同创新的系统越来越复杂。这为进一步从实践层面研究复合系统增加负熵输入，稳定协同创新机制提供了理论依据。

从复合系统层面，产学研协同创新中心是由高校牵头、产学研各方紧密合作进行技术创新、管理创新和制度创新的虚拟组织或实体组织（周晓阳和王钰云，2014）。企业是产学研创新的重要因素。企业活动的一切基础都依赖于开放的输入输出过程，是一个典型的耗散系统。复杂环境中企业的创新活动，都会伴随着有效能量逐步减少、熵值逐渐增加的情况，可以通过建立开放系统，不断地与环境进行各种物质、能量、信息的交换，借助协同与突变，使创新活动有序开展，创新效率得到有效提高（张方，2011）。因此，企业必须重新构建一个动态开放的系统，在这个系统内，将产生负熵的各因素导入系统，如新知识的获取、新技术的开发、新市场的开拓、新制度的执行等（刘艳梅和姜振寰，2003）。在产学研协同创新中，高校是创造知识的主阵地，需要实现知识、科技创新成果市场化，而政府需要加强引导作用，建立有效的合作激励机制，并在产业政策、人才培养及相关配套政策、措施中提供有效的引导和支持（刘苹等，2009；王伟光和由雷，2016）。这将使协同创新各个主体在不断与环境进行物质、能量和信息交换以及内部各单元之间相互作用下，活动的有序度增加大于无序度增加，形成新的有序结构并产生新的能量，从而达到一个新的更高的稳定平衡态（任佩瑜和张莉，2001）。这说明创新主体是最重要的出发点，主要从相互协调、相互匹配、相互促进的角度去演绎协同创新，目的是为了整个系统的动态性可持续发展。

第二节　瑞典创新悖论与美国创新发展的对比

在上文的理论分析中，产生了对新知识的投资没有自动转化为经济增长的“创新悖论”现象。同样是高创新投入，欧洲国家创新产出与美国的差距却越来越大。在“欧洲悖论”中，最典型的国家是瑞典。美国则是自19世纪70年代以来技术创新最具有代表性的国家，且美国在产业结构的调整、金融市场的完善以及制度的变革方面对美国经济的高级化进程起到了重要的作用，使得美国与其他国家之间的经济增长差距逐步拉大。因此，本书选择瑞典的创新模式和美国的创新模式进行对比，以期提出对中国技术与制度协同创新有借鉴意义的启示。

一、瑞典和美国科技创新投入对比

研发经费投入是衡量技术创新的重要指标，在此，我们主要以研发经费投入来衡量瑞典和美国的技术创新水平。

（一）瑞典的R&D经费投入

2017年，欧盟成员国研发（R&D）支出共计约3200亿欧元，研发强度为2.07%。与其他主要经济体相比，欧盟的研发强度远低于韩国（2015年为4.22%）、日本（2015年为3.28%）和美国（2015年为2.76%），与中国（2015年为2.06%）的水平大致相同（中华人民共和国商务部，2019）。但从成员国投入情况来看，2017年瑞典的研发强度为3.33%，远高于欧盟平均水平，位居欧盟各国研发投入之首。瑞典创新体系最大的特点就是高额的研发投入，瑞典的研发投入在20世纪80年代就超过2%，在90年代超过3%，在2001年甚至达到4.13%（程家怡，2016），而后研发强度一直保持在3%以上（见图3-4）。

（二）美国的R&D经费投入

美国国家科学基金会（NCSES）的最新数据表明，2017年美国的研发经费达到5422亿美元，占GDP比重为2.78%，比2016年略高0.03%。如图3-5所示，美国在20世纪60年代，研发经费就已高达2.79%，而后逐步下降至2.1%

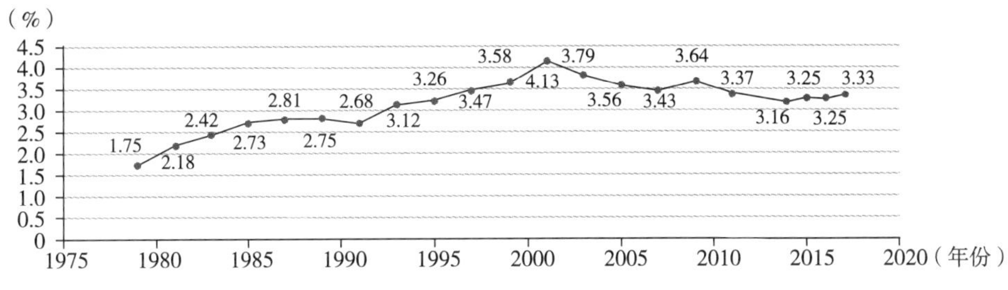

图 3-4　1979~2017 年瑞典的研发投入强度

左右。以 80 年代为分水岭，研发经费逐步上升，到 2009 年研发经费达到 2.79%，1964 年达到历史最高水平。从 20 世纪 80 年代中期到晚期，联邦政府的研发资助比例不断下降，而企业研发支出占比不断上升，成为总研发支出中越来越重要的组成部分。

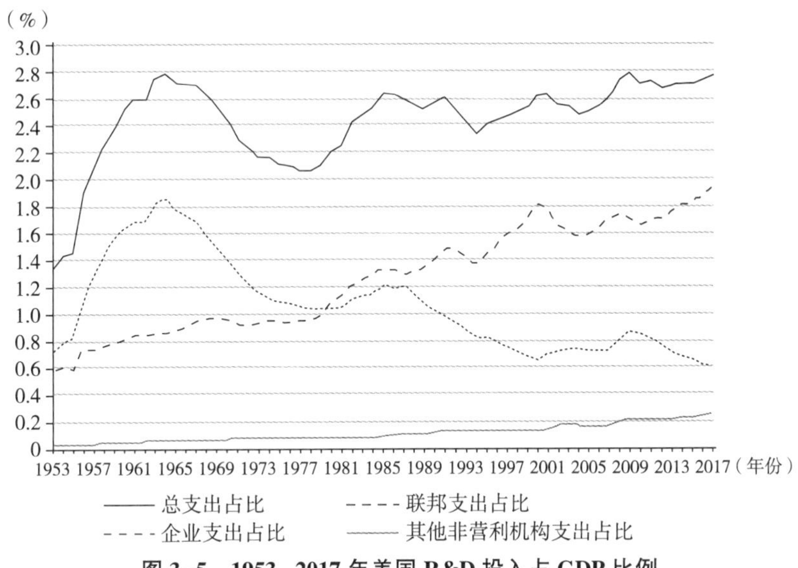

图 3-5　1953~2017 年美国 R&D 投入占 GDP 比例

注：GDP = gross domestic product（国内生产总值）。

资料来源：https：//www. nsf. gov/statistics/2019/nsf19308/.

美国的研发经费主要投入在三个方面：基础性研究、应用性研究、实验开发，其中实验开发研究占总支出的 60%以上。在基础性研究中，企业占第二重要地位，其在基础性研究中的占比为 28%；在应用性研究中，企业投入最多，占 58%。这充分说明：20 世纪 80 年代以来，产业部门一直是美国研发投入最大的主体，产业部门在国家研发绩效构成中逐步占据主导地位。

二、瑞典和美国制度创新的对比

（一）瑞典制度创新的主要特征

在瑞典的制度结构中，瑞典政府在社会经济中处于较强势的地位，在科技创新体系中拥有较强的话语权。在《2017年全球创新指数报告》中，瑞典政府效率排名第九。因瑞典的制度结构稳定，政治中立，因此吸引了无数具有全球竞争力的企业。在福利国家理念与市场经济原则下，政府能够在创新体系中发挥重要的作用。在此制度结构下的利益平衡机制也保证与推动了创新发展，同时福利性市场经济制度引导资源向创新产业持续流动，也赋予了政府创新的引导能力。政府、企业与工会形成的三方博弈，驱动国家与企业选择创新道路，也使创新政策的出台不受利益群体阻碍。同时，开放市场与广泛福利也为创新发展提供了激励和保障（蒋绚和张培培，2017）。"瑞典模式"经历了起步、兴盛、没落、复兴四个阶段，在兴盛阶段，瑞典模式曾被许多国家模仿学习，但20世纪80年代因科技创新投入与产出的不匹配，"瑞典悖论"逐步浮现。在不同阶段，瑞典政府为了实施科技创新战略，不断进行制度创新，设立各种机构与法案加强对科技创新的支持（杨洋和张艳秋，2017）（见表3-2）。

表3-2 瑞典政府支持科技创新设立的机构与颁布的法案

年份	机构	内容
1942	技术研究委员会（TFR）	第一个国家层面的研究理事会
1968	技术发展委员会（STU）	取代了技术研究委员会
1991	国家工业与技术发展局（NUTEK）	取代了技术发展委员会，体现政府对科技创新宏观管理的重视
2001	瑞典创新署（VINNOVA）	瑞典创新署专门负责国家创新体系建设，还通过主动发起研发项目调控产业研发方向
2008	《研究与创新法案》	相继设立目标性强的战略研究领域与战略创新领域相关创新项目。加大对KBC（Knowledge-based Capital）的投入，知识资本的投入比重甚至达到占GDP的10%
2009	建立经济成长局	致力于经济与区域发展，同时瑞典强化政府的战略引导
2014	瑞典企业、能源与交通部改名为企业与创新部	颁布《研究与创新法案》《瑞典创新战略2020》，表明瑞典政府对科技创新的高度关注

从以上政府机构的演变与制度的变迁可以看出，瑞典政府高度重视科技创新，全社会的文化氛围良好，对创新的整体共识度高，社会保障制度完善，虽然“瑞典悖论”存在，但是仍然能够激励企业创新。

因“瑞典悖论”仍然存在，瑞典政府的挑战主要体现在：第一，研发投入结构的不合理性。在高研发投入基础上，高比例的基础研究带来的产出所需成本更高、时间更长。第二，在官产学的协同合作中，政府统筹协调能力弱。这不仅体现在政府部门的横向协调能力，也体现在协同创新部门之间。因此，2016 年，OECD 对瑞典的评估结果为：虽然加大了经费投入力度，但大学在政府优先重点领域的研发绩效却并没有提升。第三，在总体研发经费有限的前提下，对战略优先领域的资金支持有限，因目标过于庞大，横跨 20 个领域和 43 个研究组，造成资金分散，每个研究组的经费规模都不大，造成研发资源碎片化问题，因而无法应对挑战重大问题的研发与创新任务（杨洋和张艳秋，2017）。近年来，为克服“瑞典悖论”，瑞典政府开始强调更加广泛的社会创新和创业资本，加大对知识资本的投入力度（蒋绚和张培培，2017）。

（二）美国制度创新的主要特征

美国是产学研合作实践的世界级标杆。20 世纪 80 年代产业部门的研发投入已经超过联邦政府的资助，企业为大学提供更加充足的资金保障，也拓展了大学的功能，使大学针对项目的应用性研究与实验开发导向能够更多地与地区产业发展和经济增长结合在一起。美国通过科技立法体系保护知识产权，支持高新技术产业，制定一系列金融法案，为风险投资等各种资本支持技术创新提供了重要保障。对技术创新保护的法案与金融创新演化的法案进行梳理（见表 3-3）我们可以发现，美国的技术创新立法体系与金融创新法案的演化进程虽然有各自的特征，但仍然相互影响、相互促进。

表 3-3　美国金融立法体系与科技立法体系

年份	金融创新法案	意义	年份	技术创新法案	意义
1781	美洲银行	第一家商业银行成立	1790	颁布了第一部专利法	逐步形成美国专利战略
1933	《格拉斯—斯蒂格尔法案》	确立了银行、证券、保险严格独立、分业经营的原则	1953	制定《小企业法》	明确规定小企业的定义：独立所有和自主经营，并在其经营领域的行业中尚未占据支配地位的企业

续表

年份	金融创新法案	意义	年份	技术创新法案	意义
1935	《银行法案》	通过分业经营制度对美国银行经营业务范围进行限制，使得银行业务单一，规模小	1958	通过《中小企业投资法》	建立美国小企业管理局(SBA)
1956	《银行持股公司法案》	银行控股公司可以通过附属机构从事证券业，使得商业银行与投资银行业务分离	1980	《史蒂文森—怀特勒创新法》	对国家实验室技术成果做了明确规定
1977	《社区再投资法》	加大对中低收入社区和低收入人群的金融支持力度，以推动区域间经济社会协调发展	1982	《小企业技术创新发展法》	促进保护小企业的创新活动
1987	《银行公平竞争法》	银行可以设立“非银行业银行”从事消费信贷业务	1986	《联邦技术转让法》	旨在加强政府、研究机构和大学的技术成果向中小企业等民间企业转移，以促进中小企业的技术创新活动
1989	《金融机构改革、复兴和促进法》	打破原有监管模式，增强银行业务经营的灵活性与竞争能力	1989	《国家竞争力技术转移法》	将技术转移上升为国家竞争力的高度
1994	《洲际银行法案》	打破了单一银行制度，允许商业银行跨州设立分行	1992	《小企业股权投资促进法》和《小企业技术转移法》	为小企业投资公司提供融资支持
1995	《金融服务竞争法》	废除了银行业不能从事证券业的禁令，允许商业银行全面经营证券业务	2000	《技术转移商业化法》	对技术转移效果起到了重要的监督作用
1999	《金融服务现代化法案》	确立了金融行业混业经营的模式	2003	《新市场风险投资计划》	SBA 为落后地区的风险投资提供担保服务
2010	《金融监管改革法案》	实行集中协调式监管，更加注重保护消费者利益，规范了金融衍生品交易，提高了资本要求，但也强化了美联储的权利	2011	《美国创新战略：确保美国的经济增长与繁荣战略》	对专利进行最新改革，加快创新产品和服务流入市场

从美国金融法案的演变进程可以看出，政府对金融的监管由紧到松，再由松到紧。20 世纪 30 年代，《格拉斯—斯蒂格尔法案》在应对经济大萧条时应运

而生，对金融稳定与恢复经济产生重要作用。随着电子信息、生物工程、现代化通信技术的飞速发展，金融需要进一步改革创新，不断扩张规模以适应技术创新的发展。20 世纪 80 年代，技术创新与金融创新相互递进，推动彼此发展，《金融机构改革、复兴和促进法》放松了业务限制，对金融机构资本比例、存款保险费率进行了一定规范，增强了银行业务的灵活性。1999 年的《金融服务现代化法案》，极大地放宽了证券、保险、银行的权限，丰富的金融产品和服务大力发展了资本市场，对全球金融业发展都产生了深远的影响，也奠定了美国金融发展强大的国际竞争能力。直至金融危机后，政府认为缺乏对消费者的保护，导致金融衍生产品过度泛滥，使得消费者无法承担不适合的金融产品，也间接损害了消费者的权益，迫使美国金融体系做出重大调整。在此情况下，《金融监管改革法案》重塑起美国政府对金融体系的应对与监管。美国政府通过调整监管架构和监管规则使之适应金融体系新变化，以规避金融体系变化带来的新风险。另外，美国政府全面实施创新战略，2015 年发布了新版的《美国创新战略》，在以清洁能源、制造业、环境保护、生物新能源等新技术为重点的领域采取了全方位的战略行动。

从美国金融创新法案和科技立法体系之间呈现出相互迭代促进的动态演变特征可以看出，美国的金融体系不断完善，技术创新的制度保障也不断成熟，二者相互推进，美国政府则通过不断创新逐步为金融创新与技术创新的融合提供了强有力的制度保障。

三、瑞典和美国金融发展对比

（一）瑞典金融发展进程

瑞典的银行业发展已有 300 多年的历史，经过 300 多年的发展，已经逐步形成完善的金融系统（见表 3-4）。瑞典的银行系统主要分为中央银行和商业银行。中央银行主要受议会影响，商业银行的演变与发展来源于中央银行的演变与发展，更与欧洲工业化发展和瑞典经济发展需求息息相关。可以说，瑞典从农业社会向工业社会发展，逐步形成工业发达与高福利的国家，银行发展起到了重要的作用（王津和江建云，2002）。

表 3-4　瑞典中央银行与商业银行演化进程

中央银行			商业银行		
年份	成立机构与改革措施	主要内容	年份	成立机构与改革措施	主要内容
1668	瑞典中央银行(Sveriges Riksbank)	世界上最古老的中央银行，曾发行信任票据，具有现代货币的特征，可以在伦敦、巴黎、阿姆斯特丹等地区使用	1850	商业银行迅速扩展	瑞典经济出口增长最迅速的时期，商业银行数量和资产迅速扩张
1701	中央银行	由议会控制，议会选举董事会成员，常务委员会监督它的活动。议会银行委员会决定，银行应该发行转让票据，票据和金属币作为主要支付手段	1863	12 家私有银行和 22 家附属于中央银行的银行	可以发行钞票，在瑞典 50 多个城镇有银行服务设施，信贷业务量增长四倍
1759	造币厂	瑞典在斯德哥尔摩建立造币厂并生产了第一张安全纸币	1864	取消开办商业银行限制	国家对商业银行的支持体系被废除，商业银行数量猛增
1789	国家债务局(Pik Sgaldskon Toret)	主要发行债券以资助对俄战争，结果也创造了平行货币：Piksgaldssedlar	19 世纪 70 年代末	地方银行营业所	160 个城镇有地方银行营业所，与国际上其他国家对比，瑞典的银行体系已经发展完善
1803	瑞典进行币值改革	债务局发行的货币减少，而中央银行的地位逐步加强	1880	银行资产占比极高，为国家工业化奠定基础	瑞典所有银行资产占 GDP 的 89%，其中商业银行约占 48%
1824	中央银行成立分行	这是第一个分行，而后成立第一批商业银行，并允许发行钞票，但必须存入中央银行，受中央银行控制	1903	取消私人银行发行钞票	中央银行与商业银行调整关系，中央银行的职责是向商业银行贷款、汇票再贴现，减少参与市场竞争，商业银行内部进行调整，重点放在储蓄上。职责分明更有利于金融市场发展
1866	建立了两院议会制	银行董事会的组成也发生改变，但仍然在议会的“保证和监督”下	1890~1914	企业结构向股份制公司转变	瑞典工业化大力发展，工业发展的主要资金来源于商业银行

续表

中央银行			商业银行		
年份	成立机构与改革措施	主要内容	年份	成立机构与改革措施	主要内容
1873	中央银行加入斯堪的纳维亚货币联盟 Scandinavian Currency Union	瑞典、丹麦、冰岛、挪威都是其成员国	1911	通过了新的银行法规	新的银行法规给予了大银行一定的自由，允许在其他银行和工业公司拥有股份。但对银行的控制与监管更加严格
1897	瑞典中央银行	瑞典第一个中央银行法开始实施，授予中央银行发行钞票的专有权，瑞典中央银行成为真正意义上的中央银行	1913	银行在经济生活中的中心地位	银行资产相当于全国 GNP 的 136%，其中商业银行资产相当于 GNP 的 83%
20 世纪初	瑞典中央银行	发展成为具有现代意义的中央银行，以金本位为基础与世界其他国家建立共同汇率	1922	成立 AB Kreditkassan 基金	基金主要用于资助建立新的银行。“一战”后，银行业迅速集中化，大银行占据主导地位
1931	金本位制度废除	瑞典中央银行的汇率维持与英国英镑的稳定汇率	1946	银行集团	主要银行都逐步拥有了自己的公司，并将股份出售给公司，通过这种方式，确保公司成为自己的客户
1939	货币与美元挂钩	中央银行决定将货币与美元挂钩	20 世纪 50 年代	废除超低利率政策	为了控制长期资本市场，政府引入了严格的债券发行管理制度
1957	灵活的利率政策	将贴现率由 4%提升至 5%	20 世纪 70 年代	购买政府债券	因高福利制度，政府负债扩大，商业银行成为摘牌的安全保管库和政府经济政策的代理人
1988 年至今	出台新的银行法	新的银行法废除了政府任命银行董事会主席的权利，并通过选举产生。现在，瑞典中央银行主要负责货币政策维持物价稳定，维系一个安全且有效的支付系统	20 世纪 80 年代至今	金融部门复兴	瑞典放宽信贷市场的管理，1989 年取消了外汇控制，20 世纪 90 年代后，银行与保险公司之间的障碍取消，银行进入多样化发展阶段

资料来源：王津，江建云．瑞典银行系统发展简史及运行机制［J］．财务与金融，2002（1）：56-58.

在金融政策上，瑞典在经历了 100 多年的对外投资和扩展后，20 世纪 80 年代后期，政府对政策和一系列经济法规做了相应的调整。为了适应国际化经营，有效吸收和利用国际资金，瑞典政府取消外汇管制、经济私营化，在银行金融业领域，使经济自由地处于西方国家前列。瑞典政府对在不同地区投资的中小企业采取通过地方政府给予补贴贷款等政策，鼓励金融机构参与中小企业融资形成有效竞争。在瑞典，没有外汇现钞管制，对利润的汇出、投资清算、特许使用费和许可费用的支付也没有限制，投资基金的收益，如股票红利、利息收益可以自由转移（瑞典投资环境，2019）。

从资本市场成熟度的角度，根据《2017 年全球创新指数报告》数据，瑞典对投资者保护力度排名第 19 位，瑞典风险投资交易占 GDP 比重排名第 8 位，成熟的市场环境有利于吸引世界投资者。从以上瑞典金融体系演化进程来看，瑞典本身的金融环境成熟，金融产业发展也较完善。这些都有利于高新技术企业通过资本市场迅速融资，扩大企业规模，增强市场竞争力与市场占有率，而风险投资为创新企业与创新项目解决了资金短缺问题，有利于进一步推进创新成果的转化。但从科技与金融互动角度来看，瑞典金融体系的完善更倾向于金融产业自身的发展，与技术创新的融合度并没有那么高。

（二）美国金融发展进程

美国经济与技术创新能够在世界保持领先的地位，与其强大的金融创新机制有关。在完善的金融市场中，政府的政策性基金、风险投资机制、多层次的资本市场这三个重要元素不可或缺。风险投资机制利用市场化方式能够有效分散技术创新风险，政府充分利用风险投资、担保贷款等方式帮助中小企业获得资金，提高创新创业的成功率，多层次的资本市场为各种层次的企业实现融资的可能，并为风险投资提供了通畅的退出渠道。三者形成稳定的金融闭环机制，有序推动美国金融体系不断向高级程度演化。

第一，美国的风险投资已经形成一套成熟完善的运作模式，直接推动了高新技术产业的繁荣发展。2017 年美国风险投资总额为 842 亿美元，同比增长 16%，是互联网时代的最高水平。2018 年前三个季度风险投资总额为 843 亿美元，就已经超过 2017 年一整年（PitchBook，2019）。金融科技自 2016 年起，连续三年融资金额、融资笔数双增长，其中 2018 年融资金额从上年的 79. 83 亿美元增长到 109. 88 亿美元，增长幅度 38%，融资笔数也从 571 笔增长到 627 笔。截至 2018 年，美国估值最高的三家独角兽公司是 Uber、WeWork 和 Airbnb，它们的估值分别为 720 亿美元、320 亿美元和 290 亿美元（阿尔法公社，2019）。美国风险投资和高科技企业结合，核心在于引导民间资本参与风险投资，由专业人士高效率地管理风险资本。这也是美国将金融创新与科技创新紧密结合，提高创新率形成产业化的重要经验。

第二，美国政府设立专门的机构小企业管理局（SBA）来支持中小企业。SBA 通过政府的政策性基金引导融资。因中小企业的创新成果几乎占全国的一半，中小企业管理局的主要任务包括：听取中小企业的意见及需求，就保护中小企业的权益向联邦政府提出政策建议，促进小企业的健康发展。其目标是通过对支持中小企业的发展来增强国家总体经济的增长（王国强，2015）。政府还通过对科技研发的直接参与来引导社会投资的流向。同时，美国政府还通过设立政策性金融机构，利用直接经费资助、信贷支持和税收优惠等财政手段来支持企业增加科研投入（雷海波等，2011）。

第三，美国拥有多层次的资本市场，形成金字塔状，由上至下包括 2700 多家纽约证券交易所、3200 多家纳斯达克证券交易所、4000 多家场外电子柜台交易市场、6000 多家粉红单市场以及 60000 万多家灰色市场在内五个层次构成的体系架构（娄金洋，2014）（见图 3-6）。在美国资本市场中，不同的资本市场有不同的上市标准，这种高度细分的资本市场与发展在不同阶段的企业融资需求相匹配，能够为企业在不同成长阶段所进行的技术创新活动提供精准有效的资金支持。企业能够利用资本市场的机制优化自身的资源配置，风险投资能够借助资本市场的退出机制化解风险，并获得收益增值。

图 3-6　美国资本市场的结构

资料来源：娄金洋. 产权市场：我国多层次资本市场建设的可行路径［J］. 产权导刊，2014（8）：23-26.

美国高效完善的资本市场是推动企业科技创新发展的重要条件与外部环境。风险投资可以通过市场化方式，对科技成果进行筛选和预判，运用灵活的孵化机制与金融服务功能化解技术创新的风险。多层次的资本市场能够满足不同阶段的技术创新，也能促进风险投资与技术创新更快地对接需求。技术创新生命周期包括种子期、成长期、扩张期、成熟期，其各个阶段的资本需求都不同，资本偏好也不同。如种子期的成功率最低，风险最高，但收益率也最高，这时需要种子基金、天使投资、财政支持等原始投资，这些对其非常重要；到了成长期，创新成功率大大提高到50%左右，虽然风险程度也高，但收益率还是较为可观的，一般为35%～50%，需要风险投资、优先股、小额贷款、三板市场融资等推动技术创新的发展；到了扩张期，成功率接近70%，风险程度立刻下降，收益率为30%～40%，仍然是风险投资青睐的对象，更是二板市场融资、担保贷款等资本投资的重要对象；直至成熟期，成功率达90%左右，风险程度较低，收益率也最低，风险投资退出市场，主要以主板市场融资和商业银行贷款为主（李建伟，2005）。因此，美国发达、完善的资本市场不仅促进科技创新体系的完善，推动了高新技术产业的发展，更是弥补了金融系统中间接融资不能有效支撑技术创新的制度缺陷。

四、瑞典和美国创新投入与产出对比

（一）注重创新投入的软性指标

《2017年全球创新指数报告》显示，在样本覆盖全球大约130个经济体中，瑞典以总分63.82分（以下全部按0～100分值表示）排名全球最具创新力国家第二名，美国以61.4分排名第4（见图3-7）。

虽然瑞典的创新指数总分比美国高，但创新投入与产出中大部分关键性创新指标都低于美国。在创新投入方面，如在人力资本与研发方面，科研机构的质量，美国排名第一，分值为100分，瑞典的科研机构质量排名第11，分值为82分；在知识创造中被引文件指数指标中，美国排名第1，分值为100分，瑞典排名第11，分值为59.35分；在私营部门国内信贷占GDP比重上，美国分值为75.97分，排名第3，而瑞典分值为51.51分，排名第16。瑞典在政府效率、法律法规、教育支出占GDP比重、科学与工程毕业生比重、环境绩效、投资者保护力度、PCT专利申请数、贸易与运输相关基础设施等硬性指标上比美国分值高出许多，世界排名靠前。在创新产出方面，创意产品与服务中娱乐和文化消费占个人消费比重指标，美国排名第1，分值为100分，瑞典排名第19，分值为44.46分；通用顶级域名数量和YouTube的视频上传量两个指标，美国均排名第1，分值为100分，而瑞典在这两个指标的分值分别为43分和63.18分；在国家代码顶级域名数量上，瑞典分值为63.56分，美国只有2.92分。在其他创造性无形资产、创意产品与服务、在线创造指标上，瑞典与美国的分值差距不大，如图3-8所示。

Country/Economy	Score（0~100）	Rank	Income	Rank	Region	Rank	Eficiency Ratio	Rank	Median：0.62
Switzerland	67.69	1	HI	1	EUR	1	0.95	2	
Sweden	63.82	2	HI	2	EUR	2	0.83	12	
Netherlands	63.36	3	HI	3	EUR	3	0.93	4	
United States of American	61.40	4	HI	4	NAC	1	0.78	21	
United Kingdom	60.89	5	HI	5	EUR	4	0.78	20	
Denmark	58.70	6	HI	6	EUR	5	0.71	34	
Singapore	58.69	7	HI	7	SEAO	1	0.62	63	
Finland	58.49	8	HI	8	EUR	6	0.70	37	
Germany	58.39	9	HI	9	EUR	7	0.84	7	
Ireland	58.13	10	HI	10	EUR	8	0.85	6	
Korea, Rep	57.70	11	HI	11	SEAO	2	0.82	14	
Luxembourg	56.40	12	HI	12	EUR	9	0.97	1	
Iceland	55.76	13	HI	13	EUR	10	0.86	5	
Japan	54.72	14	HI	14	SEAO	3	0.67	49	
France	54.18	15	HI	15	EUR	11	0.71	35	
Hong Kong（China）	53.88	16	HI	16	SEAO	4	0.61	73	
Israel	53.88	17	HI	17	NAWA	1	0.77	23	
Canada	53.65	18	HI	18	NAC	2	0.64	59	
Norway	53.14	19	HI	19	EUR	12	0.66	51	
Austria	53.10	20	HI	20	EUR	13	0.69	41	
New Zealand	52.87	21	HI	21	SEAO	5	0.65	56	
China	52.54	22	UM	1	SEAO	6	0.94	3	
Australia	51.83	23	HI	22	SEAO	7	0.60	76	
Czech Republic	50.98	24	HI	23	EUR	14	0.83	13	
Estonia	50.93	25	HI	24	EUR	15	0.79	19	

图 3-7　2017 年全球创新指数排名（前 25 名）

资料来源：2017 年全球创新指数报告，https：//www. wipo. int.

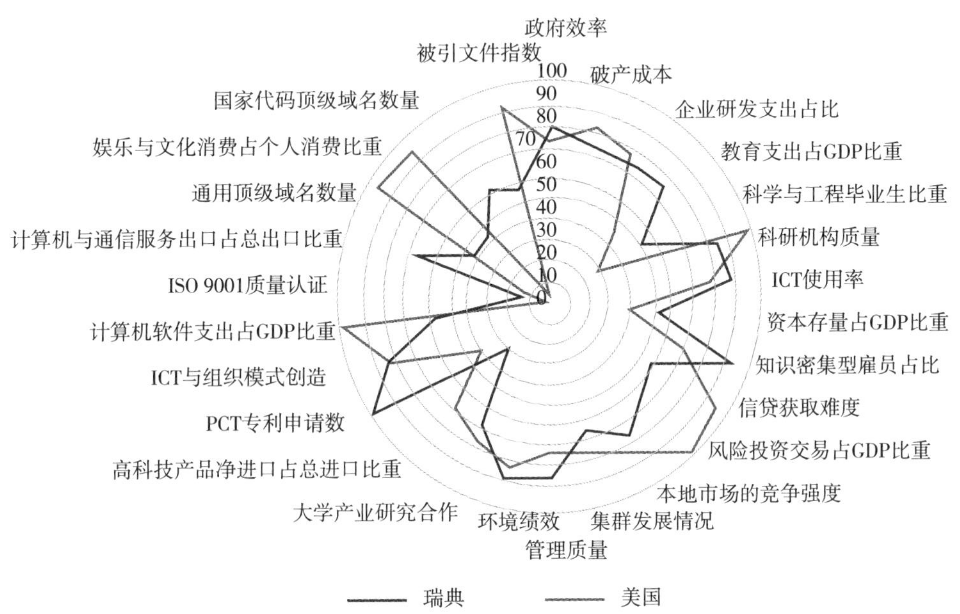

图 3-8　瑞典和美国创新投入与产出关键指标分值对比

（二）培育市场主体对 R&D 的投入

由图 3-8 可以看出，瑞典在创新投入上，硬性投入较大，甚至高于美国，但在科研机构质量与世界大学排名前三等软性指标上，远不如美国。美国重视企业的市场主体地位，企业的研发资本投入逐年递增，20 世纪 80 年代就已经超过联邦政府的研发资助。尽管在 2008 年经济危机后，比例有所下降，但经济复苏后，企业在研发上的支出越来越高，且超过 2008 年；而瑞典在金融危机后，企业在研发上的支出却越来越低，到 2015 年还未恢复到 2008 年的水平（见表 3-5）。

表 3-5　瑞典和美国等国在金融危机与复苏期间企业在研发上的支出对比

国家＼年份	2008	2009	2010~2012	2013	2014	2015
中国	100	126	169	222	244	265
法国	100	102	109	114	115	117
美国	100	96	96	103	107	112
英国	100	97	101	107	113	118
瑞典	100	90	97	98	87	97
芬兰	100	93	91	81	77	69

注：①以上数据以 2008 年为基期（指数=100）；②2010~2012 年一栏数据统一为各国 2010~2012 年企业 R&D 支出的平均值。

资料来源：2017 年全球创新指数报告，https：//www. wipo. int.

从瑞典的创新投入上看，瑞典在知识与研发经费上的投入比较高，其中直接来自政府财政资助的企业研发占最大比例，企业的研发投入远低于政府的投入。而从产出绩效方面看，中小企业参与研发的份额、劳动生产率、中级和高级技术中就业的平均值占 GDP 的比重、服务业中创新公司的比重等都低于平均值（见图 3-9）。

因此，从全要素生产率角度来看，虽然瑞典的研发投入强度以及在制度创新方面的指标排名都优于美国，但瑞典的全要素生产率在绝大部分时候都低于美国，而且伴随着全球经济波动，这一差距还会时而拉大（见图 3-10）。

（三）提升金融市场活跃度

《2017 年全球创新指数报告》显示，在金融市场成熟度指标中（见图 3-11），从资本市场成熟度指标中的风险投资交易占 GDP 比重来看，瑞典的风险投资交易

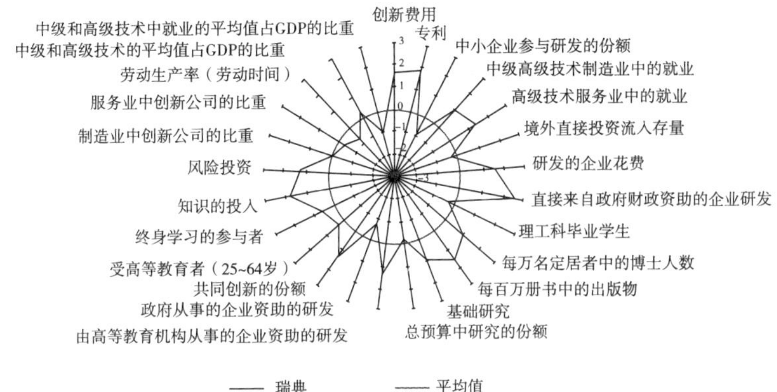

图 3-9 瑞典技术创新投入与创新绩效

资料来源：杨庆峰．瑞典创新模式的历史特征分析［J］．社会科学，2015（8）：21-30.

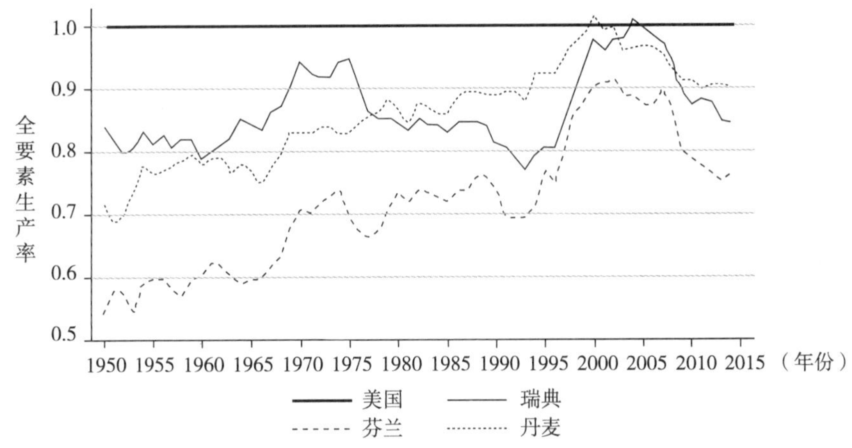

图 3-10 1950~2015 年美国与瑞典等北欧国家的全要素生产率比较

资料来源：杨洋．瑞典的科技创新模式：演变与挑战［J］．全球科技经济瞭望，2017，32（10）：1-7.

占 GDP 比重排名第 8，分值为 61.88 分，美国的风险投资交易占 GDP 比重排名第 1，分值为 100 分；瑞典斯德哥尔摩在全球国家或跨界地区的顶级集群中排名第 24，美国旧金山排名第 3；美国在本地市场竞争强度指标上分值为 82.95 分，排名第 5，瑞典排名第 21，分值为 76.49 分。美国金融成熟度的大部分指标分值都高于瑞典，这也显示了美国金融市场的活动度更高，通过市场机制的作用有效提升金融市场与科技创新的融合度。

综上，瑞典和美国同样属于注重创新的发达国家，但瑞典出现了“瑞典悖

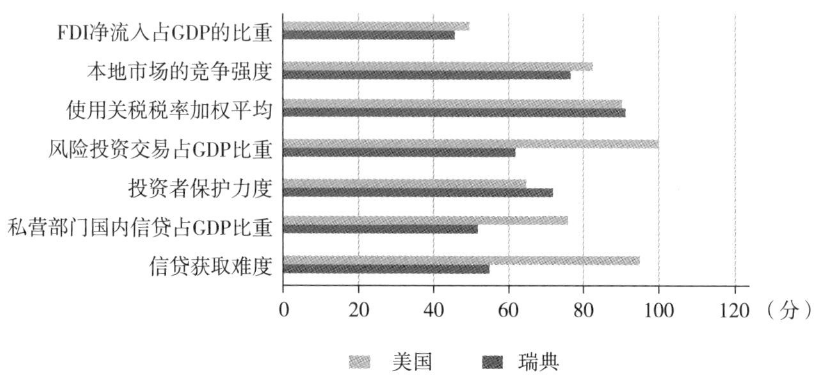

图 3-11　瑞典和美国在市场成熟度上的对比

论”，相对而言，美国的创新产出质量更优。这对我国增加 R&D 经费投入，大力鼓励创新有重要的理论借鉴与实践启示。通过以上的分析，结合我国现行制度条件，本书提出：第一，在技术创新上，提高创新投入的质量，在人力资本与研发投入上注重软性创新指标的投入，提高科研机构的质量和培养高质量的世界级大学；第二，提升金融市场的活力，培养市场主体的创新力，增加市场主体对自主创新研发的投入，进一步加强科技与金融的融合度；第三，建立稳定、可良性循环的协同创新机制，要创造更有质量的创新产出，必须形成可良性循环的创新机制，不仅需要政府的制度创新与政策引导，还需要加强各个创新系统之间的创新协同度，才能倒逼提升技术创新，提升创新绩效，形成更优质的创新成果，提高创新成果转化率。

第三节　本章小结

创新不仅本身是一种突变式运动，在创新成为驱动经济增长动力中，与社会过滤器等制度因素条件共同协同创新更是一种突变式运动。尤其是从低水平均衡的状态要跃升到一个较高水平的经济增长状态，一个国家或地区要有合格的引擎所提供的必要动力加速度（罗斯托，2016）。通过理论分析，我们得出：第一，创新是一个黑匣子，说明创新与经济增长之间存在创新黑箱，必须注重社会过滤因素，制度创新力越强，社会过滤越弱，越有利于创新驱动经济增长。第二，薛定谔的猫态实验将创新黑匣中的一维混沌态刻画成二维态，创新与社会过滤在黑箱中相互作用形成二维叠加态，需要有意识地弱化社会过滤作用，提升制度创新力，使得创新黑箱中的二者以更协同态突破创新黑箱，保证创新这只猫“活”下来，从而驱动经济增长。第三，突变理论进一步将创新定义为技术创新，社会过滤定义为制度因素，将二者在黑箱中的状态解构为三维状态：不协同创新态、博弈不稳定态、协同创新态。如同水是气体态还是液体态取决于温度一样，是否形成协同创新态，需要类似相应的条件。第四，协同创新是耗散结构，正负熵影响系统的有序度与协同度。需要建立一种机制，通过负熵的循环式输入，巩固协同创新的条件不变，使协同创新保持在一个稳定态。

通过案例分析，我们得出：第一，制度创新在技术创新中发挥着重要的作用。创新不仅是信息的交流与共享，同时受到社会资本和制度的约束，而制度约束是社会过滤中重要的影响因素，包括人力资本、社会包容与制度效率。第二，金融创新是技术与制度协同创新重要的催化条件，金融市场活跃、体系完善有利于提升技术创新绩效，有利于增加科技成果商业转化率。第三，技术创新、制度创新与金融创新之间的有序度与协同度能影响创新的成果与绩效，需要建立三者协同创新的驱动机制使得创新能够驱动经济增长。

本书结合理论与案例分析，得出金融创新分别深刻影响着技术创新与制度创新，并在博弈不稳定态中作为重要条件影响着技术与制度协同创新演化趋势，进而提出：第一，金融创新是影响技术与制度协同创新的重要因素与条件，当技术与制度协同创新处于博弈状态时，金融创新像催化剂一样助推博弈状态中的二者突变为协同创新态，驱动经济增长。第二，加强技术、制度、金融三者协同创新，有利于稳固协同创新条件，是保证负熵能够循环式输入创新系统的重要机制。下一章将在技术与制度协同创新驱动经济增长的基础上，运用动态演化博弈的方法，具体分析金融创新对技术与制度协同创新的影响。

第四章

技术与制度协同创新驱动经济增长的条件研究

第三章中借鉴了突变理论和耗散结构等物理理论，提出协同创新存在三个区域，奇点集的突变区域正是博弈状态点集合，是否协同创新是需要条件的，关键是系统内部是否能有不断的负熵输入。演化博弈论是将静态的博弈分析与动态的演化过程结合在一起的一种理论，起源于生物进化论，并被经济学家们不断演化应用，在各个领域逐渐扩展开来，并得到进一步发展。本章在动态演化博弈理论基础上，构建技术与制度协同创新的演化博弈模型，分别分析无金融支撑机制和有金融支撑机制下技术与制度协同创新的演化稳定策略。

第一节　技术与制度协同演化的重复博弈模型

一、博弈模型的假设前提

制度包括正式制度与非正式制度，既包括法律、政治制度、产权制度等正式制度，也包括习俗、风俗、文化等非正式制度。非正式制度的演化需要更长的时间，更不容易更替，而正式制度的演化可以实现诱导性变革，主要是国家政府根据现实发展的需要在阶段性的时间内实现。因此，本书所探讨的制度创新着重在正式制度的创新，从宏观角度，以政府和企业分别作为制度变革的供给方与需求方。

技术创新包括宏观、中观、微观，国家的技术创新战略是宏观层面，区域技术创新策略则是中观层面，产业技术创新、企业技术创新则属于微观层面。企业作为整个社会的细胞体，具有强大的创新力量，市场的风向——企业家能够第一时间嗅触到，是技术创新的主体力量。因此，本书把技术创新的博弈代表定义为企业。

本书通过政府—企业的博弈模型来阐述制度创新与技术创新的动态协同演化关系，得出动态演化均衡结果。演化博弈模型的建立基于选择和突变两个特征，双方的相互选择是一个不断试错的过程，直至达到博弈均衡。

假设 1：暂时不考虑其他技术创新主体的影响，仅以企业作为技术创新的主体，制度变革的主要供给方为政府，因此，本书以政府和企业作为博弈双方进行动态演化博弈。

假设 2：博弈双方是有限理性的，且信息不完全对称。博弈双方都有合作与不合作两种策略可选择，因为相对于技术创新，制度创新具有一定的滞后性，所以博弈双方在决策时不知道对方将采取何种策略。双方根据彼此的策略不断进行改进，以达到均衡。

假设 3：博弈演化的货币时间价值以贴现因子 θ 来表示，$0<\theta<1$，博弈双方的贴现因子相同。

二、博弈模型分析

（一）模型构建

在以政府为主导的制度创新和以企业为主导的技术创新中，双方都有“合作”与“不合作”两种选择策略，本书中策略 A 代表合作，策略 B 代表不合作。设政府这个群体以 G 来表示，企业这个群体以 E 来表示；政府的策略 A 是制度变革，即选择策略 A 愿意进行制度变革的群体比例为 P_1，政府的策略 B 是采用旧制度，即偏好采用旧制度的群体比例为 $1-P_1$（其中 $0\leqslant P_1\leqslant 1$）；企业的策略 A 是技术创新，即愿意选择策略 A 进行技术创新的群体比例为 P_2，企业的策略 B 是采用旧技术，即偏好采用旧技术的群体比例为 $1-P_2$（其中 $0\leqslant P_2\leqslant 1$）；$Y_1$、$Y_2$ 分别代表政府和企业在没有进行博弈的情况下，独立运行而产生的正常收益；π_1、π_2 分别代表政府与企业双方选择相互合作策略的情况下，各自除去合作成本净收益的增加值；C_1、C_2 分别代表政府与企业为了采取合作模式而投入的总成本；b_1 代表企业采取策略 A 进行技术创新，在政府采用策略 B 不进行制度改革的方案下，政府因企业的技术创新，企业收益增加产生政府更多的赋税等额外收益，b_2 代表政府采取策略 A 进行制度改革，在企业采用策略 B 不进行技术创新的方案下，企业因政府的制度改革，而给企业的生存与竞争创造了更好的社会环境，促进了经济的增长，而产生的额外收益。政府制度创新和企业技术创新动态演化博弈支付矩阵如表 4－1 所示。

政府选择策略 A 时，企业也选择策略 A，则双方都采用合作模式，各自的博弈收益为：$Y_1+\pi_1$，$Y_2+\pi_2$。

政府选择策略 A 时，企业选择策略 B，则政府愿意合作，企业不愿意合作，则政府要承担改革的成本，收益为：$Y_1 - C_1$，企业产生额外收益，收益为：$Y_2 + b_2$。

政府选择策略 B 时，企业选择策略 A，则政府不愿意合作，企业愿意合作，则政府产生额外收益，收益为：$Y_1 + b_1$，企业要承担创新的成本，收益为：$Y_2 - C_2$。

政府选择策略 B 时，企业选择策略 B，则政府不愿意合作，企业也不愿意合作，则各自按照原先的轨迹运行，收益不变，各自为：Y_1，Y_2。

表 4-1　政府制度创新和企业技术创新动态演化博弈支付矩阵

博弈收益		E（企业）	
		策略 A：技术创新 P_2	策略 B：采用旧技术 $1-P_2$
G（政府）	策略 A：制度改革 P_1	$Y_1+\pi_1$，$Y_2+\pi_2$	Y_1-C_1，Y_2+b_2
	策略 B：采用旧制度 $1-P_1$	Y_1+b_1，Y_2-C_2	Y_1，Y_2

（二）演化博弈系统稳定性分析

政府采用策略 A（制度改革）和策略 B（采用旧制度）的期望收益分别为 UG_1 和 UG_2，$\overline{UG}$ 为平均收益。

$$UG_1 = P_2(Y_1 + \pi_1) + (1 - P_2)(Y_1 - C_1)$$

$$UG_2 = P_2(Y_1 + b_1) + (1 - P_2)Y_1$$

$$\overline{UG} = P_1UG_1 + (1 - P_1)UG_2$$

企业采用策略 A（技术创新）和策略 B（采用旧技术）的期望收益分别为 UE_1 和 UE_2，$\overline{UE}$ 为平均收益。

$$UE_1 = P_1(Y_2 + \pi_2) + (1 - P_1)(Y_2 - C_2)$$

$$UE_2 = P_1(Y_2 + b_2) + (1 - P_1)Y_2$$

$$\overline{UE} = P_2UE_1 + (1 - P_2)UE_2$$

设：群体概率的动态变化速度为：

$$F(P) = dP/dt = P(U - \overline{U})$$

设 P^* 为稳定点，根据稳定性定理：

若 $P < P^*$，为使 $P \to P^*$，应满足 $F(P) > 0$；若 $P > P^*$，为使 $P \to P^*$，应

满足 $F(P)<0$,即当 $F'(P)<0$ 时，P^* 为 ESS。

复制动态方程 $F(P)$：

$F(P_1)=dP_1/dt=P_1(UG_1-\overline{UG})$

$F(P_2)=dP_2/dt=P_2(UE_1-\overline{UE})$

很显然,政府与企业作为创新主体,如果双方都不采取合作方式,那么社会发展到一定阶段将会停滞不前。如果只有其中一方采取合作策略,那么只有其中一方将会得到暂时的超额获利,而另一方会因为只一味地付出,而停止创新,并遏制住"搭便车"的行为,双方最终还是演化到都不采用合作策略的原始状态。只有政府与企业双方都采用合作策略时,双方才能够都得到合作而产生的利润增加值,从而推动下一次的合作策略,才能使合作模式无限持续下去,社会才能进入制度创新与技术创新协同演化的轨道,社会的整体发展才能进入良性的可持续发展阶段。因此,本书对演化稳定策略分析的对象是政府与企业的创新都趋向选择创新—创新这一策略。

（三）政府制度创新的演化稳定策略分析

当 $UG_1>\overline{UG}$ 时，则政府采用策略 A(制度改革)所获得的收益大于平均收益，那么政府就将会不断倾向于制度改革，随着时间的推移，P_1 就会逐渐增大。则 P_1 随时间 t 的变化，可用复制动态方程 $F(P_1)=dP_1/dt=P_1(UG_1-\overline{UG})$ 来表示，即为政府选择策略 A 的复制动态方程。接下来在复制动态方程中寻找稳定点 P_1^*，使得 P_1 不再随着时间 t 的变化而变化，而是始终趋向于稳定值 P_1^*。P_1^* 则表示在政府与企业的动态演化博弈过程中，政府选择制度变革的概率。

$$
\begin{aligned}
F(P_1)&=dP_1/dt=P_1(UG_1-\overline{UG})\\
&=P_1\{UG_1-[P_1UG_1+(1-P_1)UG_2]\}\\
&=P_1(1-P_1)(UG_1-UG_2)\\
&=P_1(1-P_1)(P_2\pi_1+P_2C_1-P_2b_1-C_1)
\end{aligned}
$$

要让 P_1 达到稳定状态，则 $F(P_1)=0$，则其稳定值：$P_1^*=0,P_1^*=1,P_2^*=C_1/\pi_1+C_1-b_1$。即复制动态稳定状态：$P_1^*=0,P_1^*=1,P_2^*=C_1/\pi_1+C_1-b_1$。

$$F'(P_1)=(1-2P_1)(P_2\pi_1+P_2C_1-P_2b_1-C_1)$$

当 $P_2^*=C_1/\pi_1+C_1-b_1$ 时，$F(P_1)=0$，即 P_1 在[0，1]之间都是稳定值，当企业采用 $P_2^*=C_1/\pi_1+C_1-b_1$ 这一概率进行技术创新时，政府无论选择何种策略都没有影响。

当 $P_2^*>C_1/\pi_1+C_1-b_1$ 时，$F'(0)>0$，$F'(1)<0,P_1^*=1$ 为演化稳定值，

$F(P_1) > 0$,则$F(P_1)$在$P_1 \in (0,1)$中先增后减(见图4－1)，即当企业以$P_2^* > C_1/\pi_1 + C_1 - b_1$的概率创新时，政府选择制度改革策略的概率会逐渐倾向于1，即政府进行制度变革是政府群体的演化稳定策略。

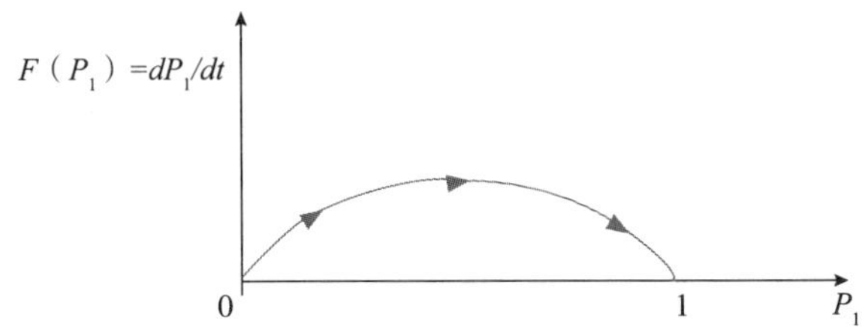

图4-1　政府博弈方复制动态相位图（一）

当$P_2^* < C_1/\pi_1 + C_1 - b_1$时，$F'(0) < 0$，$F'(1) > 0$，$P_1^* = 0$为演化稳定值，$F(P_1) < 0$，则$F(P_1)$在$P_1 \in (0, 1)$中先减后增(见图4－2)，即当企业以$P_2^* < C_1/\pi_1 + C_1 - b_1$的概率创新时，政府选择制度改革策略的概率会逐渐倾向于0，即政府采用旧制度是政府策略选择的演化稳定策略。

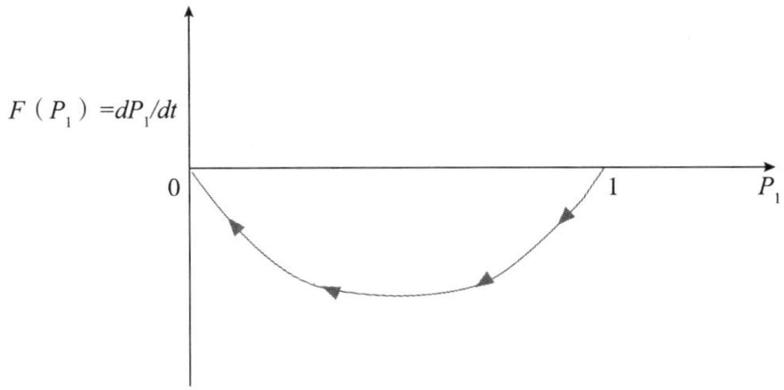

图4-2　政府博弈方复制动态相位图（二）

（四）企业技术创新的演化稳定策略分析

当$UE_1 > \overline{UE}$时，则企业采用策略A(技术创新)所获得的收益大于平均收益，那么企业就将会不断倾向于技术创新，随着时间的推移，P_2就会逐渐增大。则P_2随时间t的变化，可用复制动态方程$F(P_2) = dP_2/dt = P_2(UE_1 - \overline{UE})$来表示，即为企业选择策略$A$的复制动态方程。接下来在复制动态方程中寻找稳定点$P_2^*$，使得$P_2$不再随着时间$t$的变化而变化，而是始终趋向于稳定值$P_2^*$。$P_2^*$则表示在政府与企业的动态演化博弈过程中，企业选择技术创新的概率。

$$\begin{aligned}F(P_2) &= dP_2/dt = P_2(UE_1 - \overline{UE}) \\ &= P_2\{UE_1 - [P_2UE_1 + (1-P_2)UE_2]\} \\ &= P_2(1-P_2)(UE_1 - UE_2) \\ &= P_2(1-P_2)(P_1\pi_2 + P_1C_2 - P_1b_2 - C_2)\end{aligned}$$

要让 P_2 达到稳定状态，则 $F(P_2)=0$，则其稳定值：$P_2^*=0$，$P_2^*=1$，$P_1^*=C_2/\pi_2+C_2-b_2$。即复制动态稳定状态：$P_2^*=0$，$P_2^*=1$，$P_1^*=C_2/\pi_2+C_2-b_2$。

$$F'(P_2) = (1-2P_2)(P_1\pi_2 + P_1C_2 - P_1b_2 - C_2)$$

当 $P_1{}^*=C_2/\pi_2+C_2-b_2$ 时，$F(P_2)=0$，即 P_2 在[0，1]之间都是稳定值，当政府采用 $P_1^*=C_2/\pi_2+C_2-b_2$ 这一概率进行制度变革时，企业无论选择何种策略都没有影响。

当 $P_1^*>C_2/\pi_2+C_2-b_2$ 时，$F'(0)>0$，$F'(1)<0$，$P_2^*=1$ 为演化稳定值，$F(P_2)>0$，则 $F(P_2)$ 在 $P_2\in(0，1)$ 中先增后减(见图4－3)，即当政府以 $P_1^*>C_2/\pi_2+C_2-b_2$ 的概率进行制度变革时，企业选择技术创新策略的概率会逐渐倾向于1，即企业进行技术创新是企业群体的演化稳定策略。

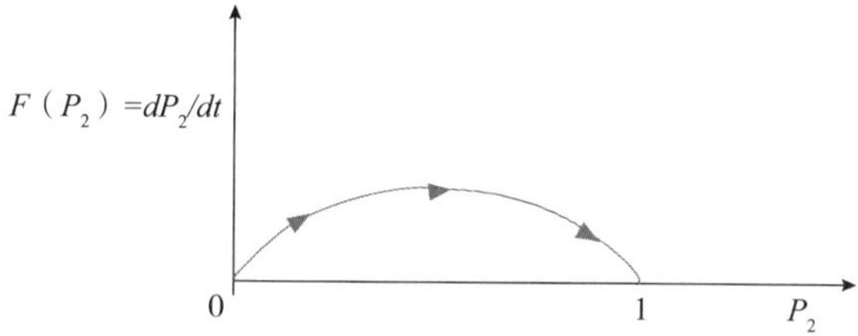

图4-3　企业博弈方复制动态相位图（一）

当 $P_1^*<C_2/\pi_2+C_2-b_2$ 时，$F'(0)<0$，$F'(1)>0$，$P_2^*=0$ 为演化稳定值，$F(P_2)<0$，则 $F(P_2)$ 在 $P_2\in(0,1)$ 中先减后增(见图4－4)，即当政府以 $P_1^*<C_2/\pi_2+C_2-b_2$ 的概率进行制度变革时，企业选择技术创新的概率会逐渐倾向于0，即企业采用旧技术是企业策略选择的演化稳定策略。

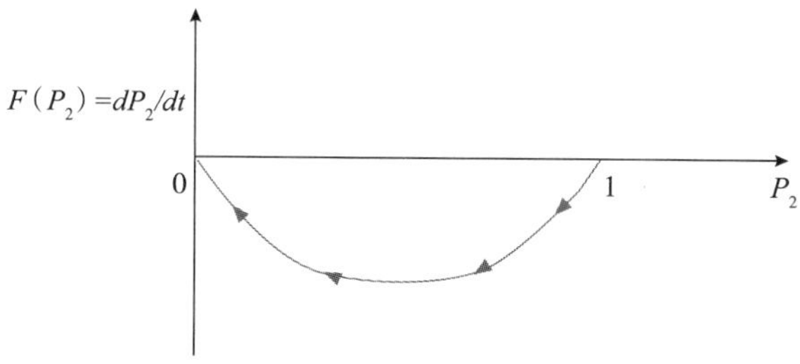

图4-4　企业博弈方复制动态相位（图二）

三、系统的稳定演化策略分析

根据以上制度创新与技术创新的演化稳定策略分析可知，由政府和企业双方的复制动态方程可以得到该博弈模型系统的复制动态方程组，则该系统的雅克比矩阵 J 为：

$$J=\begin{vmatrix} \dfrac{\partial F(P_1)}{\partial P_1} & \dfrac{\partial F(P_1)}{\partial P_2} \\ \dfrac{\partial F(P_2)}{\partial P_1} & \dfrac{\partial F(P_2)}{\partial P_2} \end{vmatrix}$$

由以上推导公式可得：

$$\frac{\partial F(P_1)}{\partial P_1}=(1-2P_1)(P_2\pi_1+P_2C_1-P_2b_1-C_1)$$

$$\frac{\partial F(P_2)}{\partial P_2}=(1-2P_2)(P_1\pi_2+P_1C_2-P_1b_2-C_2)$$

$$\frac{\partial F(P_1)}{\partial P_2}=P_1(1-P_1)(\pi_1+C_1-b_1)$$

$$\frac{\partial F(P_2)}{\partial P_1}=P_2(1-P_2)(\pi_2+C_2-b_2)$$

矩阵 J 的迹为：

$$tr(J)=\frac{\partial F(P_1)}{\partial P_1}+\frac{\partial F(P_2)}{\partial P_2}$$

通过令矩阵 J 的行列式为零，可得到系统的局部均衡点。满足条件的稳定策略均衡点包括：A(0,0)，B(0,1)，C(1,1)，D(1,0)，E($C_2/\pi_2+C_2-b_2$，$C_1/\pi_1+C_1-b_1$)，均衡点局部稳定结果如表 4-2 所示。

表 4-2　均衡点局部稳定结果

均衡点	det(J)的值	符号	tr(J)的值	符号	稳定性
A(0,0)	$C_1\times C_2$	+	$-C_1-C_2$	-	ESS
B(0,1)	$(\pi_1-b_1)\times C_2$	?	$(\pi_1-b_1)+C_2$	?	—
C(1,1)	$(\pi_1-b_1)\times(\pi_2-b_2)$	?	$-(\pi_1-b_1)-(\pi_2-b_2)$	?	—
D(1,0)	$(\pi_2-b_2)\times C_1$	?	$(\pi_2-b_2)+C_1$	?	—

续表

均衡点	det(*J*)的值	符号	*tr*(*J*)的值	符号	稳定性
E($C_2/\pi_2+C_2-b_2$，$C_1/\pi_1+C_1-b_1$)	$\frac{-C_1C_2(\pi_1-b_1)(\pi_2-b_2)}{(\pi_1+C_1-b_1)(\pi_2+C_2-b_2)}$	-	0		鞍点

B、C、D 三个均衡点 det(*J*) 值和 *tr*(*J*) 值的符号需要进一步讨论判断，分为以下四种情况：

（1）当 $\pi_1>b_1$，$\pi_2>b_2$ 时，B、D 点 det(*J*) 值和 *tr*(*J*) 值的符号均为正，C 点 det(*J*) 值和 *tr*(*J*) 值的符号为一正一负。在稳定性上，B、D 显示为不稳定，C 点稳定性为 ESS。系统演化动态相位图如图 4-5 所示。E 点将整个区域分成两块：区域 BCDE 和区域 BADE。区域 BCDE 收敛于“创新—创新”的策略组合，区域 BADE 收敛于“不创新—不创新”的策略组合。区域面积大小表示系统动态演化结果收敛于不同策略组合的概率。区域 BCDE 面积>区域 BADE，则表示博弈双方选择“创新—创新”策略组合的概率大，区域 BCDE 面积<区域 BADE，则表示博弈双方选择“不创新—不创新”策略组合的概率大。同时，博弈初始状态位于哪一个区域也决定了系统的动态演化结果，落在区域 BCDE，系统的动态演化结果则收敛于“创新—创新”策略组合，落在区域 BADE，系统的动态演化结果则收敛于“不创新—不创新”策略组合。因此，鞍点 E 的位置决定了演化博弈趋向 C 点的概率。

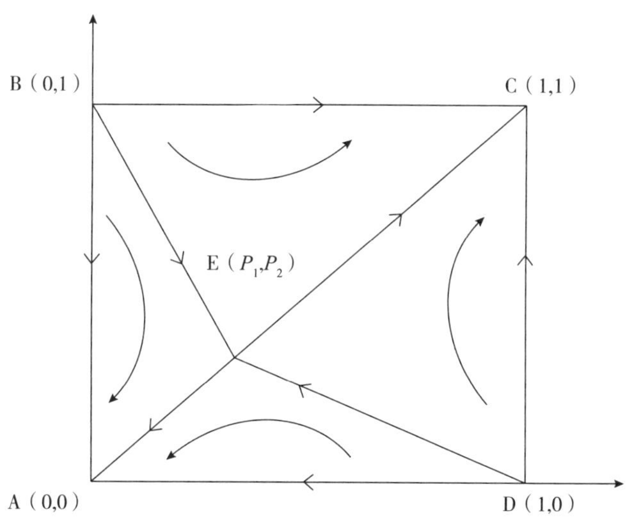

图 4-5　$\pi_1>b_1$，$\pi_2>b_2$ 系统演化动态相位图

（2）当 $\pi_1>b_1$，$\pi_2<b_2$ 时，B 点 det(*J*) 值和 *tr*(*J*) 值的符号均为正，B 点不稳定；C 点、D 点均为鞍点。系统演化从 B 点起始，收敛于 A 点（见图 4-6）。

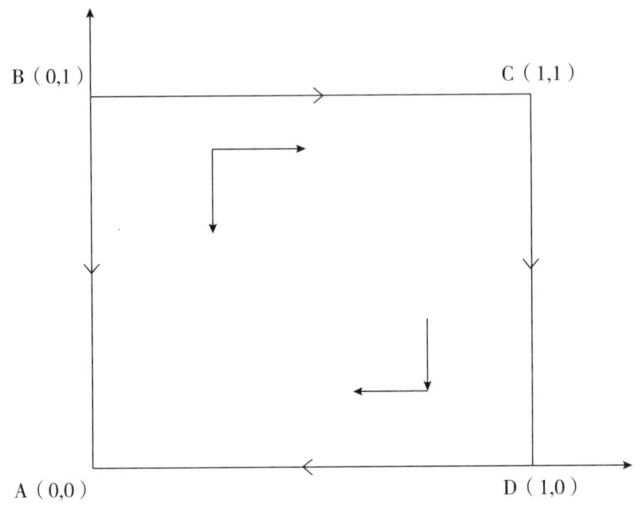

图 4-6　$\pi_1>b_1$，$\pi_2<b_2$ 系统演化动态相位图

（3）当 $\pi_1<b_1$，$\pi_2>b_2$ 时，D 点 det(*J*) 值和 *tr*(*J*) 值的符号均为正，D 点不稳定；B 点、D 点均为鞍点。系统演化从 D 点起始，收敛于 A 点（见图 4-7）。

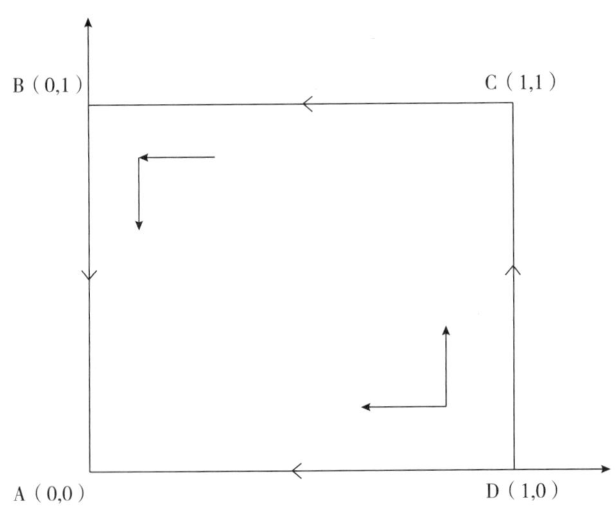

图 4-7　$\pi_1<b_1$，$\pi_2>b_2$ 系统演化动态相位图

（4）当 $\pi_1 < b_1$，$\pi_2 < b_2$ 时，C 点 det(*J*) 值和 *tr*(*J*) 值的符号均为正，D 点不稳定；B 点、D 点均为鞍点（见图 4-8）。

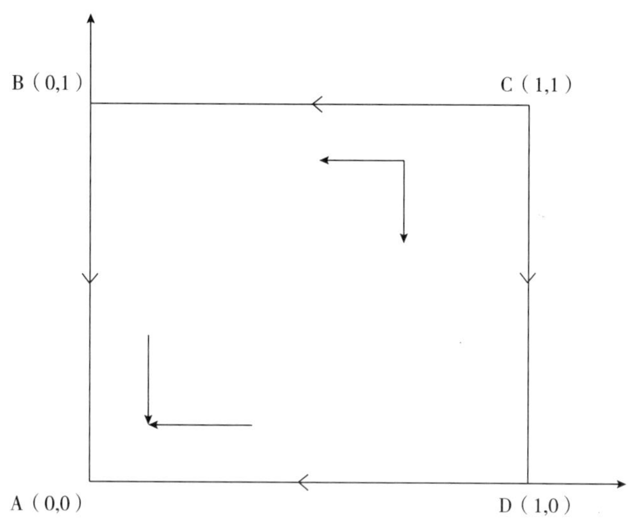

图 4-8　$\pi_1<b_1$，$\pi_2<b_2$ 系统演化动态相位图

由图 4-5 可知，当 $\pi_1>b_1$，$\pi_2>b_2$ 时，即技术与制度二者协同创新的收益高于各自“搭便车”所获得的收益时，成本越低，协同收益率越高，“搭便车”收益越低，$C_2/\pi_2+C_2-b_2$ 和 $C_1/\pi_1+C_1-b_1$ 的值越小，则鞍点 E 点越靠近 A 点，区域 BCDE 面积就越大，系统动态演化博弈越易于收敛于 C，也即双方协同创新的概率越高。从图 4-6、图 4-7、图 4-8 中可以看出，若双方“搭便车”收益均高于协同创新收益，或只要有一方“搭便车”的收益高于协同创新的收益，无论是一方愿意创新还是双方都愿意创新，随着博弈次数的增加，系统演化都将收敛于 A 点，双方都将放弃创新策略，最终导致双方协同创新不可持续，回归到都不创新的原始博弈状态。

四、引入贴现因子参数

在上述分析中，当 $\pi_1>b_1$，$\pi_2>b_2$ 时，协同收益与“搭便车”收益之间的差值越大，即协同创新收益远超过“搭便车”收益时，双方演化博弈的结果越容易收敛于协同创新的稳定状态。在 $\pi_1>b_1$、$\pi_2<b_2$，$\pi_1<b_1$、$\pi_2>b_2$，$\pi_1<b_1$、$\pi_2<b_2$ 三种情况下，在市场经济利益驱动下，双方博弈的结果最终将收敛于“不创新—不创新”的策略组成。针对这三种情况，本书引入参数贴现因子 θ，目的是当博弈方中任何一方选择合作策略，而另一方选择不合作策略时，通过控制参数进行约束，使不创新方触发利益损失机制，促使博弈双方都朝着“创

新—创新”的模式博弈下去。

在一旦其中有一方不合作，下一次双方就不再合作的假设前提下，博弈双方有两种博弈情形：

第一种情形，当 $\pi_1>b_1$，$\pi_2<b_2$ 时，政府易于采用创新策略，企业不易于采用创新策略。当政府采用创新策略，企业不采用创新策略时，企业“搭便车”与协同创新之间的收益差，即额外收益为 $(Y_2+b_2)-(Y_2+\pi_2)$，即 $b_2-\pi_2$，但同时下一期的收益为0；若企业采用创新策略，其收益现值为 $\frac{\theta}{1-\theta}\times(Y_2+\pi_2)$。当 $\frac{\theta}{1-\theta}\times(Y_2+\pi_2)>b_2-\pi_2$，即 $\theta>\frac{b_2-\pi_2}{Y_2+b_2}$ 时，长期收益现值大于额外收益。因此，在 $\theta>\frac{b_2-\pi_2}{Y_2+b_2}$ 条件下，从长远来看，企业如果不选择创新策略将会有很大的损失，失去大量企业利润，从而就会选择技术创新策略。

第二种情形，当 $\pi_1<b_1$，$\pi_2>b_2$ 时，企业易于采用创新策略，政府不易于采用创新策略。当企业采用创新策略，政府不采用创新策略时，政府“搭便车”与协同创新之间的收益差，即额外收益为 $(Y_1+b_1)-(Y_1+\pi_1)$，即 $b_1-\pi_1$，但同时下一期的收益为0；若政府采用创新策略时，其收益现值为 $\frac{\theta}{1-\theta}\times(Y_1+\pi_1)$。当 $\frac{\theta}{1-\theta}\times(Y_1+\pi_1)>b_1-\pi_1$，即 $\theta>\frac{b_1-\pi_1}{Y_1+b_1}$ 时，长期收益现值大于额外收益。因此，在 $\theta>\frac{b_1-\pi_1}{Y_1+b_1}$ 条件下，从长远来看，政府如果进行制度创新就会有很大的损失，失去大量企业税收等，从而就会选择制度创新策略。

当 $\pi_1<b_1$，$\pi_2<b_2$ 时，政府与企业都不易于采用创新策略，双方之间的演化博弈终将收敛于 A 点，需要增加新的条件机制扩大双方协同创新收益，降低“搭便车”收益，并使演化博弈能够继续进行。

由以上分析可知，在双方博弈的过程中，对贴现因子 θ 进行合理的控制十分重要，也说明了金融因素对技术与制度协同演化博弈的重要调控作用。然而，贴现因子不可能无限大，且其作为金融调控手段的一种，对技术与制度协同创新的演化博弈影响单一且有限。接下来，本书直接将金融因素纳入技术与制度二者协同创新的演化博弈中，并作为重要条件与黏合剂推动技术与制度协同创新，以提高技术与制度协同创新概率。

第二节　金融支撑机制对演化博弈均衡的影响

一、增加金融支持的博弈支付矩阵

基于以上的动态演化博弈分析，说明在技术与制度协同创新中既要强调企业微观创新的驱动力，也要强调政府制度创新的重要性。加入金融支撑机制后，使得企业减少技术创新成本，增加创新成功率，政府节省交易成本，优化市场资源配置，达到有效宏观调控的目的，使得制度创新更有意义。本书在以上博弈模型基础上增加金融创新收益，进而分析金融支撑机制对技术与制度协同创新演化博弈的影响。

假设 4：在金融创新支持下，政府和企业在创新的策略选择中可以从金融支撑机制中获得的收益分别为 F_1 和 F_2，但技术创新的成本非常高，金融支撑机制可以摊薄成本，但不能完全抵消成本，故 $F_1<C_1$，$F_2<C_2$。

金融支撑机制的博弈支付矩阵如表 4-3 所示。

表 4-3　金融支撑机制的博弈支付矩阵

博弈收益		E(企业)	
		策略 A：技术创新 P_2	策略 B：采用旧技术 $1-P_2$
G(政府)	策略 A：制度改革 P_1	$Y_1+\pi_1+F_1, Y_2+\pi_2+F_2$	$Y_1-C_1+F_1$，Y_2+b_2
	策略 B：采用旧制度 $1-P_1$	Y_1+b_1，$Y_2-C_2+F_2$	Y_1，Y_2

政府制度创新的复制动态方程为 $F(P_1)^*=dP_1/dt=P_1(UG_1^*-\overline{UG}^*)$，政府采用策略 A(制度改革) 和策略 B(采用旧制度) 的期望收益分别为 UG_1^* 和 UG_2^*，$\overline{UG}^*$ 为平均收益。

$$UG_1^*=P_2(Y_1+\pi_1+F_1)+(1-P_2)(Y_1-C_1+F_1)$$

$$UG_2^*=P_2(Y_1+b_1)+(1-P_2)Y_1$$

$$\overline{UG}^*=P_1UG_1^*+(1-P_1)UG_2^*$$

则：

$$F(P_1)^*=dP_1/dt=P_1(UG_1{}^*-\overline{UG}^*)$$

$$= P_1(1 - P_1)(P_2\pi_1 + P_2C_1 - P_2b_1 - C_1 + F_1)$$

企业技术创新的复制动态方程为 $F(P_2)^* = dP_2/dt = P_2(UE_1^* - \overline{UE}^*)$，企业采用策略 A(技术创新)和策略 B(采用旧技术)的期望收益分别为 UE_1^* 和 $UE_2{}^*$，$\overline{UE}^*$ 为平均收益。

$$UE_1{}^* = P_1(Y_2 + \pi_2 + F_2) + (1 - P_1)(Y_2 - C_2 + F_2)$$

$$UE_2{}^* = P_1(Y_2 + b_2) + (1 - P_1)Y_2$$

$$\overline{UE}^* = P_2\, UE_1{}^* + (1 - P_2)\, UE_2{}^*$$

则：

$$\begin{aligned} F(P_2)^* &= d\,P_2/dt = P_2(UE_1{}^* - \overline{UE}^*) \\ &= P_2(1 - P_2)(P_1\pi_2 + P_1C_2 - P_1b_2 - C_2 + F_2) \end{aligned}$$

二、增加金融支持的系统稳定演化策略分析

由以上复制动态方程同理可得，该博弈模型系统的复制动态方程组，雅克比矩阵 J^* 为：

$$J^* = \begin{vmatrix} \dfrac{\partial F(P_1)^*}{\partial P_1} & \dfrac{\partial F(P_1)^*}{\partial P_2} \\ \dfrac{\partial F(P_2)^*}{\partial P_1} & \dfrac{\partial F(P_2)^*}{\partial P_2} \end{vmatrix}$$

$$\frac{\partial F(P_1)^*}{\partial P_1} = (1-2P_1)(P_2\pi_1+P_2C_1-P_2b_1-C_1+F_1)$$

$$\frac{\partial F(P_2)^*}{\partial P_2} = (1-2P_2)(P_1\pi_2+P_1C_2-P_1b_2-C_2+F_2)$$

$$\frac{\partial F(P_1)^*}{\partial P_2} = P_1(1-P_1)(\pi_1+C_1-b_1)$$

$$\frac{\partial F(P_2)^*}{\partial P_1} = P_2(1-P_2)(\pi_2+C_2-b_2)$$

矩阵 J^* 的迹为：

$$tr(J^*) = \frac{\partial F(P_1)^*}{\partial P_1} + \frac{\partial F(P_2)^*}{\partial P_2}$$

通过令矩阵 J^* 的行列式为零，可得到该系统的局部均衡点。满足条件的稳定策略均衡点包括：A(0,0)，B(0,1)，C(1,1)，D(1,0)，$E^*(C_2-F_2/\pi_2+C_2-b_2,$

$C_1-F_1/\pi_1+C_1-b_1$），均衡点局部稳定结果如表 4-4 所示。

表 4-4　均衡点局部稳定结果

均衡点	det(J^*)的值	符号	tr(J^*)的值	符号	稳定性
A(0,0)	$(F_1-C_1)\times(F_2-C_2)$	+	$F_1-C_1+F_2-C_2$	-	ESS
B(0,1)	$(\pi_1-b_1+F_1)\times(C_2-F_2)$	?	$(\pi_1-b_1+F_1)+(C_2-F_2)$	?	—
C(1,1)	$(\pi_1-b_1+F_1)\times(\pi_2-b_2+F_2)$	?	$-(\pi_1-b_1+F_1)-(\pi_2-b_2+F_2)$	?	—
D(1,0)	$(\pi_2-b_2+F_2)\times(C_1-F_1)$	?	$(\pi_2-b_2+F_2)+(C_1-F_1)$	?	—
$E^*(C_2-F_2/\pi_2+C_2-b_2, C_1-F_1/\pi_1+C_1-b_1)$	$\frac{-(C_1-F_1)(C_2-F_2)(\pi_1-b_1+F_1)(\pi_2-b_2+F_2)}{(\pi_1+C_1-b_1)(\pi_2+C_2-b_2)}$	-	0		鞍点

同样，分四种情况：$\pi_1+F_1>b_1$，$\pi_2+F_2>b_2$；$\pi_1+F_1>b_1$，$\pi_2+F_2<b_2$；$\pi_1+F_1<b_1$，$\pi_2+F_2>b_2$；$\pi_1+F_1<b_1$，$\pi_2+F_2<b_2$ 进行分析。根据相同的方法画出相应的系统演化相位图。

当 $\pi_1+F_1>b_1$，$\pi_2+F_2>b_2$ 时，图 4-9 为系统演化动态相位图，鞍点 E^*（$C_2-F_2/\pi_2+C_2-b_2$，$C_1-F_1/\pi_1+C_1-b_1$），充分说明金融支撑力度越大，利润越多，成本越小，“搭便车”行为越少，$C_1-F_1/\pi_1+C_1-b_1$ 和 $C_2-F_2/\pi_2+C_2-b_2$ 的值就越小，E^* 就越靠近 A 点，$BCDE^*$ 面积为政府与企业越倾向于向协同创新的稳定策略演化。与图 4-5 相比，E^* 比 E 点更靠近 A(0，0）点，区域 $BCDE^*$ 面积>区域 BCDE，演化博弈越容易收敛于 C(1，1）点，则表示博弈双方选择“创新—创新”策略组合的概率越大。这也意味着在金融支撑机制下，提高了企业与政府的协同创新程度，双方协同创新的概率提升。因此，在市场机制下，金融支撑力度越大，分工层次越细化，资源配置越完善，越有利于技术与制度协同创新。

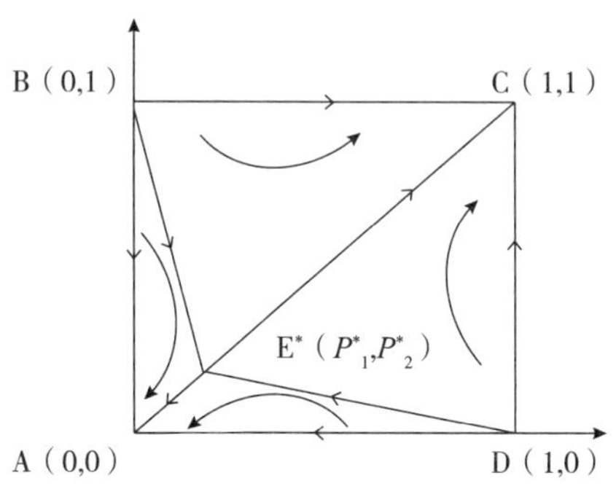

图 4-9　$\pi_1+F_1>b_1$，$\pi_2+F_2>b_2$ 系统演化动态相位图

$\pi_1+F_1>b_1$，$\pi_2+F_2<b_2$；$\pi_1+F_1<b_1$，$\pi_2+F_2>b_2$；$\pi_1+F_1<b_1$，$\pi_2+F_2<b_2$ 三种情况，其相位图与图 4-6、图 4-7、图 4-8 类似。只要有任何一方“搭便车”的收益高于协同创新的收益，最终仍将导致双方停止协同创新，回归原始博弈状态。然而，从不等式组可以看出，在 F_1 和 F_2 的正向作用下，增加了不等式组左边协同创新的收益，从而提升了协同创新收益大于“搭便车”收益的概率。这说明，增加金融支撑机制在一定程度上能够有效抑制“搭便车”行为，从而使双方协同创新的动态演化博弈能进一步持续进行。

第三节　技术与制度协同创新演化的条件

一、技术创新是协同创新的基础

根据上文分析，C_1、C_2 越小即成本越小，π_1、π_2 越大则利润越多，则采取不创新策略的可能性就越低。因此，控制参数 C、π 的值，使 $C_1/\pi_1+C_1-b_1$、$C_2/\pi_2+C_2-b_2$ 越小，则政府与企业双方协同创新的概率越大，博弈双方趋向于合作的可能性就越大。第一，在科技强国战略下，只有不断加强技术创新，依靠科技的力量逐步实现自主创新能力，努力走上“中国创造”的强国之路，才能不断推动中国经济跻身以科技为支撑、以创新驱动为战略核心的世界大国之列，才能促进社会整体利润增加，实现经济全面、公平、均衡增长。第二，逐步构建国家创新驱动的制度安排，以实现政府制度变革与企业技术创新能协同演化，通过共享平台，加强资源整合与共享，增强相互间的信任度，使博弈协同演化下去，共同促进经济增长。第三，在优化宏观调控职能前提下，政府的简政放权不仅能发挥市场在资源配置中的重要作用，鼓励民营经济不断壮大发展，而且能通过引入市场竞争推进多元化投资，充分激活国有资本在市场经济中的特殊重要作用，实现社会效益与经济效益的协调统一。

二、制度创新是协同创新的保障

b_1、b_2 越小，则博弈双方因“搭便车”行为所得到的收益越小，则采取不创新策略的可能性就越低。如上述模型中分析的，存在参数 b，就是因为灰色地带及缺乏有力的约束机制与惩罚机制，使“搭便车”、浑水摸鱼的现象存在，这不仅影响社会公平，更不利于博弈方朝着合作模式可持续动态演化下去。第一，从企业效率评价角度，应建立绿色经济指标。在对企业技术创新及产业经济发展的衡量过程中，更多采用绿色经济效益与绿色社会效益相结合的评价标准。第二，从政策引导方面，加大资本市场中民营资本的参与度，允许社会资本发起的投资基金积极参与投资企业绿色创新，使技术创新不断朝着良性的方向可持续发展。第三，从政府绩效评价角度，政府自身更应以绿色 GDP 为衡量标准，建立自身的约束机制。否则，在政府决策一锤定音的基础上，没有合理的自我约束机制，将不利于资源的市场化配置。因此，在技术与制度协同创新的过程中，政府要建立自身的约束机制，降低不利于公平的额外机会收益，营造公平、公正的技术创新环境，以促进全社会经济更加健康发展。

三、金融创新是协同创新的重要条件

从宏观上，在金融支撑机制下，相对于不等式 $\pi_1>b_1$、$\pi_2>b_2$，$\pi_1+F_1>b_1$、$\pi_2+F_2>b_2$ 更易于成立，抑制“搭便车”行为的概率提高了，双方的动态演化博弈更易于收敛于协同创新点，提高了企业与政府“协同创新”的概率。从微观方面，控制贴现因子 θ 的值。当 θ 足够大，取值恰当，π_1、π_2 越大，b_1、b_2 越小，则 $\theta>\frac{b_1-\pi_1}{Y_1+b_1}$，$\theta>\frac{b_2-\pi_2}{Y_2+b_2}$，双方基于各自的利益都会逐渐选择合作策略。

因此，在系统动态演化博弈的过程中，企业技术创新与政府制度变革之间需要金融创新这个“黏合剂”，使系统在 F_1 和 F_2 的作用下，能够降低技术创新成本，增加双方协同创新收益，有效抑制“搭便车”行为。第一，我国企业的技术创新大部分依靠政府的支持，然而政府在政策环境上可以给予技术创新更大的支撑，但创新投入的支持力度有限，需要多层次的金融创新予以补充。第二，因技术创新成功的成本相当高、失败的风险非常大、外部环境不确定性极强，所以技术创新不仅希望政府在政策机制上有倾向性支持，也对金融创新提出新的要求。而金融创新在技术创新市场需求下，反过来成为推动制度变革创新的正向力量，有利于不断提高政府宏观调控的有效性。第三，对于金融创新而言，完善资本结构层次，建立一个较为稳定的金融闭环体系，有利于科技强国战略的实施。利用资本的大容量与多层次结构，选择孵化各个领域符合市场发展前景的产业加强投入技术创新，通过金融本身的闭环体系结构，进行全产业链资源整合、重组、扩张，增加投入实体经济，改变粗放式的投资模式，使得绿色经济能够在金融创新与稳定的制度变迁内可持续发展与高质量增长。

第四节 本章小结

本章从演化博弈的相关理论出发，在协同演化理论基础上，着重探讨正式制度的创新，以政府和企业分别作为制度变革的供给方与需求方，把技术创新的博弈代表定义为企业，构建了一个政府—企业的博弈模型来阐述制度创新与技术创新的动态协同演化关系。通过对模型的演化博弈系统稳定性分析得出，通过技术创新减少成本、增加利润，通过制度创新控制“搭便车”行为等制度缺陷，且当贴现参数足够大时，双方的演化博弈策略才逐步收敛于协同创新。基于贴现参数不能无穷大的现实条件，本书提出，将金融创新作为技术与制度协同创新的条件，在政府—企业的博弈模型基础上，增加金融支撑机制收益，分析金融支撑机制对技术与制度协同创新演化博弈的影响。研究结果表明，金融支撑机制能有效提升收益，弱化“搭便车”行为，有效提高技术与制度协同创新的概率。因此，基于中国当前的经济发展阶段，企业技术创新与政府制度变革之间应当有一个合理的“黏合剂”——金融创新，应建立起技术、制度、金融三者协同创新的机制。本章解决了技术与制度协同创新的条件命题，需要金融创新作为重要条件参与技术与制度协同创新，这为下一章的机理分析奠定了基础。

第五章

技术与制度协同创新驱动经济增长的机理研究

第四章通过对技术与制度的协同创新演化博弈得出了相应的条件。本章根据上文的协同演化条件可知，技术与制度协同创新的稳定路径中需要将金融创新融入协同创新动态博弈中。因金融既有产业的属性，又有资本的属性，本章进一步分析技术与制度的协同演化机理，以及二者如何协同影响金融发展。为了能够更加清晰地描述它们之间的演化关系，通过协同度来测量技术创新系统、制度创新系统、金融创新系统三个系统之间的相互关系、相互作用、相互影响的有序状态以及最终演化出的协调性结果。

第一节　技术创新、制度创新与金融创新的图谱分析

一、技术创新、制度创新与金融创新的前沿动态分析

在理论基础上，本书进一步通过图谱可视化分析近些年的研究重点与发展趋势。本书以 CNKI 期刊上的数据库为研究样本，对技术创新、制度创新、金融创新相关领域的文献进行检索分析，截至检索日（2019 年 2 月 27 日），剔除了会议通知、会议综述等无效文献后最终得到有效文献 2527 篇。技术创新和制度创新在现代农业产业、文化产业、高技术产业、金融产业、低碳经济、生态产业等领域有较多的研究。本书从研究文献中提取出包括篇名、作者、机构、关键词、来源等分析变量，采用文献计量、描述性统计与可视化的科学知识图谱来对技术创新、制度创新和金融发展的状况与前沿进行分析（见图 5-1）。

从图 5-1 中可以看出，1997~2000 年关于技术创新和制度创新的文献迅猛递增。1999 年，中央印发的《中共中央　国务院关于加强技术创新，发展高科技，实现产业化的决定》提出，“要充分估量未来科学技术特别是高技术发展

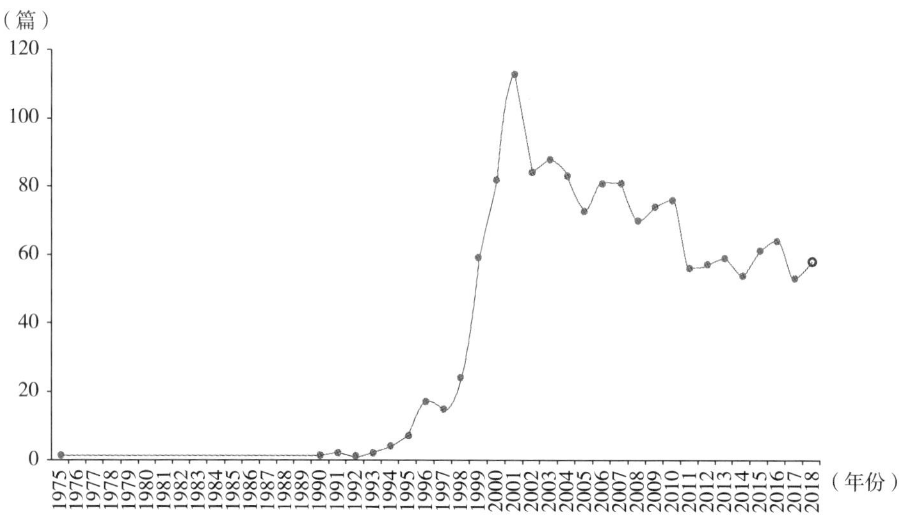

图 5-1　技术创新和制度创新文献年代分布

对综合国力、社会经济结构和人民生活的巨大影响，把加速科技进步放在经济社会发展的关键地位”，通过深化改革，从根本上形成有利于科技成果转化的体制和机制，加强技术创新，发展高科技，实现产业化。从 2000 年以后，关于这方面的研究逐渐进入平稳的研究局面，技术创新和制度创新也不断在各个产业与领域进一步扩展研究。

进一步通过对这个领域的核心作者进行研究（某个领域的核心作者指的是那些论文发表量较多并对研究领域有较大影响力的作者）。根据 Derek J. de Solla Price 的公式（郭宇等，2015）：

$$N = 0.749 \times \sqrt{N_{max}} \tag{5-1}$$

其中，N 表示要成为核心作者必须不低于 N 的值，N_{max} 为排名第一位的作者发文量。从图 5-2 可得，$N_{max} = 10$，可计算出 $N = 2.5$，即关于这个领域，发文量大于等于 3 篇，则划分为核心作者。

如图 5-2 所示，核心作者包括 40 名学者，但研究者的离散程度较高，研究的核心团队少。研究机构集中在北京、浙江、广东、江苏、福建等沿海地区，高等院校和政府科研部门成为主要研究机构。

根据技术创新和金融创新的研究主题进行统计（见图 5-3），金融创新与技术创新是科技金融研究中核心词汇，互联网金融、创新工具、金融风险、金融监管、政策性金融等是近几年关于金融创新的重点，说明在技术创新和金融创新中离不开制度创新的影响，制度创新发挥着极其重要的作用。

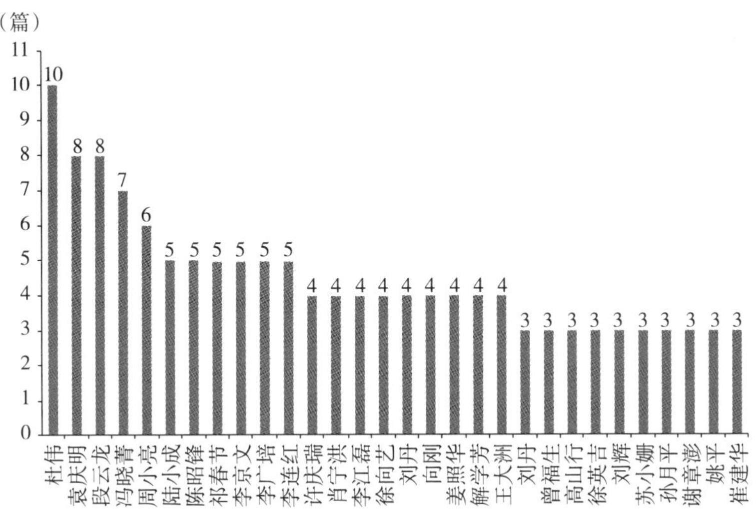

图 5-2　技术创新和制度创新核心作者分布

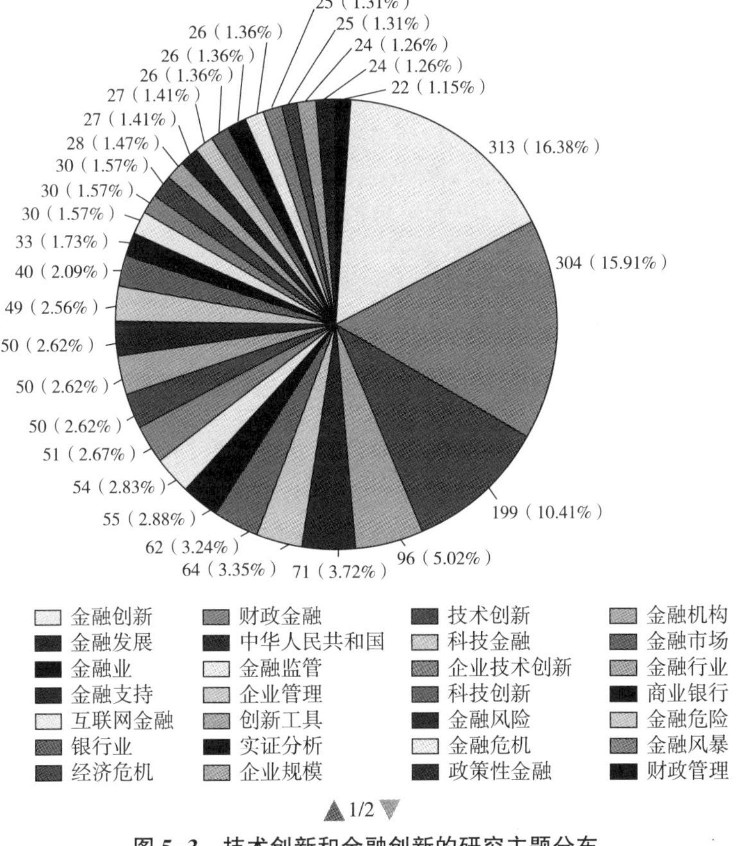

图 5-3　技术创新和金融创新的研究主题分布

二、技术创新、制度创新与金融创新的共现分析

本书继续运用“CiteSpaceV”软件分别构建了技术创新、制度创新、金融创新的作者、机构和关键词的共现分析，得到如图 5-4 所示图谱。

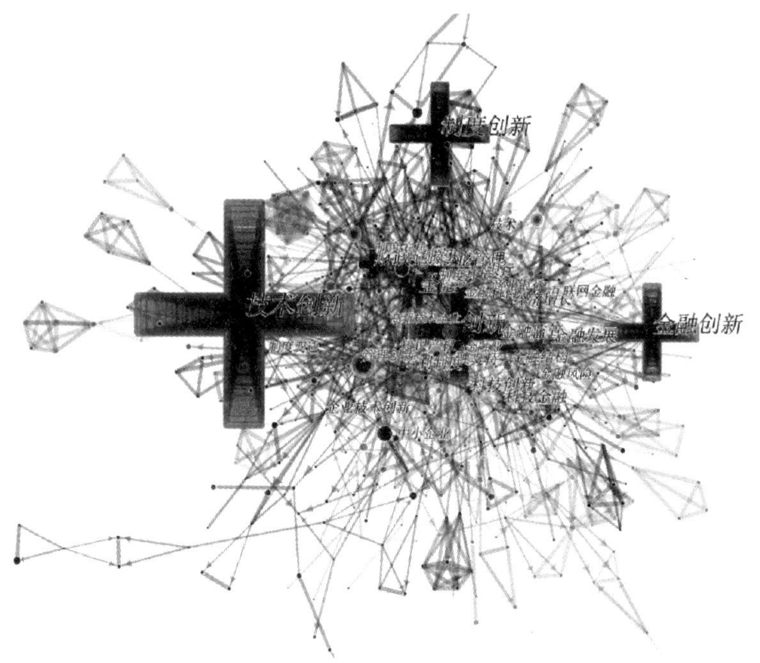

图 5-4　技术创新、制度创新、金融创新的作者、机构、关键词共现知识图谱

在图 5-4 中，小十字节点代表研究机构，大十字节点代表关键词，圆点节点代表作者，数字加文字代表从施引文献标题中提取聚类命名术语。节点的色谱代表发文时间，节点的大小代表发文量的多少。颜色由深向浅过渡，颜色越浅代表发文时间离现在越近，节点之间连接线的粗细代表研究机构之间相互合作的程度高低（刘敏等，2016）。可观测到，近些年，在创新驱动战略下，学者们越来越关注制度环境建设，包括专利制度、知识产权制度、制度激励等方面的研究，靠近浅色区域着重在创新驱动、技术与制度协同创新和经济增长方面的研究。在以关键词为核心的共现分析中，技术创新与制度创新之间，财政监管、高新技术企业、制度环境、专利制度、制度安排是研究的主要关键词；技术创新与金融创新之间，互联网金融、科技金融、金融支持、商业银行等是主要关键词；金融创新与制度创新之间，金融监管、金融发展、金融结构、金

融风险是主要关键词。其中互联网金融、科技金融在浅色区域，表示这些领域是近几年的研究热点。从总体研究趋势上看，技术创新、制度创新、金融创新已逐步形成三个独立的创新系统，围绕着创新驱动这个核心，三者两两之间相互联系，形成复杂的协同创新系统。

目前，关于技术与制度协同创新、技术与金融协同创新方面的研究较多，关于技术、制度、金融三者协同创新方面的研究较少，在方法的应用上，系统动力学方法应用在协同创新方面的研究文献不超过百篇，但从图谱分析上看，未来的研究趋势将会朝着这个方向继续深化。因此，本书借助系统动力学理论方法研究技术创新、制度创新和金融创新三者的协同创新具有一定的理论价值与实际意义。进而，本书将构建系统协同度模型与系统动力学模型，进一步研究技术、制度和金融三者协同创新的机理与路径。本章主要通过构建系统协同度模型分析机理问题。

第二节　技术创新、制度创新与金融创新的演化机理分析

在古典及新古典经济学的框架中，货币等因素不会对实体经济产生真实而持久的影响。在以往研究经济增长的过程中，金融是较少考虑的因素，然而随着金融因素与实体经济和制度变迁之间呈现的复杂化关系，十分有必要将金融因素纳入宏观经济模型中考虑（孙树强，2018）。

一、技术与制度的协同演化机制

从技术创新与制度创新二者的演化机制上，政府是推动制度变革的主要力量，目的是为了能够给技术创新创造更好的社会环境，使其适应社会发展。好的制度能够推动人的认知活动，坏的制度阻碍了认知活动的进行。在技术创新的过程中，好的制度能够激活潜在的技术知识，加速技术创新，减少市场主体企业在市场环境中所面临的诸多不确定性，激励企业能够不断创新，使技术创新得到不断扩散；相反，坏的制度或对社会发展形成阻碍力量的保守稳定制度则减缓技术创新，使企业的创新精神受挫并产生了惰性，就更不可能有继续创新的积极性（见图 5-5）。

对于制度变迁来说，技术是制度变迁的制约因素（见图 5-6）。在不同阶

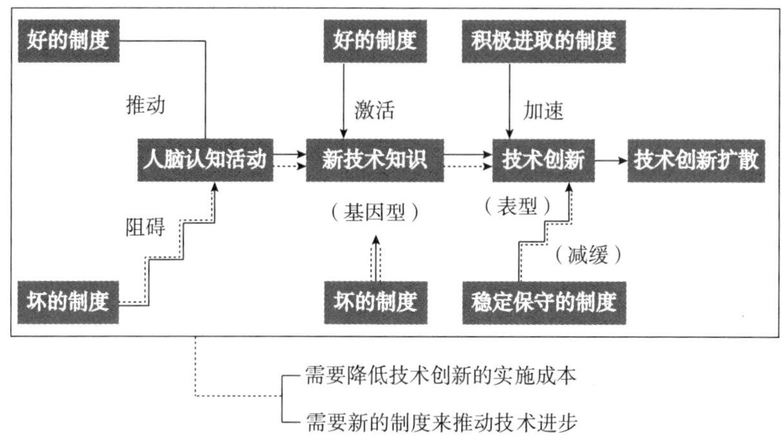

图 5-5　制度是技术演化过程中的选择力量

段，不同的技术创新产生了不同的经济制度，一旦社会发展到一定阶段，技术不断进步，市场资源就重新配置，必然推动制度变迁。而制度变迁是微调型，还是社会的重大变革，取决于技术的变革力量大小，以及技术创新能否与现有旧制度兼容。当技术进步的收益严重小于交易成本时，为了获取更大的收益，就必须进行制度改革。

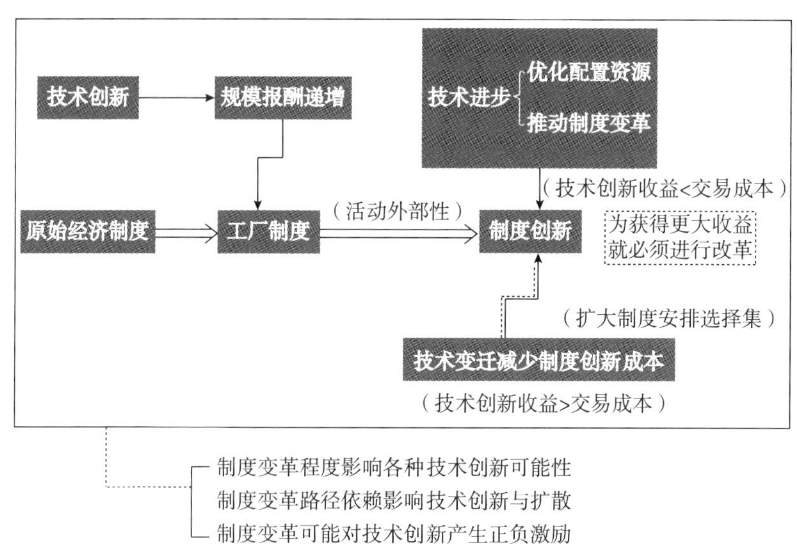

图 5-6　技术是制度变迁的制约因素

当政府与企业二者逐步协同创新时，政府逐步构建国家创新体系的制度安排，企业逐步为市场经济注入创新动力，二者协同创新使生产力发展与生产关系变革相互适应，效率与公平协调统一，不断激发经济增长的潜能，并逐步实现产业转型升级，促进经济高质量、可持续增长。反过来，经济的发展不仅刺激政府的制度创新与企业的技术创新，而且约束破坏资源环境、市场条件、扭曲权利等不符合市场规律、不协调的创新行为，从而推动协同创新的博弈可持续进行。

二、技术与制度协同创新对金融创新的作用机制

技术创新是推动产业演进中最基本的动力因素（冯伟等，2010）。Nelson 和 Winter（1982）等从动态、协同演化角度论证了技术创新在产业演化过程中发挥着重要作用，并且长期存在着协同演化机制。制度创新是产业演化的内生变量，在创新技术资源给定的情况下，能够推动产业的演化。从政府层面，对于具体产业的引导治理而言，政府的制度建构、产业制度环境建设、产业政策是影响产业发展的重要因素（何立胜，2009）。Nelson（2003）和 Murmann（2003）等试图将制度因素引入经济分析框架，认为技术和制度的协同演化是经济增长和产业演化的主要推动力，当二者的演化能够对彼此产生重大影响时，协同演化有效。Clarke（2001）认为，科技制度决定了一个国家或地区的人力资本积累和研发经费支出水平，进而决定产业发展动态比较优势的变化。技术与制度协同创新的目的就是突破创新主体之间的壁垒，释放各种创新要素，实现深度最佳合作的重构模式，但这是一个复杂的动态演化过程，不是简单的叠加，而是为了实现共同的目标形成的统一有机体。协同创新作为全新的一种组织模式使各个主体在不同领域之间相互交流、互相促进，逐步融合成为一个大的创新主体。创新水平越高，对产业升级影响越大，技术与制度协同创新是产业升级的支撑平台（赵玉林和谷军健，2018）。

技术与制度协同创新能够推动金融创新向高端化演进。技术创新为金融发展内部的高端化发展提供了技术基础。从最初货币的出现，到银行的运作，再到保险、基金、信托等金融产品的运作，甚至到近几十年来 ATM、信用卡、互联网金融的普及，技术创新一直贯穿在金融发展过程中。不断的技术创新能够改变金融产业资本积累、资本投资的边际效益递减规律，而制度创新则能够淘汰不利于市场发展的旧制度，有利于节约交易成本，间接推动产业结构变迁，促进产业结构优化升级。如新三板交易平台的运行，甚至被市场称为“四新板”的科创板和试点注册制的提出等制度创新。因此，在技术与制度协同创新驱动下，使得金融创新融合了技术与资本，在不断完善的制度环境下，可探索

市场需求，供给高层次、高质量的服务，以提升产业的发展优势并实现金融向更高端化演进。

技术与制度协同创新稳步推进金融创新的稳定可持续发展。在马克思主义政治经济学理论中，技术创新被划为生产力范畴，而制度创新被划为生产关系范畴。“在人们的生产力发展的一定状况下，就会有一定的交换和消费形式”（马克思，1972）。生产力发展引起生产关系变革，社会制度也是决定科学技术发展的前提，生产力与生产关系二者相互对立统一。二者的协同创新形成了稳定的促进社会经济发展的机制。金融创新在市场运行的过程中，过快与过慢的发展都不利于社会发展，特别是金融的资本属性，不仅存在着有利的杠杆作用，同样也暗藏着风险与破坏力。技术与制度的协同创新机制使技术创新能够通过市场规律来识别选择金融创新，制度创新则从宏观管控的角度约束与纠正金融创新的偏差，使得金融创新能够适应技术与制度的协同创新，共同驱动经济增长。

三、金融创新对技术与制度协同创新的作用机制

协同创新不仅有利于产业升级，产业升级也能更好地推动协同创新进一步融合。从宏观上看，产业组织系统并不是静止不变的，其本身也一直处在动态变化的过程中（吴艳文，2008）。技术创新为金融创新提供了市场机会，但同时金融创新又受到技术与制度协同创新的影响和约束。因此，技术与制度协同创新不仅有利于金融发展升级，而金融的创新发展也能够更进一步推动技术与制度协同创新实现更好的融合。

金融创新对技术和制度协同创新具有催化剂作用。金融创新是加强技术与制度协同创新紧密度的黏合剂，基于金融的特殊资本属性，不仅能从市场角度对高技术产业、战略性新兴产业具有推动作用，更具有间接推动政府制度创新的先锋作用。在技术与制度协同创新的过程中，技术成果、资本、人才是技术投入最重要的要素，制度创新环境为技术创新的外部条件。在协同演化的进程中，金融甚至可根据技术创新演进的不同阶段进行相应的金融创新供给，直接通过资本和人才要素的投入推动技术创新，从而实现技术与制度的协同创新（特日昆，2015）。

金融创新对技术和制度协同创新的影响是一种加速器。金融更多体现的是资本的市场与力量，金融创新不仅可以为市场提供更多的融资方式，降低交易成本，多样化的创新型金融衍生工具更有利于分散金融风险使金融体系更具稳定性。金融创新升级并不是技术与制度协同创新的目的，而是通过三者螺旋式

不断协同创新推动经济增长。金融创新的高端化能够反过来促进技术与制度协同创新的不断融合，并通过严密稳定的金融系统与退出机制，使得技术创新的高风险与高投入得到高回报的概率更高，获得更多的创新成果。特别是在技术成果产业化的过程中，融资制度、产权制度的金融创新手段能够降低技术创新失败率并增强成果转化成功率，加速技术创新成果的转换与落地。

金融创新对技术和制度协同创新具有杠杆放大成效。在产业组织发展的不同阶段，技术创新也处于发展的不同阶段，不同的技术创新影响着制度创新，产生不同的制度演化路径。金融创新为这种协同创新提供了可持续发展的循环动力。在技术创新的初级阶段（如研发阶段），需要更多的组织制度创新和金融风险投资制度的创新；在技术创新的中级阶段（如产业化阶段），需要产权制度和管理制度等的创新，需要资本市场融资制度的创新；在技术创新的成熟阶段（培育新的技术升级），需要产业组织规范化制度和成熟的资本退出制度以及对新一轮技术创新的制度引导升级和金融体系创新。三者相互影响、相互促进，形成可持续稳定的协同创新演化路径。

四、技术、制度、金融三者协同创新的理论框架

通过上文分析，技术、制度、金融三大系统是复杂系统，各自具有动态性、协同性、演化性、复杂性、多重反馈性、相互影响性等特点。因此，将三者的协同创新统一起来考虑，既是本书的创新点所在，也是难点所在。本书将金融创新作为技术与制度协同创新的重要条件，建立三者协同创新的驱动机制，以期加速创新突破黑箱概率与速率。因此，当调整技术创新与制度创新二者系统中的任何因素都会影响博弈的结果时，通过引入金融这个介质来调整二者创新的协同演化，从而使得博弈达到较优。在三者协同创新机制中，三个创新系统分别体现各自功能：技术创新成为协同创新的核心动力，不断提高自主创新能力；制度创新成为牵引动力，扮演着三者协同创新中“引导者”和“调控者”的角色；金融创新成为催化动力，加速孵化培育新兴产业，促进创业就业，激发市场活力。

中国近十多年 GDP 逐年增长，从 2006 年的约 21.90 万亿元到 2017 年的约 82.07 万亿元。但 GDP 增长率却逐年下降，从 2006 年的 12.7%下降到 2017 年的 6.8%，经济增长的速度下降了近一半（见图 5-7）。

我们可以观测到，中国经济增长呈现出阶梯状增长态势，但阶梯之间的落差越来越小，说明经济的驱动力变弱，跨越的台阶越小，经济总量之间的落差越来越小。我们将“台阶等同于经济增长率”，如果增强驱动力，则不仅可以

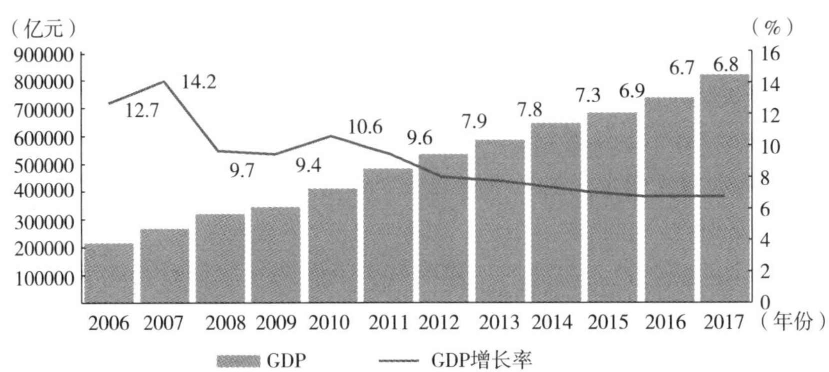

图 5-7　2006~2017 年中国 GDP 与 GDP 增长率

保持跨越状态，还能跨越更高的台阶。这反映出的表征为经济增长率越高。

在物理学中，相对于两轮驱动爬台阶，三轮驱动爬梯将所需更少的物理“功”驱动力。与物理原理中的三轮爬梯类似，本书认为技术、制度、金融三大创新系统可以通过协同创新构建三轮驱动模式，形成不间断的驱动力，可持续推动经济“爬梯增长”（见图 5-8）。三者在协同创新的过程中，形成相互影响、相互渗透的协同演化复合系统。随着经济发展阶段的不同，三大动力系统不断相互转换，保障可持续推动协同创新，使系统向更有序的结构演化，逐步跨越更大的“台阶”，实现更大的增长速率，从而保持高质量经济增长活力。

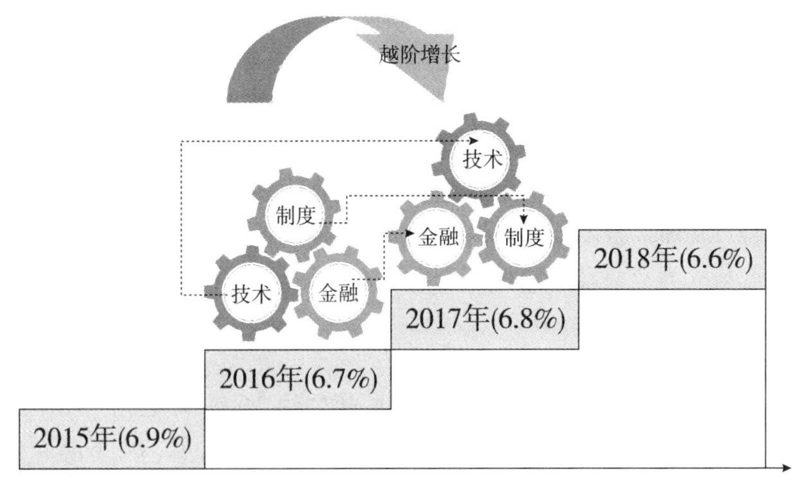

图 5-8　技术、制度、金融三轮驱动经济增长

技术、制度、金融三者必须建立协同创新机制，才能形成稳定一体的“三角互动”驱动力，实现“爬梯增长”。在三轮驱动假设下，本书提出：第一，三个系统各自有创新动力；第二，三大创新动力之间有协同创新的载体；第三，通过调整关键序参量可影响三大系统协同创新度；第四，三大系统协同度与经济可持续增长形成密切关系。因此，三者通过协同创新机制，构成了一个内核稳定的三角驱动力，外部为圆状的闭环驱动轮的复合系统。技术、制度、金融三者协同创新的理论框架如图 5-9 所示。

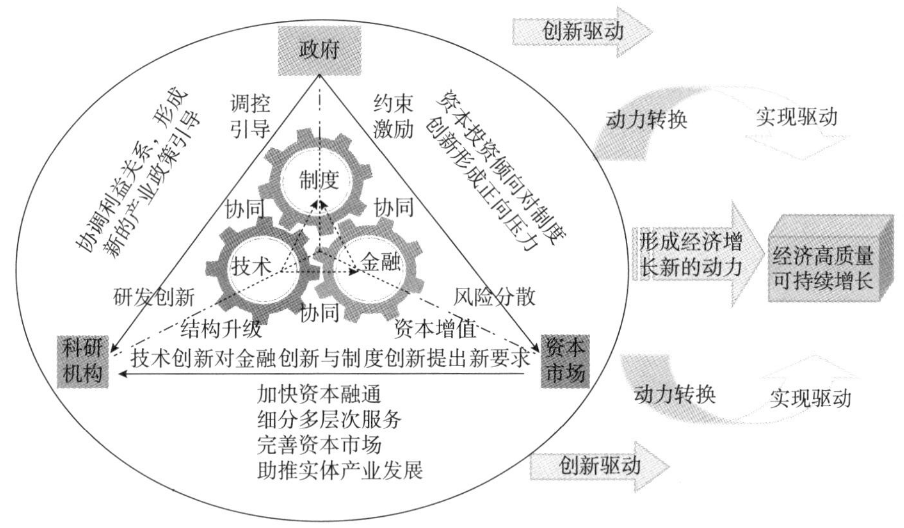

图 5-9 技术、制度、金融三者协同创新的理论框架

制度创新的主体是政府，主要通过 R&D 投入，建立投资交易平台，牵头构建协同创新机制以支持技术创新；制度创新是金融最重要的创新发展环境，二者密切相关；金融创新系统与技术创新系统之间紧密的相互作用与相互影响关系，使市场在资源配置中起到决定性作用。因此，金融创新作为技术与制度协同创新的重要条件与有效“黏合剂”，实则是理清政府与市场关系，既使政府发挥宏观调控与产业引导的作用，又充分发挥资本市场功能，不断激活市场，进一步巩固增强技术创新的驱动力。

要实现经济增长从要素驱动和投资驱动转向创新驱动，实施科技强国战略，就必须提高自主研发创新能力，进行产业结构升级，这需要更多的研发投入与高端人才，大量的资本需求和良好的研发体制环境使得技术创新分别对制度创新与金融创新提出新的要求。一方面，金融创新需要加快资本融通与细分多层次资本市场服务，完善资本市场助推实体产业发展；另一方面，资本投资倾向对制度创新形成正向压力，使得制度能够演化变迁至更和谐的状态。制度在技术创新与金融创新的驱动下，一方面，不断协调利益关系，调控宏观政策，形成新的产业政策引导，为技术创新形成更好的社会环境；另一方面，约束金融在合理范围内创新，控制系统性金融风险的发生，并影响资本投资的偏好，激励金融资本更多选择创新型产业发展，为实体经济服务，分散风险的同时实现资本的增值。三者通过稳定的“三角互动”协同创新，形成相互影响、相互作用、相互约束、相互激励的稳固复合动力系统。

技术、制度、金融三者协同创新形成的总驱动力大小取决于三者的协同度。当任何二者的协同作用不明显时，技术创新就无法进行，无法实现产业规模化增长，金融创新回报率低，甚至投资失败，不利于新技术扩散，制度营商环境就越来越不佳，更不利于技术创新与资本投资，那么三者的复合系统结构就越来越无序，三者协同创新的驱动力就越来越弱。因此，三个创新系统之间的相互影响、相互作用并非三个单一系统的叠加，而是体现出复杂的跨越式变化特征。例如，技术创新可能吸引大量的非理性投机资本，导致金融工具衍生品过度泛滥，过度的金融创新可能引发系统性金融风险，而制度监督的滞后性特征，不能及时发挥约束功能。金融创新也可能受限于制度创新，使传统产业的优化升级无法得到更好的资本投资青睐，因问责机制与容错机制的不同，大型基础设施等社会公共品无法得到更多的社会资本的投资。因此，三者协同创新的程度与演化趋势需要通过协同度测算后才能进一步判定。三者的协同创新有序程度越逐步上升，它们之间的结构就越有序，内部结构就越稳固，三者的协同创新机制就越有效，政府、科研机构、资本市场三者的表征协同度就越稳定，越有利于形成经济增长新的引擎，实现旧动力向新动力转换，从而驱动经济增长。

第三节　技术创新、制度创新与金融创新协同度的测算

一、模型的构建

在上文的理论框架下，我们知道技术创新、制度创新、金融创新分别是独立的系统，同时又都存在于人类经济生活的大系统中。根据伺服理论，快变量服从慢变量，序参量支配子系统行为。当系统处于不稳定或临界点时，系统通常由少数几个序参量决定，而当子系统之间相互作用时，协同作用能使系统从无序变成有序，并称为系统有序结构的内驱力。为了更加清楚地刻画三者之间

的协同演化机制，本书在这三个系统运作的边界内，选取影响系统最关键的指标变量，并借鉴孟庆松和韩文秀（2000）等对复合系统协调度模型的研究，构建了技术创新、制度创新、金融创新的复合系统协同度模型来测量三者的协同度。

（一）构建子系统有序度模型

假设 $S=\{S_1,S_2,\cdots,S_k\}$，其中 S_j 为复合系统 S 的第 j 个子系统。$j=1,2,\cdots,k$，且 $S_j=\{S_{j1},S_{j2},\cdots,S_{jk}\}$，即 S_j 又由 k 个子系统或若干基本元素组成。

复合系统的函数：

$$S=f(S_1,S_2,\cdots,S_k) \tag{5-2}$$

定义 1：找到一种外部作用 F，使得在 F 的作用下，复合系统的总效能 $E(S)$ 大于各个子系统的效能之和 $\sum_{j=1}^{k}E(S_j)$，即

$$E^g(S)=E\{F[f(S_1,S_2,\cdots,S_k)]\}-E\{g(S_1,S_2,\cdots,S_k)\}>\sum_{j=1}^{k}E^f(S_j) \tag{5-3}$$

定义 2：设 Γ 为复合系统 S 的协调作用集，能使式（5-3）成立的 F 不止一个，即使系统实现协调发展的“协调机制”存在一个集合。同时，在系统协调作用下，系统形成的正效能大于在非协调状态下各个要素的效能之和。

定义 3：如果存在 $F^0\in\Gamma$，在一定的评价准则下，使 $g=F^0f$，$F\in\Gamma$，则有：

$$E\{F^0[f(S_1,S_2,\cdots,S_k)]\}=E[g^0(S_1,S_2,\cdots,S_k)]=optE^g(S) \tag{5-4}$$

则 F^0 为最优创新协调作用。

（二）构建系统协同度模型

对于任一子系统 S_j，$j\in[1,k]$，假设其发展过程中的序参量变量为 $e_j=(e_{j1},e_{j2},\cdots,e_{jn})$，其中 $n\geqslant 1$，$\beta_{ji}\leqslant e_{ji}\leqslant\alpha_{ji}$，$i\in[1,n]$，$\alpha$、$\beta$ 分别为系统稳定状态下序参量 e_{ji} 的上限和下限。那么，假定 e_{j1}，e_{j2}，…，e_{jm} 的取值越大，系统的有序度越高，其取值越小，系统的有序度越低；假定 e_{jm+1}，e_{jm+2}，…，e_{jn} 的取值越大，系统的有序度越低，取值越小，系统的有序度越高。

定义 4：定义式（5-5）为系统 S_j 序参量分量 e_{ji} 的系统有序度：

$$U_j(e_{ji})=\begin{cases}\dfrac{e_{ji}-\beta_{ji}}{\alpha_{ji}-\beta_{ji}}, & i\in[1,m]\\[2ex]\dfrac{\alpha_{ji}-e_{ji}}{\alpha_{ji}-\beta_{ji}}, & i\in[m+1,n]\end{cases} \tag{5-5}$$

其中，$U_j(e_{ji}) \in [0,1]$，其值越大，e_{ji} 对子系统 S_j 有序的贡献越大。由于在实际的系统中，e_{ji} 会有各种取值，因此，序参量 e_j 对子系统 S_j 有序度的总贡献可以通过 $U_j(e_{ji})$ 的集合来实现。不同的系统具体结构组合形式不同，因此，不仅序参量数值的大小决定系统的总体性能，它们之间的组合形式也决定系统整体效能，还决定了集成法则。常用的两种集成方法如下：

几何平均算法：
$$U_j(e_j) = \sqrt[n]{\prod_{i=1}^{n} U_j(e_{ji})} \tag{5-6}$$

线性加权求和法：
$$U_j(e_j) = \sum_{j=1}^{n} \lambda_j U_j(e_{ji}), \lambda_j \geqslant 0, \sum_{j=1}^{n} \lambda_j = 1 \tag{5-7}$$

定义 5：$U_j(e_j) \in [0,1]$，$U_j(e_j)$ 越大，e_j 对系统有序的贡献越大；反之，则越小。权系数 λ_j 其含义为 e_{ji} 在保持系统有序进行中所起的作用或所处的地位。

定义 6：复合系统协同度模型（Composite System Synergy Degree Model）假定初始时刻为 t_0，各个子系统序参量的有序度为 $U_j^0(e_j)$，$j = 1, 2, \cdots, k$，当整体复合系统演变到 t_1 时刻，其各个子系统序参量的有序度为 $U_j^1(e_j)$，$j = 1, 2, \cdots, k$，则定义 $t_1 - t_0$ 时间段的复合系统整体协同度为：

$$D(S) = \theta \sqrt[k]{\left| \prod_{j=1}^{k} [U_j^1(e_j) - U_j^0(e_j)] \right|} \tag{5-8}$$

其中，$\theta = \begin{cases} 1 & \min[U_j^1(e_j) - U_j^0(e_j)] > 0 \\ -1 & \min[U_j^1(e_j) - U_j^0(e_j)] < 0 \end{cases} \frac{\min[U_j^1(e_j) - U_j^0(e_j)]}{|\min[U_j^1(e_j) - U_j^0(e_j)]|}$，$j = 1, 2, \cdots, k$，$\min[U_j^1(e_j) - U_j^0(e_j)] \neq 0$。

复合系统整体协同度 $D(S) = [-1, 1]$，其值越大，复合系统协调发展程度越高；反之，则其协同度越低。参数 θ 的作用在于，当且仅当 $U_j^1(e_j) - U_j^0(e_j) > 0, \forall j \in [1,k]$ 时，复合系统才有正的协调度。当 $D(S) \in [-1, 0]$ 时，表明整个系统不协调，有的子系统有序度提高较大，而有的子系统有序度提高幅度小甚至下降。复合系统的协同度变化趋势与特征是相对于考察的基期来测算的。

二、指标的确定

（一）技术创新指标

技术创新子系统选择科技人员数（T_1）、R&D 经费支出（T_2）、研究与开发机构数（T_3）、专利数（T_4）、技术市场成交额（T_5）五个指标作为系统的序参量。2015 年，我国科学研究和技术服务业税收增长 13%，大大领先于制造业整体税收增长水平。从税收数据可以看出，创新驱动是技术密集型行业快速增长的重要动力（新华社，2016）。

（二）制度创新指标

制度创新指标借鉴王文博等（2002）、金玉国（2001），本书中制度创新子系统选择非国有化率（I_1）、市场化指数（I_2）、对外开放程度（I_3）、制度公平性（I_4）、吸引人才程度（I_5）五个指标作为系统的序参量。

（三）金融创新指标

本部分指标主要借鉴吴献金和苏学文（2003）对金融创新指标的选择及其计算公式，本书金融创新子系统选择金融产业从业人员数（F_1）、金融业产值（F_2）、固定资产投资占比（F_3）、社会贡献水平（F_4）、金融融资结构市场化程度（F_5）五个指标作为系统的序参量。

三、数据采集

根据数据的可获得性，本书在综合相关文献的基础上，综合选取了以上 15 个指标 2006~2017 年的数据作为各个系统的序参量，确立全国经济增长作为整体总系统（见表 5-1）。本书的数据主要来源于国家统计局、海关总署、历年《中国统计年鉴》《人口统计年鉴》《中国科技统计年鉴》《中国金融年鉴》，并通过整理计算获得最终可用于模型分析的数据。

表 5-1 整体系统序参量

<table>
<tr><th>总系统</th><th>子系统</th><th>序参量</th><th>单位</th><th>计算公式</th></tr>
<tr><td rowspan="15">经济增长</td><td rowspan="5">技术创新</td><td>科技人员数</td><td>万人</td><td rowspan="5">查阅相关统计年鉴</td></tr>
<tr><td>R&D 经费支出</td><td>亿元</td></tr>
<tr><td>研究与开发机构数</td><td>个</td></tr>
<tr><td>专利数</td><td>项</td></tr>
<tr><td>技术市场成交额</td><td>亿元</td></tr>
<tr><td rowspan="5">制度创新</td><td>非国有化率</td><td>%</td><td rowspan="5">通过相关年鉴数据计算得出</td></tr>
<tr><td>市场化指数</td><td>%</td></tr>
<tr><td>对外开放程度</td><td>%</td></tr>
<tr><td>制度公平性</td><td>%</td></tr>
<tr><td>吸引人才程度</td><td>%</td></tr>
<tr><td rowspan="5">金融创新</td><td>从业人员数</td><td>万人</td><td rowspan="5">通过相关年鉴数据计算得出</td></tr>
<tr><td>金融业产值</td><td>亿元</td></tr>
<tr><td>固定资产投资占比</td><td>%</td></tr>
<tr><td>社会贡献水平</td><td>%</td></tr>
<tr><td>金融融资结构市场化程度</td><td>%</td></tr>
</table>

（一）技术创新系统

根据《中国统计年鉴》《中国科技统计年鉴》统计数据，本书得到关于技术创新系统的重要相关数据：科技人员数、R&D 经费支出、研究与开发机构数、专利数、技术市场成交额五个指标，其中科技人员数采用研发人员全时当量数据，研究与开发机构数为科研机构数、高校科研机构数、高新技术企业科研机构数之和，专利数采用专利申请授权数数据来说明专利发明的应用性与有效性（见表 5-2）。

表 5-2 技术创新系统指标

年份	科技人员数（万人）	R&D 经费支出（亿元）	研究与开发机构数（个）	专利数（项）	技术市场成交额（亿元）
2006	150.25	3003.1	10491	268002	1818.18
2007	173.62	3710.24	11122	351782	2226.53
2008	196.54	4616.02	12070	411982	2665.23
2009	229.13	5802.11	13043	581992	3039

续表

年份	科技人员数（万人）	R&D 经费支出（亿元）	研究与开发机构数（个）	专利数（项）	技术市场成交额（亿元）
2010	255. 4	7063	16687	814825	3906. 58
2011	288. 3	8687	18244	960513	4763. 56
2012	324. 7	10298. 41	22607	1255138	6437. 07
2013	353. 3	11846. 6	22465	1313000	7469. 13
2014	371. 06	13015. 63	24094	1302687	8577. 18
2015	375. 88	14169. 88	26647	1718192	9835. 79
2016	387. 81	15676. 75	30414	1753763	11406. 98
2017	403. 36	17606. 13	34214	1836434	13424. 22

（二）制度创新系统

本书从经济制度范畴选取制度创新的相关指标，通过借鉴相关文献的计算方式，本书的制度创新指标包括非国有化率、市场化指数、对外开放程度、制度公平性、吸引人才程度五个。

1. 非国有化率

本书借鉴金玉国（2001）对市场化指数的描述，非国有化率=非国有化工业总产值/全部工业总产值。为了更加准确地描述非国有化特征，其中工业总产值结合统计年鉴的相关数据，按照工业总产值的计算方法，最终选定工业总产值=主营业务收入+存货来计算，全部工业总产值采用国有化和非国有化工业总产值之和来计算（见表 5-3）。

表 5-3　非国有化率指标

年份	国有化工业总产值（亿元）		非国有化工业总产值（亿元）		非国有化率（%）
2006	101404. 62	12787. 50	6198. 77	64817. 70	38. 34
2007	122617. 13	15262. 76	8122. 14	90277. 81	41. 65
2008	147507. 90	18031. 62	11220. 33	131525. 40	46. 30
2009	151700. 55	19373. 62	12275. 98	156603. 57	49. 68
2010	194339. 68	23692. 65	15004. 16	207838. 22	50. 55
2011	228900. 13	27478. 61	16614. 14	247277. 89	50. 72
2012	245075. 97	29261. 63	19166. 30	285621. 48	52. 63

续表

年份	国有化工业总产值（亿元）		非国有化工业总产值（亿元）		非国有化率（%）
2013	257816.87	31551.63	23118.89	342002.60	55.79
2014	262692.28	32852.09	25066.17	372175.70	57.34
2015	241668.91	31760.17	26063.47	386394.60	60.13
2016	238990.23	32462.33	27468.53	410188.06	61.72
2017	265393.01	34082.74	29635.93	381034.44	57.83

2. 市场化指数

本书采用的市场化指数=0.7×投资市场化指数+0.3×人力资本市场化指数（见表5-4）。主要说明如下：

金玉国（2001）的“市场化程度”指标是在参照卢中原、胡鞍钢提出的“市场化指数”指标的基础上略做改动，加权合成而成，其公式为：SCH = 生产要素市场化指数×0.6 + 经济参数市场化指数×0.4。王文博等（2002）也是直接借鉴金玉国（2001）的方法，采用“市场化指数（SCH）公式”，但并未对“生产要素市场化指数”和“经济参数市场化指数”分别做说明。杨晓敏等（2006）采用的市场化指数为：MR=生产要素市场化指数×0.6+经济参数市场化指数×0.4，生产要素市场化利用全社会固定资产投资中的“利用外资、自筹资金、其他投资”来衡量；经济参数市场化用商品价格中不由国家定价的比重来衡量，主要采用的是农产品收购中非国家定价的比重。

市场化指数是非国有经济发展的重要补充，对“生产要素市场化指数”，大部分学者认同采用全社会固定资产投资中的“利用外资、自筹资金、其他投资”来衡量，但学者们对“经济参数市场化指数”的观点不一致。金玉国（2001）等提出使用农产品收购中非国家定价的比重来代表经济参数市场化指数，但刘文革（2008）提出，在经济参数市场化指数中使用农产品收购中非国家定价比例来衡量，有失全面性。其中缺少了社会零售商品中价格由市场决定的部分所占比重和生产资料中价格由市场决定的部分所占比重，同时，在服务业价格决定方面也缺乏大量数据。刘儒等（2015）直接省略了经济参数市场化指数，是因为农产品价格需求弹性低，大部分国家对于农产品定价都有一定程度的补贴，因此不适宜用来区分市场化程度。

本书根据卢中原和胡鞍钢（1993）对市场化指数的描述，将利用全社会固定资产投资中的“利用外资、自筹资金、其他投资”三项投资的比重来表示“投资市场化指数”，全社会固定资产投资采用实际到位资金数据。根据王小鲁等（2016）的《中国市场化八年进程报告》中关于市场化的指标体系，提取“人力资本市场化指数”，用市场化指标体系中“非国有经济就业人数占城镇总就业人数的比例”来完善。根据国家计委测算，柯布—道格拉斯生产函数 $Y=A(t)L^{\alpha}K^{\beta}\mu$ 中，$\alpha=0.2\sim0.3$，$\beta=0.8\sim0.7$，因此，本书对系数也进行了修正，采用“市场化指数”=0.7×投资市场化指数+0.3×人力资本市场化指数。

表 5-4　市场化指数指标

年份	全社会固定资产投资（亿元）	利用外资（亿元）	自筹投资（亿元）	其他投资（亿元）	非国有经济单位从业人员（万人）	城镇化从业人员总数（万人）	市场化指数（%）
2006	118957.0	4334.3	71076.5	19283.7	4519.1	11713.2	0.6730
2007	150803.6	5132.7	91373.2	25396.4	4882.4	12024.4	0.6877
2008	182915.3	5311.9	118510.4	24694.4	5083.7	12192.5	0.6934
2009	250229.7	4623.7	153514.8	40102.6	5534.7	12573.0	0.6866
2010	285779.2	4703.6	178744.3	45297.7	5937.6	13051.5	0.6968
2011	345984.2	5062.0	229346.8	50387.5	7106.0	14413.3	0.7241
2012	409675.6	4468.8	277792.4	56862.4	7807.7	15236.4	0.7332
2013	491612.5	4319.4	334280.0	71265.8	11177.2	18108.4	0.7688
2014	543480.6	4052.9	379737.8	67723.4	11428.8	18277.8	0.7691
2015	584198.8	2854.4	414802.4	74563.6	11372.8	18062.5	0.7787
2016	616933.5	2270.3	413828.6	97422.6	11265	17888	0.7716
2017	639369.4	2146.3	417700.0	108346.2	11174	17644	0.7683

3. 对外开放程度

本书借鉴王文博等（2002）的做法，通过国际贸易、国际投资来诠释对外开放指数（见表 5-5）。采用的公式为：对外开放程度=进出口总值/GDP×0.6+利用外资和对外总投资额/GDP×0.4。其中，实际利用外资额和对外总投资额单位为亿美元，采用统计年鉴中的统一汇率（见表 5-6），将美元按当年汇率中间价折算成人民币后计算，最后使其进入指标计算的单位统一为亿元。

表 5-5　对外开放程度指标

年份	GDP（亿元）	进出口总值（亿元）	实际利用外资额（亿美元）	对外总投资额（亿美元）	对外开放程度（%）
2006	219028.5	140974.0	670.76	176.3397	0.3985

续表

年份	GDP（亿元）	进出口总值（亿元）	实际利用外资额（亿美元）	对外总投资额（亿美元）	对外开放程度（%）
2007	270844.0	166924.1	783.39	265.0609	0.3816
2008	321500.5	179921.5	952.53	559.0717	0.3488
2009	348498.5	150648.1	918.04	565.2899	0.2710
2010	411265.2	201722.1	1088.21	688.1131	0.3060
2011	484753.2	236402.0	1176.98	746.5404	0.3029
2012	539116.5	244160.2	1132.94	878.0353	0.2812
2013	590422.4	258168.9	1187.21	1078.4371	0.2719
2014	644791.1	264241.8	1197.05	1231.1986	0.2551
2015	686449.6	245502.9	1262.67	1456.6715	0.2245
2016	740598.7	243386.5	1260.01	1961.4943	0.2087
2017	824828.4	278101.0	1310.35	1582.883	0.2118

表 5-6　2006~2017 年人民币汇率表（年平均价）　　单位：元

年份	100 美元	100 日元	100 港元	100 欧元
2006	797.18	6.86	102.62	1001.90
2007	760.40	6.46	97.46	1041.75
2008	694.51	6.74	89.19	1022.27
2009	683.10	7.30	88.12	952.70
2010	676.95	7.73	89.13	897.25
2011	645.88	8.11	82.97	900.11
2012	631.25	7.90	81.38	810.67
2013	619.32	6.33	79.85	822.19
2014	614.28	5.82	79.22	816.51
2015	622.84	5.15	80.34	691.41
2016	664.23	6.12	85.58	734.26
2017	675.18	6.02	86.64	763.03

4. 制度公平性

本书借鉴王学龙、袁易明（2015）关于制度公平性的概念，从经济制度角度借鉴王文博等（2002）通过分配格局来体现制度的公平性，具体通过市场化收入分配占 GDP 比重来衡量。对金玉国（2001）、傅晓霞和吴利学（2002）使用财政收入占 GDP 的比重是一个改进。制度公平性=（当年 GDP-财政收入）/当年 GDP，其中财政收入包括债务收入，市场化收入分配占 GDP 的比重，以此来反映经济利益分配市场化份额的大小（见表 5-7）。

表 5-7　制度公平性指标

年份	GDP（亿元）	财政收入（亿元）	市场化收入分配（亿元）	制度公平性指数（%）
2006	219028. 5	38760. 20	180268. 3	0. 8230
2007	270844. 0	51321. 78	219522. 2	0. 8105
2008	321500. 5	61330. 35	260170. 2	0. 8092
2009	348498. 5	68518. 30	279980. 2	0. 8034
2010	411265. 2	83101. 51	328163. 7	0. 7979
2011	484753. 2	103874. 43	380878. 8	0. 7857
2012	539116. 5	117253. 52	421863	0. 7825
2013	590422. 4	129209. 64	461212. 8	0. 7812
2014	644791. 1	140370. 03	504421. 1	0. 7823
2015	686449. 6	152269. 23	534180. 37	0. 7782
2016	740598. 7	159604. 97	580993. 73	0. 7845
2017	824828. 4	172592. 77	652235. 63	0. 7908

5. 吸引人才程度

综合型高端人才是制度创新的核心动力，本书采用学成回国留学人员占出国留学人员的比例来衡量政府对高端人才的重视程度以及制度创新对人才的吸引程度（见表 5-8）。

表 5-8　吸引人才程度指标

年份	学成回国留学人员（万人）	出国留学人员（万人）	吸引人才程度（%）
2006	4. 2	13. 4	0. 3134
2007	4. 4	14. 4	0. 3056
2008	6. 93	17. 98	0. 3854
2009	10. 83	22. 93	0. 4723
2010	13. 48	28. 47	0. 4735
2011	18. 62	33. 97	0. 5481
2012	27. 29	39. 96	0. 6829
2013	35. 35	41. 39	0. 8541

续表

年份	学成回国留学人员（万人）	出国留学人员（万人）	吸引人才程度（%）
2014	36.48	45.98	0.7934
2015	40.91	52.37	0.7812
2016	43.25	54.45	0.7943
2017	48.09	60.84	0.7904

（三）金融创新系统

本书的金融创新指标包括从业人员数、金融业产值、固定投资额占比、社会贡献水平、金融融资结构市场化程度五个。

固定资产投资是社会固定资产再生产的主要手段。用金融业内资企业固定投资额占比来反映金融产业购置固定资产活动以及采用新技术、采购新设备的频度，并反映金融产业硬件创新速度。社会贡献率=金融产业增加值增量/GDP增量，通过社会贡献率反映金融产业在GDP增长中的作用地位与对经济增长的驱动力现状。金融融资结构市场化程度用直接金融市场融资额与间接金融市场融资额占比来表示，反映金融结构中偏好支持技术创新的直接金融市场融资额占比。其中，间接金融市场融资额为人民币贷款社会融资规模、外币贷款社会融资规模、委托贷款社会融资规模、信托贷款社会融资规模之和，直接金融市场融资额为未贴现银行承兑汇票社会融资规模、企业债券社会融资规模、非金融企业境内股票社会融资规模之和（见表5-9）。

表5-9　金融创新系统指标

年份	从业人员数（万人）	金融业产值（亿元）	固定投资额占比（‰）	社会贡献水平（%）	金融融资结构市场化程度（%）
2006	367.4	9951.7	0.01359	7.4	0.1465
2007	389.7	15173.7	0.01390	7.9	0.2943
2008	417.6	18313.4	0.01828	6.0	0.1697
2009	449.0	21798.1	0.01899	8.6	0.1747
2010	470.1	25680.4	0.02068	4.4	0.4147
2011	505.3	30678.9	0.02226	5.0	0.2966
2012	527.8	35188.4	0.02631	7.3	0.3042
2013	537.9	41191.0	0.02927	8.4	0.2026

续表

年份	从业人员数（万人）	金融业产值（亿元）	固定投资额占比（‰）	社会贡献水平（%）	金融融资结构市场化程度（%）
2014	566. 3	46665. 2	0. 02757	8. 7	0. 2188
2015	606. 8	57872. 6	0. 02468	15. 2	0. 2154
2016	665. 2	61121. 7	0. 02254	5. 6	0. 1537
2017	688. 8	65748. 9	0. 01792	5. 4	0. 1099

综合统计以上三个创新系统的 15 个序参量指标，可以得到所有序参量数据总表（见表 5-10）。

四、权重的确定

在协同度的测算过程中，各个序参量的权重确定是重点。根据上文的熵理论，本书采用熵权法对序参量的权重进行设定。熵权法是通过指标值所提供信息量大小客观决定指标权重的方法，一方面克服了主观因素的干扰，具有较高的精准度；另一方面适用性强，可以在任何需要确定权重的过程中使用（郑红霞等，2013；关海玲，2015；于惊涛和张艳鸽，2016）。

（一）标准化处理

i 为评价对象，共有 n 个；j 为指标项，共有 m 个，X_{ij} 为第 i 个评价对象第 j 项指标数据的原始值，X_{ij}^* 为第 i 个评价对象第 j 项指标数据的标准化值，$X_{ij}^* = X_{ij} \div \max(X_{1j}, X_{2j}, \cdots, X_{nj})$，如无特殊说明，本书中 X_{ij}^* 均指标准化值（见表 5-11）。

（二）指标熵值的计算

计算熵值公式为：$f_{ij} = X_{ij} \div \sum_{i=1}^{n} X_{ij}(i = 1, 2, \cdots, n; j = 1, 2, \cdots, m)$（见表 5-12），$f_{ij}$ 为第 j 项指标下第 i 个评估对象占该指标的比重。e_j 为第 j 项指标的熵值，$e_j = -\frac{1}{\ln(n)}\sum_{i=1}^{n} f_{ij} \times \ln(f_{ij})$。根据熵值的定义，某指标的熵值越小，说明指标提供的信息量越大，指标的离散程度也越大，其权重值也越大；反之，则该指标的权重值越小（见表 5-13）。

表 5-10　所有序参量数据总表

总系统	子系统	序参量	2006 年	2007 年	2008 年	2009 年	2010 年	2011 年	2012 年	2013 年	2014 年	2015 年	2016 年	2017 年
经济增长	技术创新	科技人员数	150. 25	173. 62	196. 54	229. 13	255. 40	288. 30	324. 7	353. 3	371. 06	375. 88	387. 81	403. 36
		R&D 经费支出	3003. 1	3710. 24	4616. 02	5802. 11	7063. 00	8687. 00	10298. 41	11846. 6	13015. 63	14169. 88	15676. 75	17606. 13
		研究与开发机构数	10491	11122	12070	13043	16687	18244	22607	22465	24094	26647	30414	34214
		专利数	268002	351782	411982	581992	814825	960513	1255138	1313000	1302687	1718192	1753763	1836434
		技术市场成交额	1818. 18	2226. 53	2665. 23	3039. 00	3906. 58	4763. 56	6437. 07	7469. 13	8577. 18	9835. 79	11406. 98	13424. 22
	制度创新	非国有化率	0. 3834	0. 4165	0. 4630	0. 4968	0. 5055	0. 5072	0. 5263	0. 5579	0. 5734	0. 6013	0. 6172	0. 5783
		市场化指数	0. 673	0. 6877	0. 6934	0. 6866	0. 6968	0. 7241	0. 7332	0. 7688	0. 7691	0. 7787	0. 7716	0. 7683
		对外开放程度	0. 3985	0. 3816	0. 3488	0. 2710	0. 3060	0. 3029	0. 2812	0. 2719	0. 2551	0. 2245	0. 2087	0. 2118
		制度公平性	0. 823	0. 8105	0. 8092	0. 8034	0. 7979	0. 7857	0. 7825	0. 7812	0. 7823	0. 7782	0. 7845	0. 7908
		吸引人才程度	0. 3134	0. 3056	0. 3854	0. 4723	0. 4735	0. 5481	0. 6829	0. 8541	0. 7934	0. 7812	0. 7943	0. 7904
	金融创新	从业人员数	367. 4	389. 7	417. 6	449	470. 1	505. 3	527. 8	537. 9	566. 3	606. 8	665. 2	688. 8
		金融业产值	9951. 7	15173. 7	18313. 4	21798. 1	25680. 4	30678. 9	35188. 4	41191	46665. 2	57872. 6	61121. 7	65395
		固定资产投资占比	0. 001359	0. 001390	0. 001828	0. 001899	0. 002068	0. 002226	0. 002631	0. 002927	0. 002757	0. 002468	0. 002254	0. 001792
		社会贡献水平	7. 4	7. 9	6	8. 6	4. 4	5	7. 3	8. 4	8. 7	15. 2	5. 6	5. 4
		金融融资结构市场化程度	0. 1465	0. 2943	0. 1697	0. 1747	0. 4147	0. 2966	0. 3042	0. 2026	0. 2188	0. 2154	0. 1537	0. 1099

表 5-11　所有指标标准化结果

总系统	子系统	序参量	2006 年	2007 年	2008 年	2009 年	2010 年	2011 年	2012 年	2013 年	2014 年	2015 年	2016 年	2017 年
经济增长	技术创新	科技人员数	0. 373	0. 430	0. 487	0. 568	0. 633	0. 715	0. 805	0. 876	0. 920	0. 932	0. 961	1. 000
		R&D 经费支出	0. 171	0. 211	0. 262	0. 330	0. 401	0. 493	0. 585	0. 673	0. 739	0. 805	0. 890	1. 000
		研究与开发机构数	0. 307	0. 325	0. 353	0. 381	0. 488	0. 533	0. 661	0. 657	0. 704	0. 779	0. 889	1. 000
		专利数	0. 146	0. 192	0. 224	0. 317	0. 444	0. 523	0. 684	0. 715	0. 710	0. 936	0. 955	1. 000
		技术市场成交额	0. 135	0. 166	0. 199	0. 226	0. 291	0. 355	0. 480	0. 556	0. 639	0. 733	0. 850	1. 000
	制度创新	非国有化率	0. 621	0. 675	0. 750	0. 805	0. 819	0. 822	0. 853	0. 904	0. 929	0. 974	1. 000	0. 937
		市场化指数	0. 864	0. 883	0. 891	0. 882	0. 895	0. 930	0. 942	0. 996	0. 988	1. 000	0. 991	0. 996
		对外开放程度	1. 000	0. 958	0. 875	0. 680	0. 768	0. 760	0. 706	0. 682	0. 640	0. 563	0. 524	0. 532
		制度公平性	1. 000	0. 985	0. 983	0. 976	0. 970	0. 955	0. 951	0. 949	0. 951	0. 946	0. 953	0. 961
		吸引人才程度	0. 367	0. 358	0. 451	0. 553	0. 554	0. 642	0. 800	1. 000	0. 929	0. 915	0. 930	0. 926
	金融创新	从业人员数	0. 533	0. 566	0. 606	0. 652	0. 683	0. 734	0. 766	0. 781	0. 822	0. 881	0. 966	1. 000
		金融业产值	0. 152	0. 232	0. 280	0. 333	0. 393	0. 469	0. 538	0. 630	0. 714	0. 885	0. 935	1. 000
		固定资产投资占比	0. 464	0. 475	0. 624	0. 649	0. 706	0. 760	0. 899	1. 000	0. 942	0. 843	0. 770	0. 612
		社会贡献水平	0. 487	0. 520	0. 395	0. 566	0. 290	0. 329	0. 480	0. 553	0. 572	1. 000	0. 368	0. 355
		金融融资结构市场化程度	0. 353	0. 710	0. 409	0. 421	1. 000	0. 715	0. 734	0. 489	0. 528	0. 519	0. 371	0. 265

表 5-12 f_{ij} 计算结果

总系统	子系统	序参量	2006 年	2007 年	2008 年	2009 年	2010 年	2011 年	2012 年	2013 年	2014 年	2015 年	2016 年	2017 年
经济增长	技术创新	科技人员数	0. 043	0. 050	0. 056	0. 065	0. 073	0. 082	0. 093	0. 101	0. 106	0. 107	0. 111	0. 115
		R&D 经费支出	0. 026	0. 032	0. 040	0. 050	0. 061	0. 075	0. 089	0. 103	0. 113	0. 123	0. 136	0. 152
		研究与开发机构数	0. 043	0. 046	0. 050	0. 054	0. 069	0. 075	0. 093	0. 093	0. 100	0. 110	0. 126	0. 141
		专利数	0. 021	0. 028	0. 033	0. 046	0. 065	0. 076	0. 100	0. 105	0. 104	0. 137	0. 140	0. 146
		技术市场成交额	0. 024	0. 030	0. 035	0. 040	0. 052	0. 063	0. 085	0. 099	0. 114	0. 130	0. 151	0. 178
	制度创新	非国有化率	0. 062	0. 067	0. 074	0. 080	0. 081	0. 082	0. 085	0. 090	0. 092	0. 097	0. 099	0. 093
		市场化指数	0. 077	0. 079	0. 079	0. 078	0. 080	0. 083	0. 084	0. 089	0. 088	0. 089	0. 088	0. 089
		对外开放程度	0. 115	0. 110	0. 101	0. 078	0. 088	0. 088	0. 081	0. 079	0. 074	0. 065	0. 060	0. 061
		制度公平性	0. 086	0. 085	0. 085	0. 084	0. 084	0. 083	0. 082	0. 082	0. 082	0. 082	0. 082	0. 083
		吸引人才程度	0. 044	0. 043	0. 054	0. 066	0. 066	0. 076	0. 095	0. 119	0. 110	0. 109	0. 110	0. 110
	金融创新	从业人员数	0. 059	0. 063	0. 067	0. 073	0. 076	0. 082	0. 085	0. 087	0. 092	0. 098	0. 107	0. 111
		金融业产值	0. 023	0. 035	0. 043	0. 051	0. 060	0. 072	0. 082	0. 096	0. 109	0. 135	0. 143	0. 152
		固定资产投资占比	0. 053	0. 054	0. 071	0. 074	0. 081	0. 087	0. 103	0. 114	0. 108	0. 096	0. 088	0. 070
		社会贡献水平	0. 082	0. 088	0. 067	0. 096	0. 049	0. 056	0. 081	0. 093	0. 097	0. 169	0. 062	0. 060
		金融融资结构市场化程度	0. 054	0. 109	0. 063	0. 065	0. 154	0. 110	0. 113	0. 075	0. 081	0. 080	0. 057	0. 041

表 5-13　e_j 计算结果

总系统	子系统	序参量	e_j
经济增长	技术创新	科技人员数	0.9817
		R&D 经费支出	0.9498
		研究与开发机构数	0.9720
		专利数	0.9414
		技术市场成交额	0.9302
	制度创新	非国有化率	0.9963
		市场化指数	0.9994
		对外开放程度	0.9915
		制度公平性	0.9999
		吸引人才程度	0.9771
	金融创新	从业人员数	0.9926
		金融业产值	0.9476
		固定资产投资占比	0.9894
		社会贡献水平	0.9765
		金融融资结构市场化程度	0.9737

（三）指标熵权的计算

熵权的计算公式为：$w_j = (1 - e_j) \div \sum_{j=1}^{m}(1 - e_j)$，$w_j$ 为第 j 项指标的熵权。通过熵权的确定，对各个指标进行定量的衡量，也可以判定每个指标在整体系统评价体系中的重要程度。根据上文熵值的结果，进一步计算后得到各个指标的 w_j 值，还可根据 w_j 值进一步得到各个子系统指标的权重（见表 5-14 和表 5-15）。

表 5-14　w_j 熵权计算结果

总系统	子系统	序参量	w_j
经济增长	技术创新	科技人员数	0.0480
		R&D 经费支出	0.1318
		研究与开发机构数	0.0736
		专利数	0.1539
		技术市场成交额	0.1834

续表

总系统	子系统	序参量	w_j
经济增长	制度创新	非国有化率	0.0096
		市场化指数	0.0016
		对外开放程度	0.0224
		制度公平性	0.0002
		吸引人才程度	0.0600
	金融创新	从业人员数	0.0194
		金融业产值	0.1376
		固定资产投资占比	0.0279
		社会贡献水平	0.0617
		金融融资结构市场化程度	0.0689

表 5-15　子系统的权重值

总系统	子系统	序参量	w_j
经济增长	技术创新（0.5907）	科技人员数	0.0812
		R&D 经费支出	0.2232
		研究与开发机构数	0.1246
		专利数	0.2606
		技术市场成交额	0.3104
	制度创新（0.0938）	非国有化率	0.1026
		市场化指数	0.0169
		对外开放程度	0.2388
		制度公平性	0.0018
		吸引人才程度	0.6399
	金融创新（0.3155）	从业人员数	0.0616
		金融业产值	0.4361
		固定资产投资占比	0.0883
		社会贡献水平	0.1955
		金融融资结构市场化程度	0.2185

五、复合系统协同度分析

（一）有序度计算

在表 5-10 所有序参量数据总表的基础上，根据式（5-5）和式（5-7），分别计算出技术创新系统、制度创新系统、金融创新系统各自内部的有序度，结果如表 5-16 所示。

表 5-16　各个系统协同度结果

年份	技术创新协同度	制度创新协同度	金融创新协同度
2006	0	0.2497	0.0805
2007	0.0465	0.2357	0.2425
2008	0.0944	0.3089	0.1736
2009	0.1663	0.3258	0.2617
2010	0.2750	0.3765	0.4018
2011	0.3657	0.4643	0.3830
2012	0.5186	0.5323	0.4927
2013	0.5880	0.8115	0.5056
2014	0.6480	0.7276	0.5561
2015	0.7833	0.6873	0.7564
2016	0.8779	0.6889	0.5631
2017	1	0.6709	0.5402

由表 5-16 可知，从总体趋势上，技术创新系统、制度创新系统、金融创新系统三个系统各自的有序度逐年提升，但制度创新系统与金融创新系统经过折点后呈下降趋势。

如图 5-10 所示，技术创新系统有序度逐年上升，制度创新系统在 2013 年陡增后，2014 年后略有下降，金融创新系统则在 2015 年达到波峰，2016 年较大幅度下降。制度创新系统的有序度呈下降趋势的原因主要出现在制度公平性问题上，近几年政府反腐力度的加大，影响了制度的创新性，但这实则为刮骨疗毒，有利于进一步实现社会制度公平，为下一阶段的制度创新夯实基础。金融创新受制度创新影响大，因为制度公平性的下降趋势，影响了整体制度创新系统的有序度，阻碍了制度创新的发展，从而也抑制了金融创新。

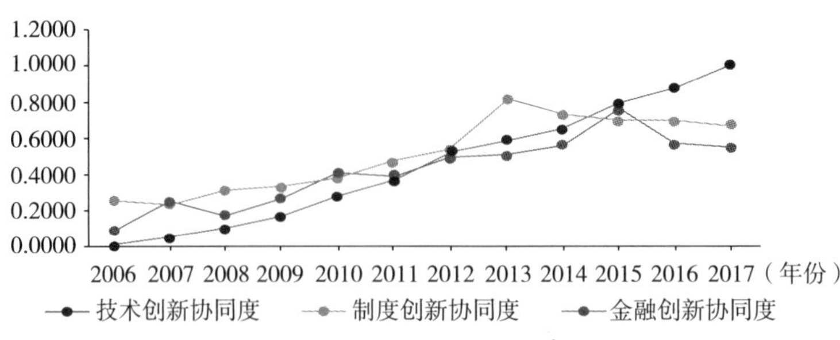

图 5-10　技术、制度、金融三个系统各自创新协同度

（二）三个系统相关协同度计算

表 5-16 测算出三个系统各自的有序度，在此基础上，本书根据式（5-8），进一步测算三个系统两两之间的协同度，计算结果如表 5-17 所示。

表 5-17　系统间相关协同度结果

年份	技术 & 制度	技术 & 金融	制度 & 金融
2006	0	0	0
2007	0. 0255	0. 0868	0. 0477
2008	0. 0747	0. 0937	0. 0742
2009	0. 1125	0. 1736	0. 1174
2010	0. 1867	0. 2972	0. 2018
2011	0. 2802	0. 3326	0. 2548
2012	0. 3828	0. 4623	0. 3413
2013	0. 5747	0. 4999	0. 4887
2014	0. 5565	0. 5552	0. 4767
2015	0. 5855	0. 7276	0. 5439
2016	0. 6209	0. 6509	0. 4604
2017	0. 6490	0. 6780	0. 4400

由表 5-17 可知，从总体趋势上看，技术与制度、技术与金融、制度与金融两两之间的协同度逐年递增，但三个系统之间相互影响、相互作用，使得两两系统之间的协同度均出现波动。对比三个系统的协同度，技术与金融的协同度最高，制度与金融的协同度最低。技术与制度的协同度在 2013 年达到波峰，而

后略理性下降，但仍呈逐年递增趋势；技术与金融的协同度比制度与金融的协同度高，且二者在波动幅度上保持一致，均在 2013 年和 2015 年出现波峰，2014 年为波谷（见图 5-11）。

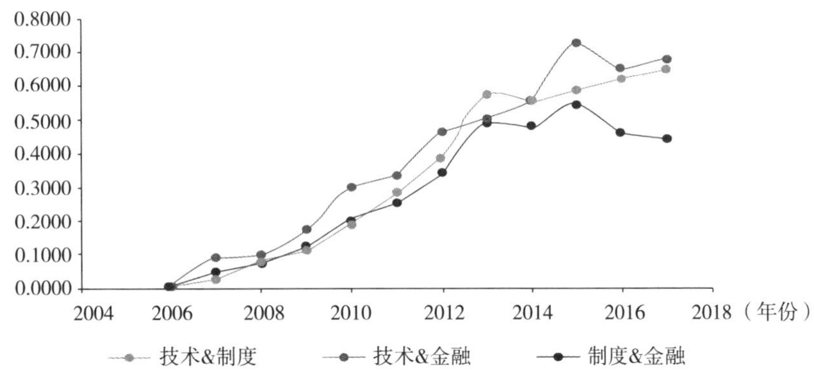

图 5-11　技术、制度、金融三个创新系统两两间的协同度

三个系统均在 2013 年达到第一个波峰，与国家实施创新驱动战略等相关政策有关。2012 年底召开的党的十八大明确提出：科技创新是提高社会生产力和综合国力的战略支撑，必须摆在国家发展全局的核心位置。2013 年，科技与制度的协同度最高，与国家政策提出的时间相吻合。从总体趋势上看，科技与金融的协同度增速最高，制度与金融的协同度低于其他两者。制度与金融的协同度较低甚至有下滑的趋势，或与紧缩的金融政策有重要的联系。2017 年以来，财政部出台了规范地方政府融资的一系列文件，特别是 2018 年 3 月 28 日发布实施的《关于规范金融企业对地方政府和国有企业投融资行为有关问题的通知》（财金〔2018〕23 号），受此影响，社会融资规模持续下降。从三个系统协同度的增长率来看，技术和金融的协同度增长率比其他两个系统的协同度增长率高，这也反映了近些年，金融对技术创新的支撑力越来越大，二者之间的协同度与合作紧密度也越来越明显。可见，科学技术作为第一生产力，离不开制度创新供给稳定且适合的外围环境与发展机制，也离不开金融资本利用大规模效应对技术创新的支撑与孵化效应。

同理，根据式（5-8）进一步测算三个系统的协同度，结果如图 5-12 所示。

三者的总体协同度受各个系统协同度的影响，从以上分析来看，主要是受制度创新和金融创新的影响。然而，如图 5-12 所示，从发展趋势上看，技术、制度、金融三者的协同创新度逐年递增，2006~2017 年中 2015 年的协同度最高，而后略有下降，但 2017 年的协同度又开始呈现出逐步回升的趋势。

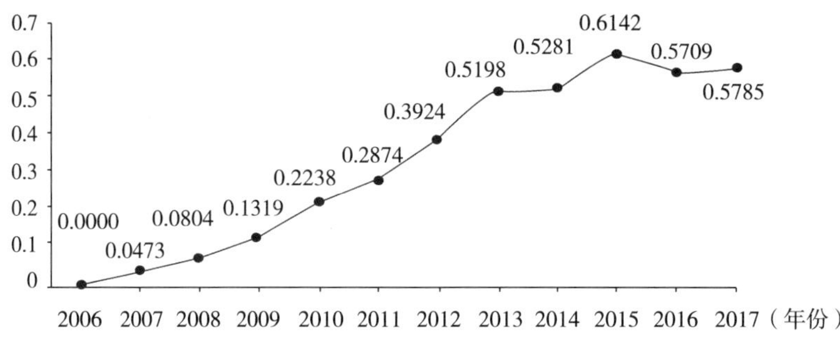

图 5-12　技术、制度、金融协同创新度

第四节　本章小结

本章在技术创新、制度创新和产业发展的理论基础上，分析了技术与制度协同创新对金融创新发展的作用机制和金融创新对技术与制度协同创新的作用机制，运用 CiteSpaceV 软件对技术创新和制度创新作者、机构和关键词共现分析后发现，采用系统动力学方法对研究技术、制度和金融协同创新具有一定的理论价值与现实意义。因此，本章构建了技术创新、制度创新与金融创新协同度测算模型以测量三者的协同度，并观测三者协同创新的机理。最后，由实证结果可知，技术创新和金融创新的协同度增长率最快，说明金融对技术创新的支撑力越来越大；金融创新和制度创新的协同度，以及制度创新和技术创新的协同度二者变化幅度较为一致，但明显滞后于金融创新和技术创新协同度。总体来看，三个系统之间的协同度与合作紧密度越来越明显，这也进一步证实了金融创新对技术与制度协同创新的重要性，而提升三者协同度将有利于促进经济增长。本章的机理研究为下一章进一步详细分析协同创新的路径奠定了基础。

第六章

技术与制度协同创新驱动经济增长的路径研究

根据上文的协同度测算，我们发现三个创新系统之间的正向协同度增长速度不同。本章在第五章基础上，进一步分析三个系统内部的诸多相关因素相互作用的机理，从而解析出促进三者协同创新发展的较优路径。

第一节　系统动力学的经济学应用

一、系统动力学理论概念与应用

系统动力学是一门交叉学科，通过定性与定量地分析研究整个系统，并在系统论的基础上，吸收反馈理论与信息论等，借助计算机模拟技术，构造系统的基本结构，进而分析预测系统的动态演化行为。系统的结构不仅包括组成系统的各个单元体，更是反映了各个单元体之间的作用关系。因此，系统动力学是解构系统问题和解决系统问题的有效工具之一。

系统动力学模型（SD）被誉为实际系统的实验室，是美国麻省理工学院法瑞斯特（Jay W. Forrester）教授于 1956 年首创。SD 模型是主要借助于计算机仿真对多重反馈、非线性、复杂时变系统进行定量研究的一种系统分析方法。我们虽然不能指望这个实验室能够完美地构造出反映现实的模型，但是我们却能够从演化趋势中得到指引，把握未来的动态宏观方向（王其藩，1994）。

SD 模型最早是以工业系统为研究对象，因此也称为工业动力学。从 20 世纪 90 年代至今，系统动力学在世界范围各个领域内得到了广泛的应用，并突破学科领域，加强与控制理论、参数估计、统计分析、耗散结构与分叉等方面的结合研究。目前，采用系统动力学方法来研究各自的社会经济问题涉及经济、能源、交通、环境、生态等广泛的领域。系统动力学包含着系统论的思想，系统内部的众多单元、各种变量之间存在着相互作用的反馈关系。正因为反馈之间有系统的相互联系，才形成了系统结构。我们在解决实际问题中总是希望获得较优的解决方案，而系统动力学解决问题的实质就是寻优过程，通过不断调试，寻找较优的结构来获得较优的系统行为，从而达到系统整体的最优状态。

本书中技术创新系统、制度创新系统和金融创新系统各自本身是一个系统，而实质上三者之间相互联系，更是一个整体创新的大系统。因此，本书采用系统动力学的系统论基础与寻优原理，来分析寻找三大系统促进经济增长的较优路径。

二、系统动力学建模步骤

系统动力学解决问题主要分为五大步骤：系统分析、结构分析、建立模型、模型模拟与政策分析、模型检验与评估。第一，系统分析主要运用系统动力学的理论、原理和方法对研究对象进行系统分析；第二，划分系统层次，确定总体与局部的反馈机制；第三，建立起定量的数学规范模型，也是模型运转的核心；第四，通过模型模拟并与现实数据的比较来分析模型的有效性；第五，经过系统的反馈结果进一步检验评估模型（见图 6-1）。

三、系统动力学软件 Vensim 运用

Vensim 是可视化的建模工具。我们用它来定义一个动态系统，通过因果关系图和流图两种方式创建仿真模型，进行仿真分析以及最优化调试。首先，在系统变量之间建立因果关系，用箭头来连接变量之间的关系，通过方程编辑器明确变量之间的定量关系，最终形成一个完整的仿真模型系统。其次，重点分析影响整体模型的重要变量，以及重要变量的回路特征。最后，通过 Vensim 的不同路径分析，可以彻底研究分析整个模型的动态行为与演化趋势。

因 Vensim 是一个界面友好、操作简单、功能强大的系统仿真平台。许多学者运用 Vensim 进行系统动力学研究，并广泛应用于各种领域系统中。如程华等（2015）、游达明和车文镇（2016）等用 Vensim 剖析技术创新系统；金浩和张文若（2016）、逯进等（2017）等将系统动力学引入金融生态系统；Vensim 甚至被广泛应用于生态环境系统、医疗系统、循环经济系统、港口经济系统、物流系统等复杂系统。

第一，Vensim 可以用绘图工具绘制出模型基本的因果关系图和流图。第二，函数的设定是整个建模中最关键的环节，Vensim 的函数库中包括了数学函数、逻

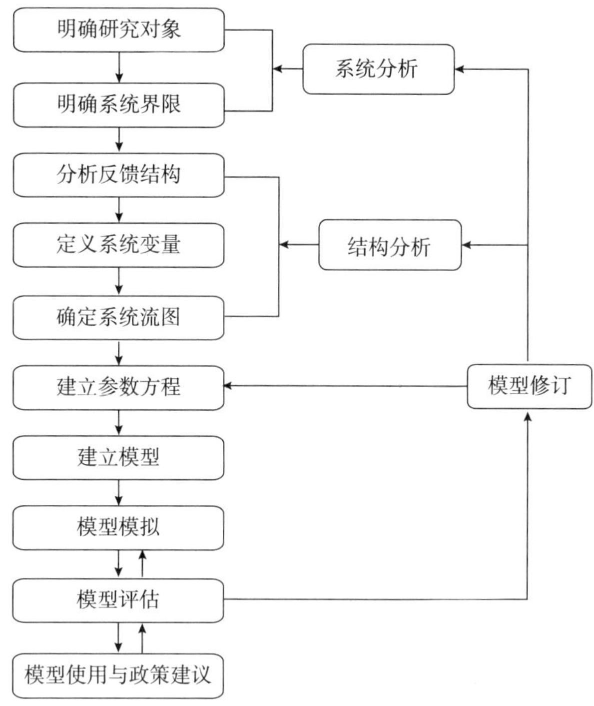

图 6-1 系统动力学解决问题的过程与步骤

辑函数、测试函数、随机函数和延迟函数，以及表函数。第三，根据不同方案设计，在参数方程中输入调节模型的参数取值，观测模式对参数取值变动的反应情况。第四，根据创建的模型，点击“Simulation”进行模拟。第五，运用分析工具来对模型进行结构分析和数据分析，不仅可以检查结构，还可以更直观地对整个系统的微观单位逐一进行定量与定性分析。

第二节 技术创新、制度创新、金融创新系统的总体结构

一、确定系统边界

本书的对象是1978年改革开放后中国经济增长情况，重点锁定在技术、制

度、金融三大系统协同创新对经济增长的驱动方面。因此，系统的时间边界为1978年改革开放以后，受限于部分数据的不可获得性，进入模型模拟的时间边界为2006~2030年，其中2006~2015年两个5年规划时间为仿真时间，2016~2030年为预测时间，时间步长设定为1年。本书的数据主要来源于历年《中国统计年鉴》《中国科技统计年鉴》《中国金融年鉴》《中国人口统计年鉴》《劳动统计年鉴》《新中国60年统计资料汇编》和省市统计年鉴、Wind数据库，国家统计局、海关总署、中国科学技术部官网、中国商务部官网、中国经济信息网、参考消息官网、国家公务员考试网、中国国际投资贸易洽谈会官网、中国·海峡项目成果交易会官网等，并通过整理计算，最终获得大部分可用于模型分析的数据，部分不易获得的数据则从国家统计公报、省级地方统计公报以及其他相关公开文件中间接提取获得。

本书在建模的过程中遵循把系统中的反馈回路考虑成闭合的回路原则，先各自绘制出技术创新系统、制度创新系统、金融创新系统三大系统的系统图。分别充分考虑各自系统所研究变量是否充分，在充分的前提下，延展界限，与其他两个系统进行融合，但始终不离开各自系统的动力性。基于此，在大系统的边界下，由三个创新系统逐步组成了一个整体系统边界。

二、主要反馈回路

技术、制度、金融创新系统中的基本反馈回路：形成技术创新的条件—技术创新动力—技术创新成果；形成制度创新的条件—政府创新动力—政府调控成果；形成金融创新的条件—金融创新动力—金融产业产值。三个创新系统共同影响技术、制度、金融三者协同创新机制，最终形成对经济增长的驱动力。根据以上反馈回路设计原则，整个驱动经济可持续增长的创新系统由技术创新系统、制度创新系统、金融创新系统构成。在对整体结构分析的基础上，本书分别从四个维度剖析：技术创新系统回路、政府创新动力回路、金融创新动力回路、技术制度金融协同创新回路，通过分析这四个主要回路的互动关系，形成相应的因果关系图，为下一步的流图建立奠定坚实的基础。

本书主要反馈回路如下：

回路（1）：高校创新动力→高校科研成果年均增长率→科研成果增加率→科研成果转化率→技术市场成交额→高技术企业收入→工业生产总值→GDP增加量→政府创新动力→政府R&D投入→高校研究经费投入→高校创新动力

回路（1）为正反馈回路，政府R&D投入增加使得高校研究经费增多，高校研究经费增多使得高校创新动力增强，进一步产生更多科研成果进入技术市场交易，从而促进 GDP 增加，使得政府产生新一轮的创新动力，投入更多的 R&D 支持高校研究与创新。

回路（2）：科研机构创新动力→科研机构成果年均增长率→科研成果增加率→科研成果转化率→技术市场成交额→高技术企业收入→税收收入→财政收入→政府创新动力→政府 R&D 投入→科研机构创新动力

回路（2）为正反馈回路，科研机构创新动力强将促进更多的科研成果产生，使得科研成果增加，促进更多的科研成果转化，高新技术企业吸收更多的创新技术，不断推进高技术企业收入增加，无形中不断增加税收收入与财政收入，政府的创新动力越强，从而通过增加 R&D 投入进一步推进科研机构创新。

回路（3）：高技术企业创新动力→技术、制度、金融协同创新程度→科研成果转化率→技术市场成交额→高技术企业收入→高技术企业 R&D 投入→高技术企业创新动力

回路（3）为正反馈回路，高技术企业的创新动力来源于企业收入提升，企业收入提升才能增加 R&D 的投入，提高有效发明增长率和新产品开发率，从而可以从技术交易市场购买和出售更多的科研成果，进一步增加企业收入，从而再次推动企业创新动力。

回路（4）：政府创新动力→项目投资交易平台技术专利交易额占比→科研成果转化率→技术市场成交额→高技术企业收入→工业生产总值→GDP 增加量→全国 GDP→总投资额→利用外资→投资市场化指数→市场化程度→政府创新动力

回路（4）为正反馈回路，政府创新动力的“平台抓手”——项目投资交易平台，通过搭建技术、人才、资本、项目的专业会展平台增强投资交易经济活力，增加科研成果转化率与技术市场成交额，使得高技术企业作为技术的输出方与吸纳方能够在平台中更加活跃，节省市场交易成本，使得市场化程度提升，进一步促进政府增强创新动力。

回路（5）：政府创新动力→政府 R&D 投入→高校创新动力→技术、制度、金融协同创新程度→科研成果转化率→技术市场成交额→高技术企业收入→工业生产总值→GDP 增加量→全国 GDP→对外投资额→国内外投资占比→对外开放程度→政府创新动力

回路（5）为正反馈回路，政府创新动力的“经济抓手”——R&D 经费投入，通过 R&D 经费投入增加从而促进技术、制度、金融协同创新，提升科研成果转化率，增加技术市场成交额，进一步促进经济增长，增强对外开放程度，从而进一步提升政府创新动力。

回路（6）：金融创新动力→金融产业增长率→金融产业增加值→GDP 增加

量→全国 GDP→年末金融机构各项存款余额总和→地理金融密度→金融密度→金融集聚程度→金融创新动力

回路（6）为正反馈回路，人口金融密度和地理金融密度形成金融密度，用年末金融机构各项存贷款余额总和与 GDP 的比值来衡量金融活跃度，金融密度和金融活跃度形成了金融集聚程度，通过金融的集聚程度提升金融创新动力，逐步提高金融产业增加值从而促进经济增长。

回路（7）：金融创新动力→金融产业增长率→金融产业增加值→GDP 增加量→全国 GDP→财政支出→财政缺口→政府干预程度→金融主体独立性→金融创新发展环境→金融创新动力

回路（7）为负反馈回路，财政支出越大则财政缺口越大，政府的干预程度也越强，使得金融部门的独立性也越弱，那么金融创新发展环境也越贫瘠，则会影响金融创新动力，使金融创新动力也越弱。

回路（8）：金融创新动力→技术、制度、金融协同创新程度→科研成果转化率→技术市场成交额→高技术企业收入→工业生产总值→GDP 增加量→全国 GDP→金融产业社会贡献率→金融产品服务创新→金融创新动力

回路（8）为正反馈回路，金融创新动力越强，技术、制度、金融协同创新的意愿就越活跃，科研成果转化率也越高，越有利于促进经济增长，使得金融产业的社会贡献率越高，金融产业的产品服务创新意愿也越强，从而进一步促进金融创新。

回路（9）：技术、制度、金融协同创新程度→科研成果转化率→技术市场成交额→高技术企业收入→税收收入→ 财政收入→教育经费投入→人均受教育年限→人口素质水平→诚信环境→金融创新发展环境→金融创新动力→金融产业增长率→金融产业增加值→GDP 增加量→全国 GDP→总投资额→利用外资→国内外投资占比→对外开放程度→政府创新动力→政府 R&D 投入→高校研究经费投入→高校创新动力→技术、制度、金融协同创新程度

回路（9）为正反馈回路，技术、制度、金融协同创新程度越高，科技成果转化率也越高，有利于高技术企业的技术创新，提高企业收入，从而税收和财政收入也提高。财政收入在教育经费上的投入增加，又能使人口素质提升，增强诚信环境，优化金融创新发展环境，加强金融创新动力，促进经济增长，加强对外开放度，不断提升政府的创新动力，提升 R&D 投入在高校，激发高效创新动力，从而进一步使产学研合作更加紧密。

回路（10）：技术、制度、金融协同创新程度→科研人员流动率→项目投资交易平台技术专利交易额占比→科研成果转化率→技术市场成交额→高技术企业收入→税收收入→财政收入→行政管理费→行政管理能力→政府公共服

务→金融创新发展环境→金融创新动力→金融产业增长率→金融产业增加值→GDP 增加量→全国 GDP→总投资额→其他投资→投资市场化指数→市场化程度→政府创新动力→政府 R&D 投入→科研经费投入→科研机构创新动力→技术、制度、金融协同创新程度

回路（10）为正反馈回路，与回路（9）类似，技术、制度、金融协同创新程度越高，科技成果转化率也越高，有利于高技术企业的技术创新，能够提高企业收入，从而税收和财政收入也提高。财政收入对行政管理费用的增加，又能提升行政管理能力，从而提升政府的公共服务，优化金融生态发展环境，加强金融创新动力，促进经济增长，加强市场化程度，不断提升政府的创新动力，增加科研机构的 R&D 投入，激发科研机构创新动力，从而进一步使产学研合作更加紧密，进行下一轮的可持续创新。

综上，整个创新系统的运转动态主要是在以上主要回路和辅助回路的基础上，通过相互耦合作用体现出整个脉络与机理。除了以上 10 个主要反馈回路外，还有很多辅助回路存在于各个子系统中，通过这些辅助回路可以更加直观地观测到各个要素之间的因果关系。因此，梳理并建立整个回路的过程，有助于下一步根据变量的性质，建立起相对应的流图，并根据变量之间的关系，找到变量之间的关系值，通过调整关键变量与所要解释的关键问题，实现整个系统的协同创新发展。

第三节　协同创新子系统分析

通过以上因果关系回路能够非常直观地观测到整个系统各个变量之间的因果关系与各个回路的传导效应，但这仅仅是定性地分析整个系统的机理，不能定量地衡量系统内各个变量之间准确的数值关系，而流图法能够弥补因果关系图的不足，将状态变量的累计概念直观地表达出来。为了既保留因果关系图的简洁性，又将重要的状态与速率变量清晰地表达出来，本书采用混合图来描述系统结构，以便更易于了解整个模型假设的实际动态因果关系，同时更是为下一步建立可计算模拟的方程式奠定基础。因此，接下来将通过三个系统的流图来详细剖析三个系统内部各个变量之间的定性与定量关系。

一、技术创新动力系统

关于技术创新系统模型的构建，大部分学者主要分析区域技术创新与经济增长的系统动力学模型构建，或者将区域创新系统分成创新环境能力系统、创新载体能力系统和创新投入能力系统，也有针对民营科技企业自主创新系统的研究，将制度创新系统、管理创新系统、社会环境系统纳入边界考虑（王丽莉，2007），或着重高校与企业之间互动联合促进科技产业可持续发展的研究方向（贾一伟，2013）。在分析借鉴以上构建模型变量选择的基础上，本书认为影响整个创新系统的各个创新主体以及创新主体之间的协同创新是关键。因此，在建模的过程中，本书主要从创新主体出发，将技术创新系统分为三个系统：高校创新系统、科研机构创新系统、高技术企业创新系统，而后分析影响各个主体创新的关键因素，以及产生创新成果的衡量指标。同时，还增加了三大创新主体协同创新机制，将政府创新动力与金融创新动力囊括进来考虑（见图 6-2）。

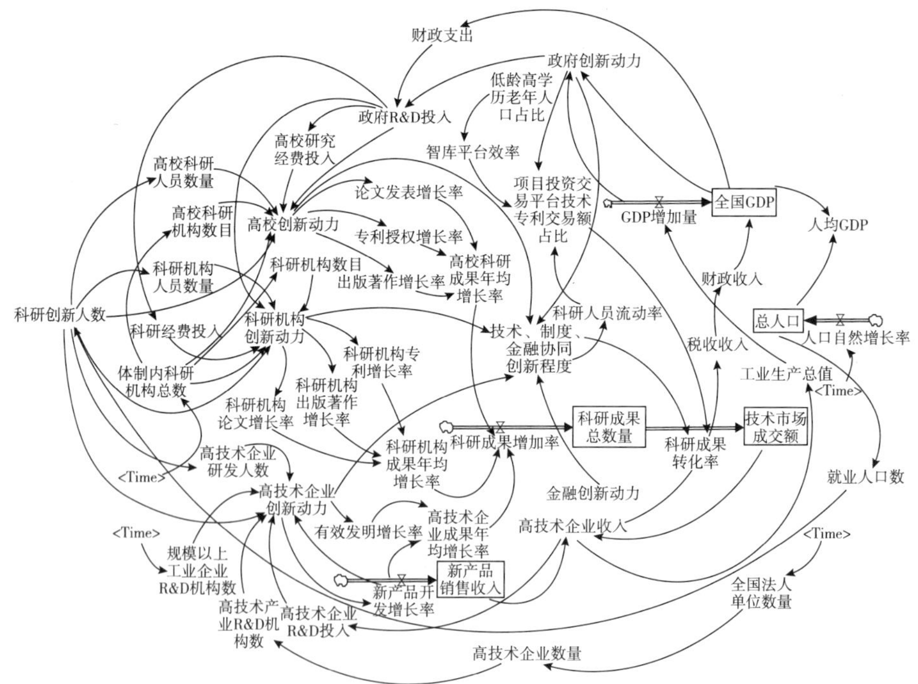

图 6-2 技术创新系统流

本书将技术创新系统分为创新条件、创新主体、创新成果、协同创新四个部分。技术创新的主体：高校创新动力、科研机构创新动力和高新技术企业创新动力。高校创新动力与科研机构创新动力比较相近，二者都属于体制内机构，影响高校创新动力和科研机构创新动力的主要条件：科研经费投入、科研人员数量、科研机构数量，其中科研经费主要来源于政府对 R&D 的投入。高技术企业作为技术交易市场吸纳方与输出方的主力企业，大部分高技术企业都有研发机构，研发经费来源于自主研发投入。据公开信息，格力公司每年研发投入超过 40 亿元，拥有 2 个国家级技术研究中心、1 个国家级工业设计中心、1 个省级企业重点实验室、9 个研究院、52 个研究所和 727 个实验室等（段树青，2017）。因此，本书选择高技术企业代表企业创新动力。影响高技术企业创新动力的主要条件：研发人数、研发经费投入、研发机构。研发人员采用全员当量（万人·年）来衡量创新人力投入强度，研发机构数目用来衡量创新投入规模，研发经费是进行研发的核心，也是衡量创新投入的重要指标。三个变量在系统中的表述一致，但具体来源形态与数据形成却略有不同。高校创新动力成果与科研机构的动力成果都是采用论文发表量、专利授权数、出版著作数来衡量，高技术企业创新动力的成果采用新产品开发数与有效发明数来衡量。这五个指标是三个创新主体最重要的成果，用于衡量创新成果的应用价值。然而，是否具有市场价值，通过技术交易市场检验就可反映出科研成果转化的具体情况与规模。

在构建技术创新系统模型时，不仅要考虑各个创新主体的创新成果，同时还必须要考虑创新主体之间的高效合作与协同创新。从各自创新角度，高校、科研机构、高技术企业各自的创新成果增加将提升科研成果总量，科研成果总量作为状态变量。能否增加技术交易市场交易额，科研成果转化率是重要的速率变量。要想提升科研成果转化率，协同创新机制是关键。在政府创新动力的保障与金融创新动力的支撑下，高校、科研机构、高技术企业的协同创新将会促进科研成果转化率的提升并增加技术交易市场交易额，从而提升企业对科研成果的吸纳率与采用率，增加企业收入，增强整个市场的技术创新活力，促进经济可持续增长。

二、制度创新动力系统

从第二章的文献分析可知，制度本身有路径依赖特征，制度创新取决于创新收益大于交易成本。社会制度结构系统受宏观经济、道德环境和政治环境等影响，包括政治制度系统、法律制度系统、经济制度系统等。本书在构建制度创新系统模型时，将系统边界锁定在经济制度系统，其他分形制度系统为外部环境。从经济制度角度，制度的效率衡量是关键。根据 North（1991，1992）的观点，有效率的制度不仅能使每个社会成员的生产性成果得到保护，同时还能降低交易成本，充分发挥社会生产力潜力。因此，通常“帕累托标准”用来衡量制度的效率，是制度效率的经济目标，但在制度演化理论中，一项理想的制度效率除了实现“帕累托标准”外，还应体现人本性、适应性、激励性、和谐性和公平性（宋圭武，2005）。人本性体现制度服务特征，适应性体现制度创新能力，也是根本要求，激励性体现制度的动力基础，和谐性是保证制度可持续运作的前提条件，公平性为制度效率提供稳定保障（范如国和张明山，2006）。这说明制度效率的衡量不仅应具有“帕累托效率”，还应具有“社会价值效率”。

基于以上制度效率衡量理论基础，本书以政府作为制度创新的主体，形成以政府创新动力为核心，用对外开放程度、市场化程度、吸引人才程度、全社会劳动生产率、非国有化率、制度公平性六个指标衡量经济制度的经济效率与社会价值效率，从而说明制度创新动力系统状态。

如图 6-3 所示，对外开放程度用国内外投资占比和进出口总值占比来体现，非国有化工业总产值和工业生产总值的比值代表非国有化率，通过人力资本市场化指数和投资市场化指数来测算市场化程度，吸引人才程度中包含人才引进投资额占财政支出比例、归国留学人员占比、政府公务员高学历比例、市场体制完善程度四个三级指标，用非财政收入的市场化收入占 GDP 比重来衡量制度公平性。人才是政府创新动力的核心，近几年，各级政府制定各种高级人才引进政策与人才回归计划吸引高学历人才，把引进人才工作放在城市发展更加突出的位置。因此，这些指标的选择不仅从经济角度，更从社会价值角度衡量了政府的创新动力。

在图 6-3 中，政府创新动力的宏观调控功能聚焦在技术创新与产业发展上，分为三个着力点：“经济抓手”——政府 R&D 投入，“机制抓手”——支持产学研协同创新机制，“平台抓手”——搭建项目投资交易平台。这三个着力点充分体现了政府在鼓励技术创新系统过程中的宏观调控功能与引导作用。政府通过经济抓手，为高校和科研机构创新提供保障，使高校与科研机构能够进行更多的基础研究；通过机制抓手充分鼓励技术创新系统能够通过协同创新，增强科研成果的市场应用性，放活高校与科研机构与企业的协同创新，并引导金融资本进入协同创新机制，使更多的科研成果能够落地实施；通过平台抓手，搭建融合资本、项目、人才、技术的投资交易平台，广泛吸收国内外的先进技术成果，加快科研成果向现实生产力转化。通过这三个抓手推动技术创新系统不断进行良性循环，使科学技术成为第一生产力驱动经济可持续增长。

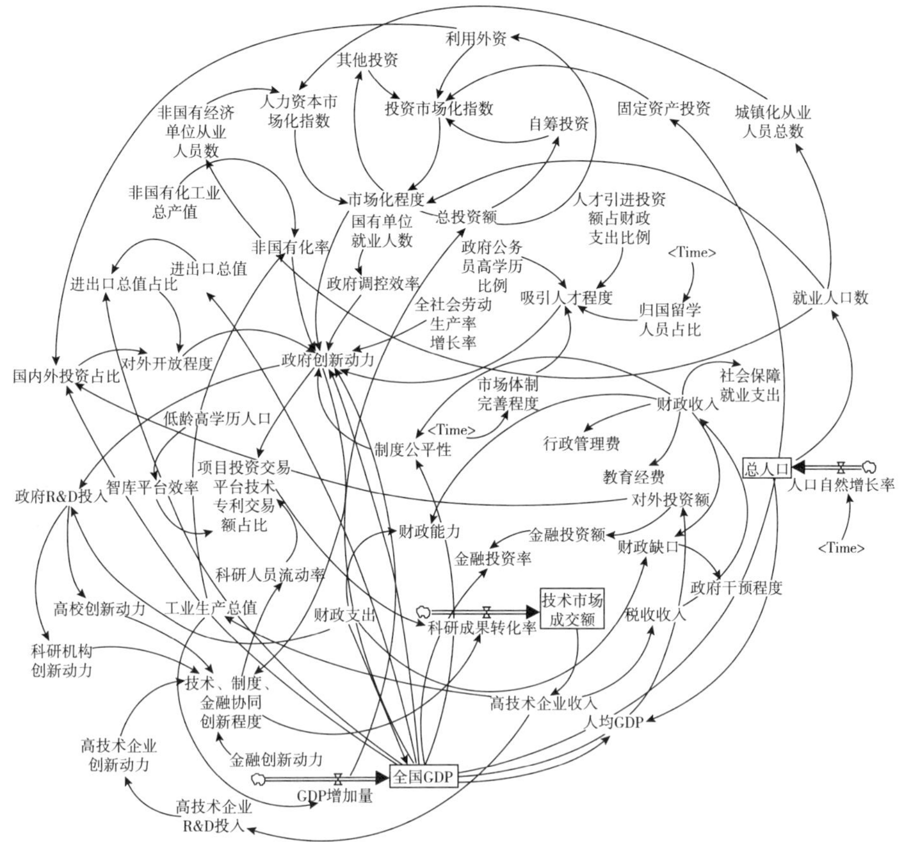

图 6-3 制度创新系统流

三、金融创新动力系统

金融创新是技术创新与制度创新协同创新的重要支撑条件，也是二者协同创新的“黏合剂”。金融资本介质的创新力越强，会使黏合技术与制度创新协同度越高；资本介质越厚，黏合度越强，驱动力也越强。因此，本书构建整个金融系统创新动力来说明金融资本介质的创新力。

纽约、伦敦、东京等全球性金融中心对区域经济增长有巨大的贡献，是自带引擎与活力的增长极。这说明金融的生态环境是金融系统创新的基石，金融本身能够提供服务创新功能是创新动力持续的源泉，而金融集聚为知识溢出效应、降低区域融资交易成本、提高生产率提供了必要的条件。因此，本书在金浩和张文若（2016）、逯进等（2017）、苗丽娜（2007）等针对金融集聚、金融生态对区域经济增长研究的基础上进一步深入研究，充分考虑金融创新系统与政府创新系统和技术创新系统之间的相互关系与边界，形成了包含金融创新发展环境、金融集聚程度、金融产品服务创新三个一级指标的金融创新动力系统（见图 6-4）。

金融创新发展环境与政府创新动力相关指标有密切联系，指标层级更多、更复杂。借鉴《中国城市金融生态环境评价》中的指标体系和逯进等（2017）对金融生态指标的划分，金融创新发展环境与金融机构发展程度、金融主体独立性、政府公共服务效率、社会保障程度、公共管理环境、诚信环境六个指标密切相关。用金融机构发展程度和金融主体独立性来说明金融创新体系的主体发展状态，政府公共服务效率和公共管理环境是对金融创新的外部基础环境的描述，诚信环境与社会保障程度从人口素质水平与社会保障程度两个角度对人文环境进行测量。金融产品服务创新是提升金融产业本身竞争力的主动力，受金融投资额、金融 R&D 投入、金融产业社会贡献率、信息通信水平、产业结构高级化程度的影响，其中金融产业就业人数、金融产业高学历就业人数、上市公司数量三个指标从人才数量与质量以及优质市场主体方面充分反映了金融产业结构高级化程度。技术创新对金融创新有刺激作用，随着电子信息技术的广泛应用，金融产品服务也不断得到创新。因此，用移动和互联网用户数量来衡量信息通信水平程度。金融产业集聚具有集聚效应、规模经济和范围经济效应，不仅可降低交易成本，有效利用各项资源，在金融知识与技术溢出效应下，还可增加集群内金融主体间的合作，使得各种金融服务中介机构迅速发展，从而增强金融创新效应（连建辉，2005；余丽霞，2012；程慕华，2014）。因此，主要采用金融规模、金融活跃度、金融密度三个三级指标来衡量金融集聚程度。

中国目前大部分采用“复制式创新”，只有增强金融创新动力，才能不断推进金融产业可持续发展。金融创新发展是产业结构调整的必要手段及内生增长的重要推动力（Greenwood，1990；Smith，1991；Bencivenga 和 Smith，1991）。金融发展对产业结构升级和经济增长的影响主要体现在提高产业部门资本配置效应、催生新产业新技术及选择主导产业两大方面（苏建军，2014）。因此，在市场导向下，金融创新系统对技术创新系统有强大的推动与支撑作用。从图 6-4 中可看出，金融创新系统不仅体现在对自身系统的驱动，还体现在通过对技术与制度协同创新的支撑，加速驱动产业转型升级，孵化落地与高质量发展，从而实现三者协同创新。

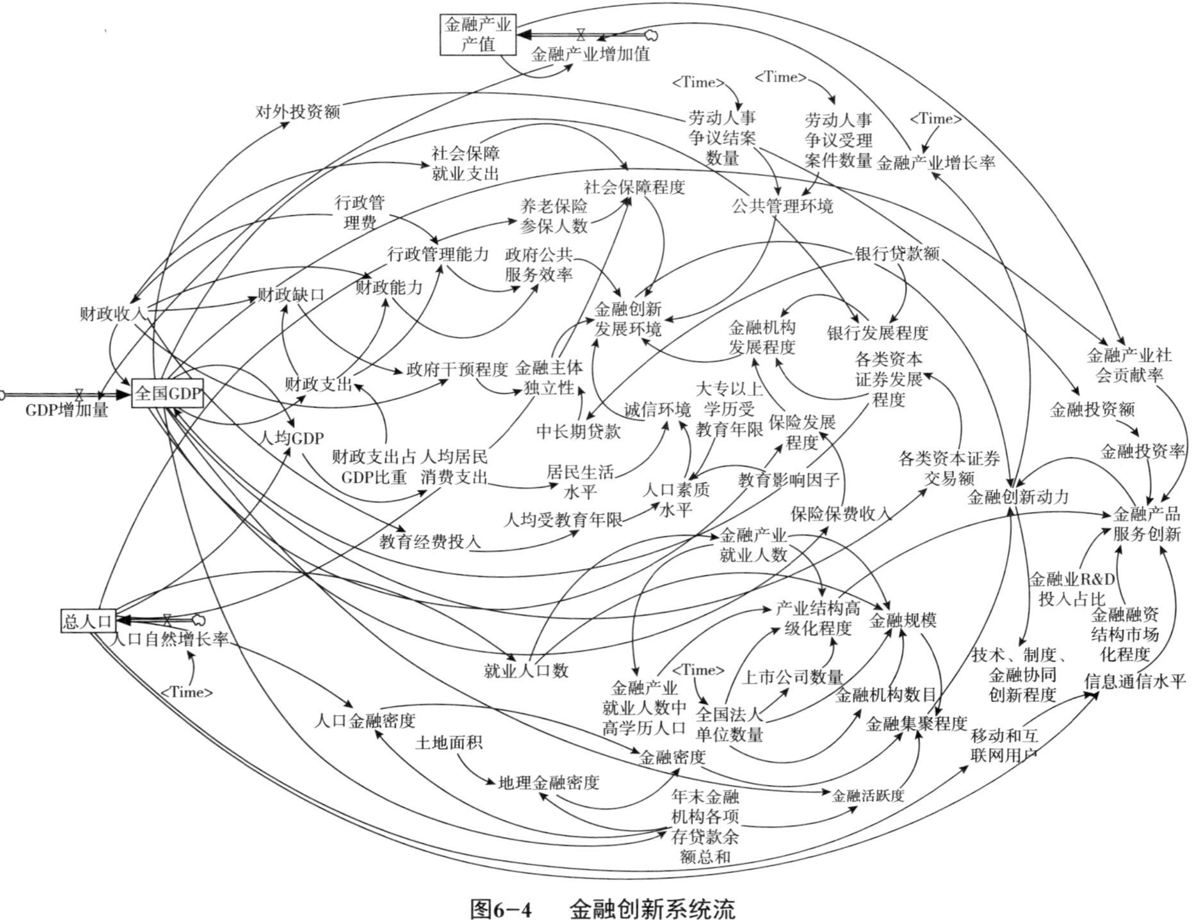

金融产业产值
金融产业增加值
<Time>
<Time>
对外投资额
劳动人事争议结案数量
劳动人事争议受理案件数量
<Time>
金融产业增长率
社会保障就业支出
社会保障程度
行政管理费
养老保险参保人数
公共管理环境
行政管理能力
政府公共服务效率
银行贷款额
财政缺口
财政能力
财政收入
金融创新发展环境
金融机构发展程度
银行发展程度
各类资本证券发展程度
金融产业社会贡献率
政府干预程度
金融主体独立性
全国GDP
财政支出
GDP增加量
大专以上学历受教育年限
诚信环境
中长期贷款
保险发展程度
金融投资额
人均GDP
金融投资率
财政支出占GDP比重
人均居民消费支出
居民生活水平
人口素质水平
教育影响因子
各类资本证券交易额
金融创新动力
保险保费收入
金融产品服务创新
人均受教育年限
教育经费投入
金融产业就业人数
金融业R&D投入占比
金融融资结构市场化程度
总人口
产业结构高级化程度
金融规模
人口自然增长率
技术、制度、金融协同创新程度
就业人口数
<Time>
上市公司数量
信息通信水平
<Time>
金融产业就业人数中高学历人口
金融机构数目
全国法人单位数量
人口金融密度
金融集聚程度
移动和互联网用户
土地面积
金融密度
地理金融密度
金融活跃度
年末金融机构各项存贷款余额总和

图6-4　金融创新系统流

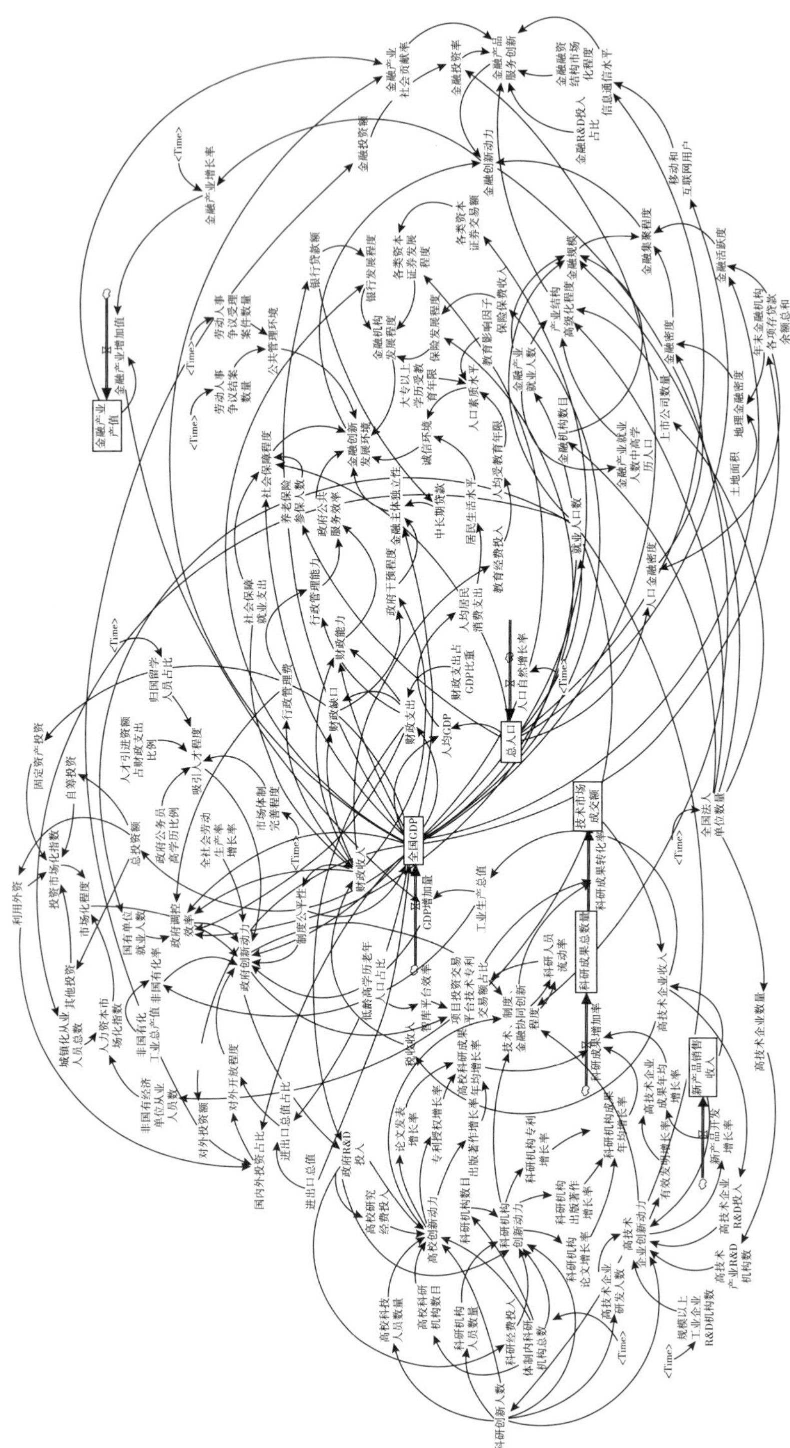

图6-5 技术、制度、金融协同创新系统总流

四、总流图

在以上三个流图基础上，本书直观、详细地对三个创新系统内各个变量以及三个创新系统之间的关联性进行分析，从而构建了融合技术创新系统、制度创新系统、金融创新系统三个子系统为一个经济增长系统的总流图（见图 6-5）。总流图呈现出三轮驱动模式形态，三个创新主体根据协同创新发展的阶段，轮换为主动力、拉力与推力。在产业发展初期，以政府创新动力对产业发展的引导力量为拉力时，技术创新系统为主动力，金融创新系统为推力；在产业成长期，政府创新动力转化为对产业发展的推力，金融创新系统为主动力，技术创新系统为拉力；在产业成熟期，政府创新动力为推力，金融创新系统为拉力，推动产业快速规模化转型升级，技术创新系统为主动力推动下一轮的技术创新。三个系统不断循环驱动经济可持续增长。

第四节　经济增长系统动力学仿真分析

一、三大创新系统仿真模型建立

（一）系统动力学方程的类型

系统动力学方程包括状态方程（L）、速率方程（R）、辅助方程（A）、常量方程（C）、N 方程和表函数（Table Functions）（李旭，2009）。

1. 状态方程（L）

状态方程（L）也称为水平方程，是描述状态变量变化的过程，是输入和输出变量关于时间进行积累的变量。方程表达式为：

$$LEVEL.K = LEVEL.J + DT \times (INFLOW.JK - OUTFLOW.JK)$$

其中，LEVEL 为状态变量；INFLOW 为输入速率；OUTFLOW 为输出速率；DT 为时间间隔（从 J 时刻到 K 时刻）。

2. 速率方程（R）

速率方程（R）也称为流率方程，是以输出与输入的变量为速率，速率的值在 DT 时间内是不变的。速率方程没有固定格式，但其实质是用来调整目标与现实之间的偏差，是决策的关键，因此也称为“控制变量”或“决策函数”。方程表达式一般形式为：

R. JK=f（水平变量或常量）

方程右边表示与水平变量或常量相关的任何函数关系，也表达了控制速率变量的一种决策或政策调控。

3. 辅助方程（A）

辅助方程（A）的意义就是辅助建立速率方程，以便更加细致、清晰地考虑速率方程中必须重视的相关信息，并在反馈系统中描述这些信息的运算方式。因此，辅助方程具有和速率方程一致的方程式，但辅助变量的时间下标总是K。方程表达式为：

R. K=f（水平变量或常量）

辅助变量可以由现在时刻的状态变量、变化率或其他辅助变量求出。因速率方程中隐含着大量需要提前计算的隐藏信息，因此，系统中将大量使用辅助变量来描述这些信息的反馈与相互作用。

4. 常量方程（C）

常量方程（C）主要是对常数赋值。

5. N方程

N方程也称为初始方程，主要用于为状态变量赋初始值，在模型程序中，N方程一般紧跟着状态方程。在所有模型中，状态变量方程必须赋予初始值，且N方程不出现时间下标。

6. 表函数（Table Functions）

表函数（Table Functions）是系统动力学的重要特征，用于建立两个变量之间的非线性关系，特别是用来表达两个软变量或者抽象变量之间的关系。这一类型的函数关系用简单的代数关系已不能准确表达，因此，在模型中非常需要用这种类型的辅助变量来描述某些变量间的非线性关系。一般表达式为：

TABLE（TY，X. K，XLOW，XHIGH，XINCR）

其中，TY为表量名（因变量已给值）；X为自变量；XLOW为自变量X的最小值；XHIGH为自变量X的最大值；XINCR为自变量X的取值间隔。自变量取值为XLOW至XHIGH间以等间隔；XINCR取$X_1, X_2, \cdots, X_m$ m个值，对应于$X_1, X_2, \cdots, X_m$的TY的值在DYNAMO方程中以T方程：TY= $Y_1, Y_2, \cdots, Y_m$给出。当$X_0 \in$（XLOW，XHIGH），但$X_0 \neq X_i(i=1, 2, \cdots, m)$时，其变量值按线性插值法给出，当X的值超出［XLOW，XHIGH］范围时，因变量取对应的端点值，并给出警告信息。

本书根据三个系统的客观实际，确定了系统动力学模型133个变量，其中状态方程6个，初始值包含在状态方程中，6个速率变量，9个常量，112个辅助方程。

（二）变量的确定与解释

根据以上系统动力学对方程类型的界定以及对各子系统的机理分析，将全国GDP、科研成果总数量、金融产业产值、总人口、技术市场成交额、新产品销售收入6个变量确定为状态变量；GDP增加量、人口自然增长率、新产品开发增长率、科研成果增加率、科研成果转化率、金融产业增加值6个变量确定为速率变量；人才引进投资额占财政支出比例、全社会劳动生产率增长率、金融业R&D投入占比、土地面积、大专以上学历受教育年限、教育影响因子、政府公务员高学历比例、低龄高学历老年人口占比、金融融资结构市场化程度9个变量确定为常量；科研机构人员数量、科研经费投入、科研机构人员数量、金融密度、社会保障就业支出等112个变量确定为辅助方程，其中包括市场体制完善程度、人均受教育年限等12个表函数，如表6-1所示。

表6-1 系统所有变量名称与方程属性

序号	变量名称	单位	方程属性	序号	变量名称	单位	方程属性
1	GDP增加量	亿元	R方程	68	科研成果增加率	Dmnl	R方程
2	上市公司数量	个	A方程	69	科研成果总数量	件	L方程
3	专利授权增长率	Dmnl	A方程	70	科研成果转化率	Dmnl	R方程
4	中长期贷款	亿元	A方程	71	科研机构专利增长率	Dmnl	A方程
5	人口素质水平	Dmnl	A方程	72	科研机构人员数量	万人	A方程
6	技术、制度、金融协同创新程度	Dmnl	A方程	73	科研机构出版著作增长率	Dmnl	A方程
7	人力资本市场化指数	Dmnl	A方程	74	科研机构创新动力	Dmnl	A方程
8	产业结构高级化程度	Dmnl	A方程	75	科研机构成果年均增长率	Dmnl	A方程
9	人口自然增长率	Dmnl	R方程	76	科研机构数目	Dmnl	A方程
10	人口金融密度	亿元/万人	A方程	77	科研机构论文增长率	Dmnl	A方程
11	人均GDP	亿元/万人	A方程	78	科研经费投入	亿元	A方程
12	人均受教育年限	年	A方程	79	移动和互联网用户	万人	A方程
13	人均居民消费支出	亿元/万人	A方程	80	税收收入	亿元	A方程
14	人才引进投资额占财政支出比例	Dmnl	C	81	自筹投资	亿元	A方程

续表

序号	变量名称	单位	方程属性	序号	变量名称	单位	方程属性
15	体制内科研机构总数	个	A方程	82	行政管理能力	Dmnl	A方程
16	保险保费收入	亿元	A方程	83	行政管理费	亿元	A方程
17	保险发展程度	Dmnl	A方程	84	规模以上工业企业R&D机构数	个	A方程
18	信息通信水平	Dmnl	A方程	85	论文发表增长率	Dmnl	A方程
19	诚信环境	Dmnl	A方程	86	财政支出	亿元	A方程
20	全国GDP	亿元	L方程	87	财政支出占GDP比重	Dmnl	A方程
21	全国法人单位数量	个	A方程	88	财政收入	亿元	A方程
22	全社会劳动生产率增长率	Dmnl	C	89	财政缺口	亿元	A方程
23	其他投资	亿元	A方程	90	财政能力	Dmnl	A方程
24	养老保险参保人数	万人	A方程	91	进出口总值	亿元	A方程
25	出版著作增长率	Dmnl	A方程	92	进出口总值占比	Dmnl	A方程
26	利用外资	亿元	A方程	93	金融业R&D投入占比	Dmnl	C
27	制度公平性	Dmnl	A方程	94	金融机构发展程度	Dmnl	A方程
28	劳动人事争议受理案件数量	件	A方程	95	金融产业产值	亿元	L方程
29	劳动人事争议结案数量	件	A方程	96	金融创新动力	Dmnl	A方程
30	各类资本证券交易额	亿元	A方程	97	金融产业就业人数中高学历人口	万人	A方程
31	各类资本证券发展程度	Dmnl	A方程	98	金融产业社会贡献率	Dmnl	A方程
32	吸引人才程度	Dmnl	A方程	99	金融产业就业人数	万人	A方程
33	固定资产投资	亿元	A方程	100	金融产业增加值	亿元	R方程
34	国内外投资占比	Dmnl	A方程	101	金融产业增长率	Dmnl	A方程
35	土地面积	平方公里	C	102	金融产品服务创新	Dmnl	A方程
36	地理金融密度	亿元/平方公里	A方程	103	金融密度	Dmnl	A方程
37	城镇化从业人员总数	万人	A方程	104	金融投资率	Dmnl	A方程
38	大专以上学历受教育年限	年	C	105	金融投资额	亿元	A方程
39	对外开放程度	Dmnl	A方程	106	金融机构数目	个	A方程
40	对外投资额	亿元	A方程	107	金融活跃度	Dmnl	A方程

续表

序号	变量名称	单位	方程属性	序号	变量名称	单位	方程属性
41	就业人口数	万人	A 方程	108	金融创新发展环境	Dmnl	A 方程
42	居民生活水平	Dmnl	A 方程	109	金融规模	Dmnl	A 方程
43	工业生产总值	亿元	A 方程	110	金融主体独立性	Dmnl	A 方程
44	市场体制完善程度	Dmnl	A 方程	111	金融集聚程度	Dmnl	A 方程
45	市场化程度	Dmnl	A 方程	112	银行发展程度	Dmnl	A 方程
46	年末金融机构各项存贷款余额总和	亿元	A 方程	113	银行贷款额	亿元	A 方程
47	归国留学人员占比	Dmnl	A 方程	114	非国有化工业总产值	亿元	A 方程
48	总人口	万人	L 方程	115	非国有化率	Dmnl	A 方程
49	总投资额	亿元	A 方程	116	非国有经济单位从业人员数	万人	A 方程
50	技术市场成交额	亿元	L 方程	117	项目投资交易平台技术专利交易额占比	Dmnl	A 方程
51	投资市场化指数	Dmnl	A 方程	118	高技术产业 R&D 机构数	个	A 方程
52	政府 R&D 投入	亿元	A 方程	119	高技术企业 R&D 投入	亿元	A 方程
53	政府公共服务效率	Dmnl	A 方程	120	高技术企业创新动力	Dmnl	A 方程
54	政府公务员高学历比例	Dmnl	C	121	高技术企业成果年均增长率	Dmnl	A 方程
55	政府创新动力	Dmnl	A 方程	122	高技术企业收入	亿元	A 方程
56	政府干预程度	Dmnl	A 方程	123	高技术企业数量	个	A 方程
57	教育影响因子	Dmnl	C	124	高技术企业研发人数	万人	A 方程
58	教育经费投入	亿元	A 方程	125	高校创新动力	Dmnl	A 方程
59	新产品开发增长率	Dmnl	R 方程	126	高校研究经费投入	亿元	A 方程
60	新产品销售收入	亿元	L 方程	127	高校科研人员数量	万人	A 方程
61	有效发明增长率	Dmnl	A 方程	128	高校科研成果年均增长率	Dmnl	A 方程
62	公共管理环境	Dmnl	A 方程	129	高校科研机构数目	个	A 方程
63	社会保障就业支出	亿元	A 方程	130	科研创新人数	万人	A 方程
64	社会保障程度	Dmnl	A 方程	131	低龄高学历老年人口占比	Dmnl	C
65	智库平台效率	Dmnl	A 方程	132	政府调控效率	Dmnl	A 方程

续表

序号	变量名称	单位	方程属性	序号	变量名称	单位	方程属性
66	科研人员流动率	Dmnl	A 方程	133	金融融资结构市场化程度	Dmnl	C
67	国有单位就业人数	万人	A 方程				

（三）确定参数的原则

系统中所有变量之间定量的关系需要通过明确的方程来描述，因此，在建立方程的过程中，变量之间关系的参数确定是最关键的步骤，也是难点所在。本书借鉴连莲（2017）对工业经济增长系统对参数确定的计算方法，以 Vensim 为分析工具，采用回归分析为主要的参数确定方法，同时兼用算术平均法、发展趋势推算法、参考资料法和专家经验法。

本书中大部分方程通过线性回归等计量方法来确定参数。为了得到拟合度较优的回归方程，在数据的选取上，采用 1996~2015 年共 20 年的数据进行回归，极少部分不易获得或不完整数据采用 10 年或 15 年的数据进行回归。采用回归方法的数据包括 GDP、就业人员、税收收入、财政收入、教育经费投入、高技术企业 R&D 投入、高技术企业收入、进出口总值、银行贷款额、金融产业就业人数、行政管理费、固定资产投资、金融机构数目、科研机构人员数量、高校研究经费投入等。GDP、技术市场成交额等状态变量的初始值和有关速率变量以及关于时间的表函数等涉及基期时间的指标，均以 2006 年为基期，根据统计年鉴数据进行算术平均求得。还有一些有关增长率的辅助方程，如全社会劳动生产率增长率等，则随其时间的变化进行比例推算。还有小部分参数没有连续的统计数据，如金融产业就业人数中高学历人口、项目投资交易平台技术专利交易额占比、人才引进投资额占财政支出比例等，则根据相关领域历史资料进行解析测算和采用德尔菲法形成的专家经验值形成最终的参数估计。

（四）系统重要方程的建立

本书主要采用逻辑函数、阶跃函数、延迟函数、表函数 4 种类型的函数将所有变量之间的关系定性地联系在一起。模型的初始时间为 2006 年，步长是 1 年，总共 133 个方程，根据以上确定参数的原则，分别给每个变量赋值。

1. 技术、制度、金融协同创新树形图

据《人民日报》报道，北京市第十五届人大一次会议明确，北京首次将社

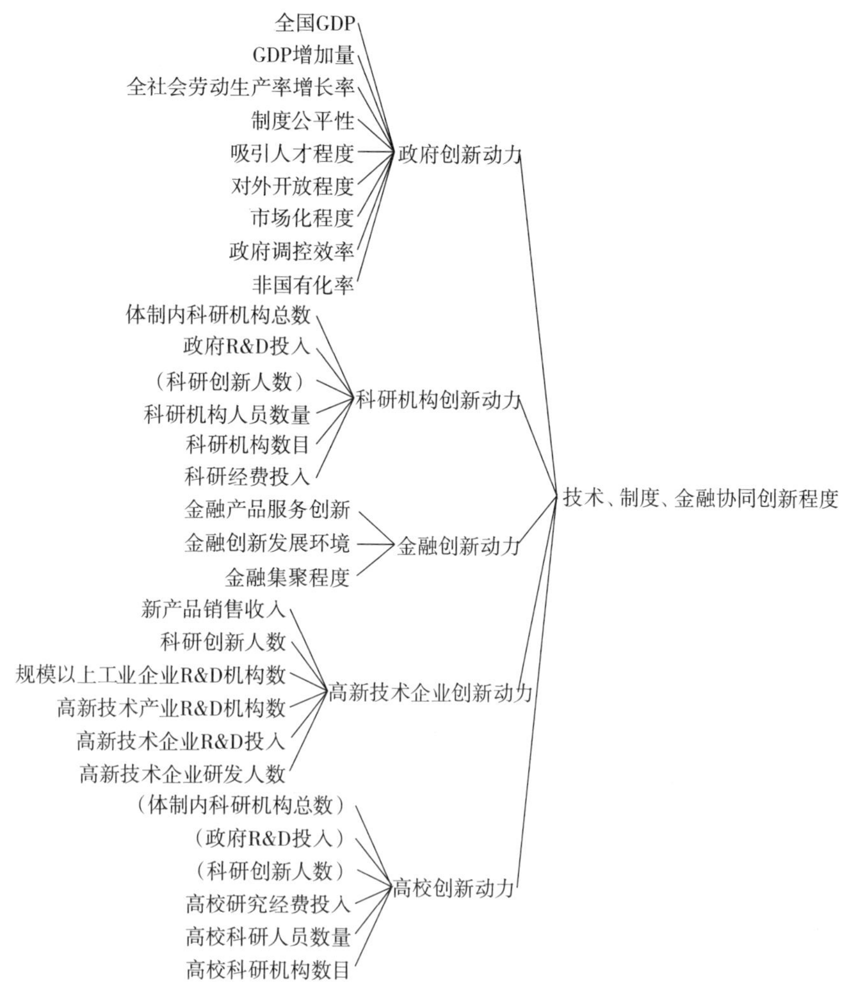

图 6-6 技术、制度、金融协同创新树形图

会劳动生产率列入经济社会发展的主要目标之一（新京报评论，2018）。随着中国“人口红利”的逐步消失，经济增长路径逐步要向依靠效率提升靠拢。根据 2016 年国家统计局公布的相关数据，中国近 20 年的劳动生产率平均增速为 8.6%。因此，本书中的常量全社会劳动生产率增长率取值为 0.086。

根据图 6-6，主要参数方程如下：

（01）全国 GDP = INTEG(GDP 增加量，219029)

Units：亿元

（02）全社会劳动生产率增长率 = 0.086

Units：Dmnl

（03）体制内科研机构总数=WITH LOOKUP(Time，

([(2006，5000)-(2015，20000)]，(2006，7957)，(2007，8277)，(2008，8886)，(2009，9789)，(2010，11529)，(2011，12303)，(2012，12899)，(2013，13493)，(2014，14309)，(2015，15382)))

Units：个

（04）政府 R&D 投入=

(0.07+STEP(0.0035，2007)-STEP(0.0038，2009)+STEP(0.0035，2011)+STEP(0.0035，2012)-STEP(0.004，2015)+0.016×政府创新动力)×财政支出

Units：亿元

（05）科研创新人数=WITH LOOKUP(Time，

([(2006，100)-(2015，500)]，(2006，150.25)，(2007，173.62)，(2008，196.54)，(2009，229.13)，(2010，255.4)，(2011，288.3)，(2012，324.7)，(2013，353.3)，(2014，371.06)，(2015，375.88)))

Units：万人

（06）金融创新发展环境=0.11×诚信环境+0.13×政府公共服务效率+0.18×公共管理环境+0.1×社会保障程度+0.26×金融机构发展程度+0.22×金融主体独立性

Units：Dmnl

（07）新产品销售收入=INTEG（新产品销售收入×新产品开发增长率，8248.86）

Units：亿元

（08）科研成果转化率=0.0231×（1+0.5×项目投资交易平台技术专利交易额占比+0.5×技术、制度、金融协同创新程度）

Units：Dmnl

（09）技术、制度、金融协同创新程度=0.2×高技术企业创新动力+0.2×政府创新动力+0.2×科研机构创新动力+0.2×高校创新动力+0.2×金融创新动力

Units：Dmnl

2. 政府创新动力树形图

本书中人才引进投资额占财政支出比例为0.001。人才引进政策在各省的投资额占比不同，根据公开数据，在沿海开放省市中，如广东、浙江、福建等对人才引进政策和投资额占比较高。因此，本书采用均值法，按各省市每年人才引进费用占财政比例的平均值所得。根据公务员考试官网公开信息，近几年，政府公务员录用比例虽然下降，但整体学历越来越高，在国家机关本科以上公务员比例高达90%以上，硕士学历以上公务员比例为57.3%（新京报，2018）。

因此，本书中政府公务员高学历占比为 0.573。

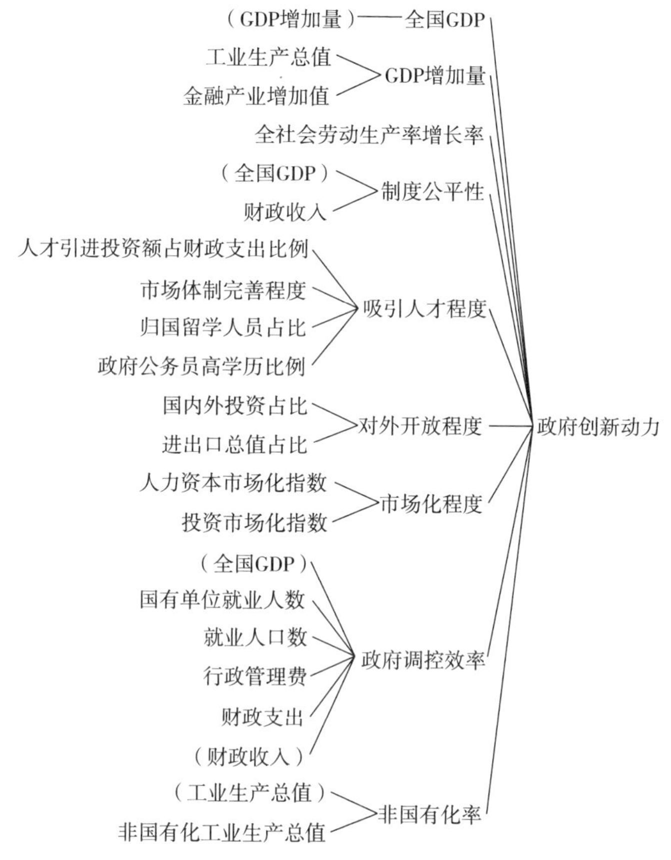

图 6-7　政府创新动力树形图

根据图 6-7，主要参数方程如下：

（01）人才引进投资额占财政支出比例=0.001

Units：Dmnl

（02）市场体制完善程度 = WITH LOOKUP（Time,

（[（2006,0）-（2015,100）]，（2006,6.55），（2007,6.92），（2008,5.47），（2009,5.64），（2010,5.35），（2011,5.22），（2012,6.03），（2013,5.92），（2014,6.25），（2015,6.43）））

Units：Dmnl

（03）归国留学人员占比=WITH LOOKUP（Time,

（[（2006,-10）-（2015,10）]，（2006,0.313433），（2007,0.305556），（2008,0.385428），（2009,0.472307），（2010,0.473481），（2011,0.548131），（2012,

0.682933),(2013,0.854071),(2014,0.793388),(2015,0.781172)))

Units：Dmnl

(04) 政府公务员高学历比例=0.573

Units：Dmnl

(05) 政府创新动力=0.18×(GDP 增加量/全国 GDP) +0.06×制度公平性+0.09×吸引人才程度+0.13×对外开放程度+0.11×市场化程度+0.11×非国有化率+0.12×全社会劳动生产率增长率+0.2×政府调控效率)

Units：Dmnl

3. 金融创新动力树形图

本书中关于教育影响因子和居民消费支出影响因子的界定，参考苗丽娜(2007)的估算方法，参数分别为0.6和0.7。居民生活水平程度的计算公式为：居民生活水平=居民消费支出影响因子+发达国家平均恩格尔系数-我国每年恩格尔系数，其中，居民消费支出影响因子为0.7，发达国家平均恩格尔系数为0.2，而后通过表函数来体现。根据统计年鉴及公报等公开官方信息，金融业R&D投入占比均值为0.0005。根据金融统计年鉴数据，2015年，在银行系统中，中国人民银行博士学历占比0.85%，硕士学历占比9.21%，学士学位占比53.52%；中国进出口银行博士学历占比2.6%，硕士学历占比58.4%，学士学位占比38%；保险行业的学历结构更高于银行。其中，中国再保险集团博士学历占比高达12%。本书分别统计中国各大金融机构硕士以上学历占比，经算术平均法得出金融产业就业人数中高学历人口占比约20%。金融产业的创新动力对金融产业增长率有滞后效应，采用关于时间表函数的延迟函数。

根据图6-8，主要参数方程如下：

(01) 金融业R&D投入占比=0.0005

Units：Dmnl

(02) 财政能力=(财政收入/全国GDP+财政支出/全国GDP+财政支出/财政收入)/3

Units：Dmnl

(03) 居民生活水平 = WITH LOOKUP(人均居民消费支出,

([(0,-10)-(100000,10)],(8697,0.542),(9997,0.537),(11243,0.521),(12265,0.535),(13471.5,0.543),(15160.9,0.537),(16674.3,0.5377),(18487.5,0.588),(19968.1,0.59),(21392.4,0.594)))

Units：Dmnl

(04) 金融主体独立性=中长期贷款/全国GDP-政府干预程度

Units：Dmnl

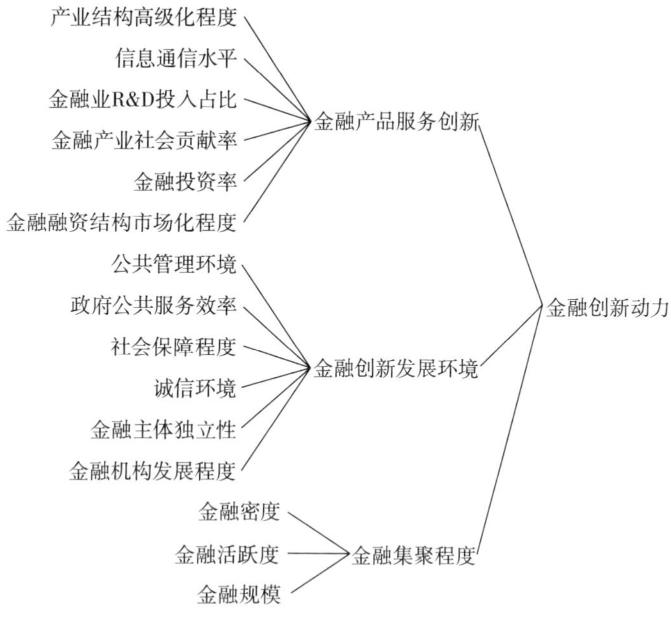

图 6-8　金融创新动力树形图

（05）政府干预程度=财政缺口/财政收入

Units：Dmnl

（06）财政缺口=

IF THEN ELSE（财政支出-财政收入>0，财政支出-财政收入，0）

Units：亿元

（07）金融产业就业人数中高学历人口=0.2×金融产业就业人数

Units：万人

（08）金融产业增长率=WITH LOOKUP(Time×(1+0.008×(DELAY1(金融创新动力,1)-金融创新动力)/DELAY1(金融创新动力,1)+STEP(0.03, 2007)-STEP(0.03, 2009)),([(2006,0)-(2015,1)],(2006,0.332311),(2007,0.524734),(2008,0.206917),(2009,0.190281),(2010,0.178103),(2011,0.194643),(2012,0.14699),(2013,0.170585),(2014,0.132898),(2015,0.240166)))

Units：Dmnl

4. 高校创新动力树形图

本书中高校创新动力由高校研究经费投入、高校科研人员数量、高校科研机构数目三部分组成（见图 6-9）。

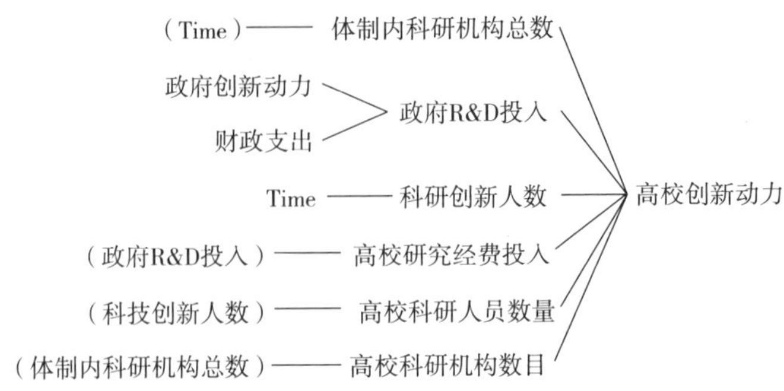

图 6-9　高校创新动力树形图

根据图 6-9，主要参数方程如下：

（01）财政支出=全国 GDP×财政支出占 GDP 比重

Units：亿元

（02）财政支出占 GDP 比重=0. 18+STEP(0. 01, 2008)+STEP(0. 03,2009)+STEP(0. 01, 2011)+STEP(0. 01, 2013)+STEP(0. 02, 2015)

Units：Dmnl

（03）高校科研成果年均增长率=(专利授权增长率+出版著作增长率+论文发表增长率)/3

Units：Dmnl

（04）高校创新动力=0. 5602×高校研究经费投入/政府 R&D 投入+0. 0492×高校科研人员数量/科研创新人数+0. 3906×高校科研机构数目/体制内科研机构总数

Units：Dmnl

5. 科研机构创新动力树形图

本书中科研机构创新动力由科研经费投入、科研机构人员数量、科研机构数目三部分组成（见图 6-10）。

根据图 6-10，主要参数方程如下：

（01）科研机构成果年均增长率=(科研机构专利增长率+科研机构出版著作增长率+科研机构论文增长率)/3

Units：Dmnl

（02）科研机构创新动力 = 0. 1478 × 科研机构人员数量/科研创新人数 + 0. 0009×科研机构数目/体制内科研机构总数+0. 8513×科研经费投入/政府 R&D 投入

Units：Dmnl

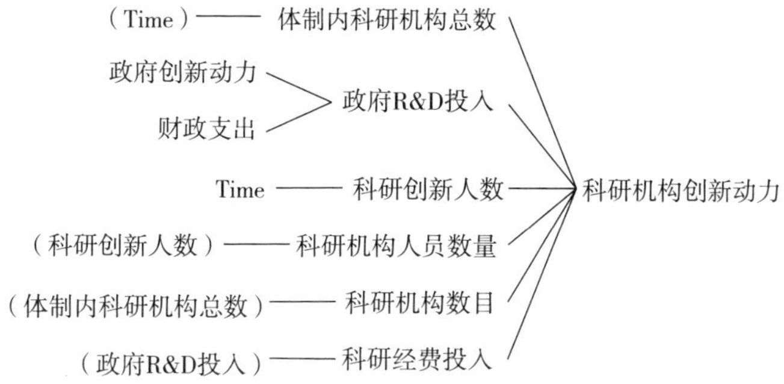

图 6-10　科研机构创新动力树形图

6. 高新技术企业创新动力树形图

本书中高新技术企业创新动力由高技术企业 R&D 投入、高新技术企业研发人数、高新技术产业 R&D 机构数三部分组成（见图 6-11）。

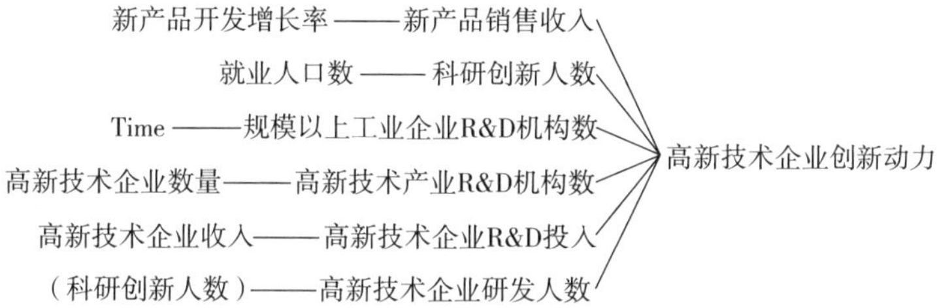

图 6-11　高新技术企业创新动力树形图

根据图 6-11，主要参数方程如下：

（01）高新技术企业数量＝0.0003×全国法人单位数量+22445.2

Units：个

（02）有效发明增长率＝0.81×高新技术企业创新动力

Units：Dmnl

（03）高新技术企业创新动力＝0.4227×高新技术产业 R&D 机构数/规模以上工业企业 R&D 机构数+0.1915×高新技术企业研发人数/科研创新人数+0.3858×高新技术企业 R&D 投入/新产品销售收入

Units：Dmnl

二、仿真结果与模型检验

（一）模型的有效性检验

1. 理论性检验

本书在系统动力学基础上建立的协同创新系统是对制度创新、技术创新、金融创新的抽象与简化。这个模型能否反映真实系统的运作状态，是否有效与可行，并能够作为政策制定的参考，这就需要对模型进行检测。模型测试应该贯穿建模始终，通过模型检验来证伪。因此，无论是从模型建立之初还是最终完成模型，都一直是处在模型不断检测和调试的过程中，并非完成模型之后才开始的一项“关卡”工程（Mark，2009）。

本书按照一边建模一边检验的原则，保证模型每一步的推进不严重偏离理论。第一，模型建立完成之后，从系统结构上先检验模型是否偏离初衷，系统的边界是否有延展，变量是否合理，变量之间的因果关系以及流图的结构是否有效、合理。第二，在模型启动运行之前，检验建立模型的方程是否正确，从menu 中选择“Check Model”，直到显示“Model is OK”为止；之后开始检测模型的单位量纲是否一致，选择“Units Check”，如果单位检测不过关，则说明所设立的方程不正确或不够合理，建议调整。第三，检验参数值合理范围内的变化所产生的灵敏度，检验表函数的取值范围设定是否合理。通过不断调试，使整个系统模型能够尽量高度拟合实际系统。

2. 历史性检验

历史性检验是检验整个系统是否拟合实际系统极为关键的环节，通过将所建立系统模拟出来的数据与真实数据进行对比，检验系统模型整体拟合度和预测精度（侯风华，2007；李敏，2010；滕宇思，2016）。本书选用 2006～2015年的数据作为检测数据，2016 年以后的数据作为预测数据，并选择了 6 个较具代表性的变量进行检测：GDP、总人口数、金融产业产值、研发经费投入量、高技术企业新产品销售收入、全国技术市场成交额。其中，实际值来源于《中国统计年鉴》，仿真值为上文仿真模型模拟结果。6 个变量的实际值与仿真值的对比以及二者之间的误差率如表 6-2、表 6-3、表 6-4 所示。

表 6-2　2006~2015 年 GDP、总人口数的实际值与仿真结果和误差率

GDP（亿元）				总人口数（万人）		
年份	实际值	仿真值	误差率（%）	实际值	仿真值	误差率（%）
2006	219028.5	219029	0.00	131448	131448	0.00
2007	270844	263771	-2.61	132129	132142	0.01
2008	321500.5	309387	-3.77	132802	132825	0.02
2009	348498.5	356707	2.36	133450	133500	0.04
2010	411265.2	405083	-1.50	134091	134150	0.04
2011	484753.2	454977	-6.14	134735	134793	0.04
2012	539116.5	507037	-5.95	135404	135438	0.03
2013	590422.4	562373	-4.75	136072	136109	0.03
2014	644791.1	619999	-3.84	136782	136778	0.00
2015	682635.1	682232	-0.06	137462	137491	0.02

表 6-3　2006~2015 年金融产业产值、研发经费投入量的实际值与仿真结果和误差率

金融产业产值（亿元）				研发经费投入量（亿元）		
年份	实际值	仿真值	误差率（%）	实际值	仿真值	误差率（%）
2006	9951.7	9951.7	0.00	3003.1	3043.53	1.35
2007	15173.7	13258.8	-12.62	3710.24	3837.93	3.44
2008	18313.4	16443.1	-10.21	4616.02	4724.16	2.34
2009	21798.1	20392.1	-6.45	5802.11	6015.49	3.68
2010	25680.4	25212.9	-1.82	7063	6823.84	-3.39
2011	30678.9	30079.5	-1.95	8687	8380.09	-3.53
2012	35188.4	35442.9	0.72	10298.41	9791.12	-4.93
2013	41191.0	42329.5	2.76	11846.6	11339.5	-4.28
2014	46665.2	48600.5	4.15	13015.63	12522.7	-3.79
2015	57872.6	56787.8	-1.87	14169.88	14238	0.48

表 6-4　2006~2015 年高技术企业新产品销售收入、全国技术市场成交额的实际值与仿真结果和误差率

高技术企业新产品销售收入（亿元）				全国技术市场成交额（亿元）		
年份	实际值	仿真值	误差率（%）	实际值	仿真值	误差率（%）
2006	8248.86	8248.86	0.00	1818.18	1818.18	0.00
2007	10303.22	10327.9	0.24	2226.53	2174.45	-2.34
2008	12879.47	12942	0.49	2665.23	2602.83	-2.34

续表

高技术企业新产品销售收入（亿元）				全国技术市场成交额（亿元）		
年份	实际值	仿真值	误差率（%）	实际值	仿真值	误差率（%）
2009	13736.72	12065.9	-12.16	3039	3201.8	5.36
2010	16364.76	14905.6	-8.92	3906.58	3842.64	-1.64
2011	22473.35	18454.4	-17.88	4763.56	4615.7	-3.10
2012	25571.04	22863.7	-10.59	6437.07	5549.28	-13.79
2013	31229.61	28199.6	-9.70	7469.13	6679.02	-10.58
2014	35494.17	34747.4	-2.10	8577	8046.71	-6.18
2015	41413.49	42793.2	3.33	9835.79	9706.24	-1.32

从表6-2至表6-4可以看出，仿真值几乎贴合实际值，年相对误差较小，基本在10%以内。平均绝对误差可以避免误差相互抵消的问题，较为准确反映实际预测误差的大小（贾俊平等，2009），本书通过平均绝对百分误差（MAPE）方法来检验6个变量的总体误差程度，公式为：

$$\text{MAPE} = \frac{1}{N}\sum_{i=1}^{n}\left|\frac{A_i - S_i}{A_i}\right| \tag{6-1}$$

MAPE值的检验标准：MAPE<10%为高精度预测，10%<MAPE<20%为良好预测，20%<MAPE<50%为可行预测，MAPE>50%为错误预测（刘敏，2017）。

式（6-1）中，A_i 为实际值，S_i 为仿真值，N 为仿真值个数，$N=10$。将表6-2至表6-4中数据代入式（6-1）进行计算，得出6个变量的MAPE值，如表6-5所示。

表6-5 MAPE值检验结果

变量	MAPE值（%）	仿真效果
GDP	3.10	高精度预测
总人口数	0.02	高精度预测
研发经费投入量	3.12	高精度预测
金融产业产值	4.26	高精度预测
全国技术市场成交额	4.66	高精度预测
高新技术企业新产品销售收入	6.54	高精度预测

（二）模型的灵敏度分析

上文对模型的有效性进行了检验，说明模型具有相对稳定的系统结构。那么当有更合理或更新的政策方案放入模型运行时，模型将产生什么样的变化？系统动力学中称之为“灵敏度分析”。本书主要采用参数灵敏度分析来检验模型行为模式的变动情况。参数灵敏度分析中选取的参数一般为常量，包括状态变量的初始值、系统方程中的系数等（丁行超，2015）。参数灵敏度分析是通过改变模型中参数值来检测其对模型的影响程度，通过分析对比判定影响系统最敏感的参数。目的是通过灵敏度分析，降低相关定量确定的主观性，从而更好地完善模型，同时为模型调试方案和仿真预测确定主要参数。

灵敏度分析主要是分析在改变参数后，衡量模型相关变量的输出结果与基准模型的偏差度，从而确定选取的变量对模型其他重要变量的影响程度。

$$S = \frac{1}{n}\sum_{i=1}^{n}\left|\frac{\Delta O_{(t)}}{O_{(t)}} \times \frac{X_{(t)}}{\Delta X_{(t)}}\right| \tag{6-2}$$

其中，$X_{(t)}$ 为 X 在 t 时刻的参数值，$\Delta X_{(t)}$ 为参数调整前后的变化量，$O_{(t)}$ 为参数 X 调整前 t 时刻的预测值，$\Delta O_{(t)}$ 为参数 X 调整后，预测值的变化量，n 为变量数，S 为参数 X 的平均灵敏度。

相对而言，在参数提升或降低相同比率的同时，灵敏度高的参数比灵敏度低的参数更能达到影响其他变量的目的。本书根据研究的目的和意义，从政策运行机制的可实施上，主要从 R&D 经费投入与高素质人才占比两个方向考虑，对相关参数进行模拟。本书的仿真模型中分别以参数-20%~20%的变化量来进行模拟，各个指标在不同变化量下，对应不同的技术、制度、金融协同创新度。根据式（6-2），得出参数的灵敏度。基本所有参数的灵敏度都在合理范围内，如政府公务员高学历比例的灵敏度为0.35%，金融产业高学历人才占比0.11%，政府 R&D 投入的灵敏度为0.04%。这说明模型相对稳定，并不会因参数的变动而出现异常大幅度变动。因此，模型可以被应用于政策实验室中，并根据不同政策方案进行情景分析。在以上灵敏度比较分析的基础上，本书选取相关参数在允许范围内进行调整，并设计了不同方案进行比较分析。

三、路径分析与方案优化调整

（一）模拟仿真结果

在现行模拟状态下，模型中以 2006 年为初始值，假定未来的经济增长保持现行发展速度，以 2015 年为现状值，预测 15 年后的发展态势。表 6-6 为各主要变量 2016~2030 年的预测值。

表 6-6　2016~2030 年模型重要指标发展趋势预测

年份	GDP（亿元）	科研成果转化率	技术、制度、金融协同创新程度	政府创新动力	金融创新动力	高技术企业创新动力	科研机构创新动力	高校创新动力
2016	748536	0. 034284	0. 566348	0. 477307	1. 767780	0. 099681	0. 142300	0. 344670
2017	824786	0. 034538	0. 587336	0. 480973	1. 870980	0. 099885	0. 140556	0. 344283
2018	909621	0. 034816	0. 610302	0. 484900	1. 983560	0. 100026	0. 139067	0. 343956
2019	1005010	0. 035124	0. 635819	0. 489066	2. 108450	0. 100130	0. 137772	0. 343675
2020	1113390	0. 035470	0. 664473	0. 493439	2. 248660	0. 100209	0. 136629	0. 343428
2021	1237750	0. 035862	0. 696981	0. 497976	2. 407830	0. 100276	0. 135607	0. 343210
2022	1381820	0. 036310	0. 734222	0. 502628	2. 590440	0. 100339	0. 134688	0. 343014
2023	1550190	0. 036827	0. 777277	0. 507338	2. 801950	0. 100404	0. 133855	0. 342838
2024	1748570	0. 037430	0. 827485	0. 512043	3. 049130	0. 100477	0. 133098	0. 342678
2025	1984060	0. 038136	0. 886501	0. 516684	3. 340320	0. 100563	0. 132410	0. 342534
2026	2265490	0. 038971	0. 956387	0. 521204	3. 685870	0. 100670	0. 131784	0. 342403
2027	2603920	0. 039966	1. 039710	0. 525557	4. 098700	0. 100805	0. 131215	0. 342284
2028	3013210	0. 041157	1. 139690	0. 529706	4. 594900	0. 100975	0. 130700	0. 342176
2029	3510840	0. 042594	1. 260370	0. 533631	5. 194730	0. 101192	0. 130236	0. 342079
2030	4118940	0. 044337	1. 406870	0. 537324	5. 923730	0. 101469	0. 129819	0. 341992

从基准模型与方案的预测值中可以看出，在 GDP，科研成果转化率，技术、制度、金融协同创新程度，政府创新动力，金融创新动力，高技术企业创新动力，科研机构创新动力，高校创新动力 8 个指标中，前 6 个指标的预测值逐年递增，只有科研机构创新动力和高校创新动力 2 个指标的预测值逐年递减。按平均增长率计算，科研成果转化率，技术、制度、金融协同创新程度，金融创新动力分别以 1. 94%、6. 98%、9. 30%的增长率在增长；高技术企业创新动力和政府创新动力也逐年递增，但属于缓慢增长型，分别以 0. 12%、0. 86%的增长率在提升；只有科研机构和高校的创新动力在逐渐衰弱，其中科研机构和高校的创新动力分别是 0. 61%和 0. 05%的负增长率，其中科研机构的创新动力比高校的创新动力下滑的趋势更迅速。

（二）模拟方案设定

模型的现行基准方案基于以上仿真结果数据为准而制定。假设未来经济增长方式与速度仍保持目前的预期速度，以 2015 年的现状值为参考，按照现行方案，不调整任何参数，形成了模型的基准方案用于和调控方案进行对比。在整体系统的运行中既遵循系统本身规律，也随时都会受到突发事件的冲击。根据上文对系统的敏感性分析，接下来设计的调控方案采用情景分析方法，主要是通过对以上几个关键参数的调控来观测不同情境下整个系统的预测，通过对不同调控方案的分析与综合对比，选择较优的路径作为政策参考。本书设计了四个调控方案：机制调控型方案、金融创新动力调控型方案、政府创新动力调控型方案、人才调控型方案。四个调控方案都涉及三大创新系统，机制调控型方案以技术、制度、金融协同创新为主要调控对象，五个创新系统进行横向比较；金融创新动力调控型方案以金融创新动力为主要调控对象；政府创新动力调控型方案以政府创新动力作为指标进行比较；人才调控型方案以高学历人才占比作为调控对象。由此，四个调控方案总共产生 17 种调整方案，包括基准方案共 18 种对比方案，以下通过具体的仿真数据结果进行进一步分析。

（三）调控方案分析

1. 机制调控型方案

技术、制度、金融协同创新机制来源于五方面的动力：政府创新动力、金融创新动力、高技术企业创新动力、科研机构创新动力、高校创新动力。如表 6-7 所示，在基准方案各个系数值为 0.2 的基础上，分别提升五个动力系统的系数值为 0.4，同时观测五个不同的创新系统分别对经济的影响程度，接下来选取 GDP，技术、制度、金融协同创新程度，科研成果转化率，技术市场成交额 4 个指标分别进行观测。

表 6-7　机制调控方案系数调整

技术、制度、金融协同创新程度	政府创新动力	金融创新动力	高技术企业创新动力	科研机构创新动力	高校创新动力
基准方案	0. 2	0. 2	0. 2	0. 2	0. 2
调整方案一	0. 4	0. 15	0. 15	0. 15	0. 15
调整方案二	0. 15	0. 4	0. 15	0. 15	0. 15
调整方案三	0. 15	0. 15	0. 4	0. 15	0. 15
调整方案四	0. 15	0. 15	0. 15	0. 4	0. 15
调整方案五	0. 15	0. 15	0. 15	0. 15	0. 4

通过 Vensim 软件对以上五种调整方案进行模拟，分别模拟出不同调整方案下对 GDP，技术、制度、金融协同创新程度，科研成果转化率，技术市场成交

额所产生的影响，如图 6-12、图 6-13、图 6-14、图 6-15 所示。

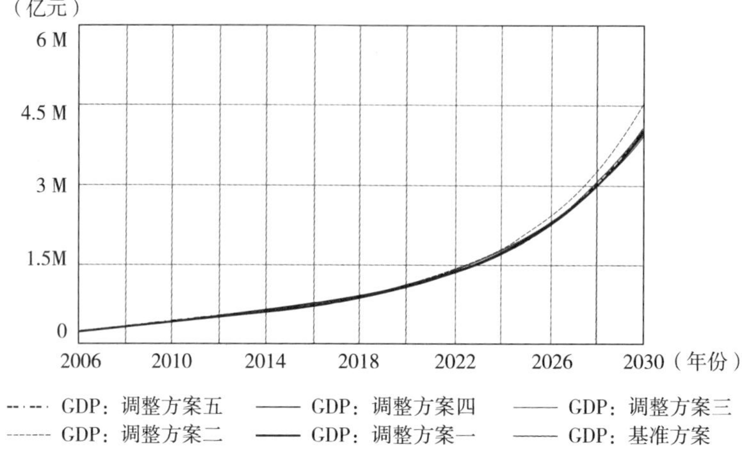

图 6-12　GDP 仿真方案对比模拟

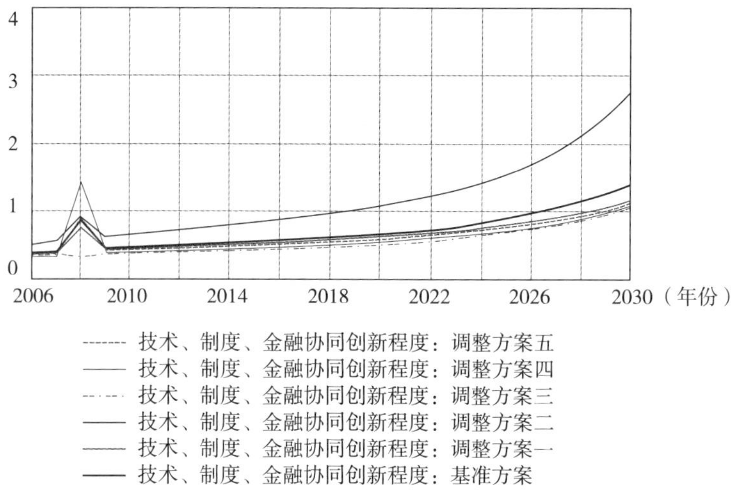

图 6-13　技术、制度、金融协同创新程度仿真方案对比模拟

从图 6-12 至图 6-15 可以明显地看出，调整方案二：提升金融创新动力对 GDP，技术、制度、金融协同创新程度，科研成果转化率，技术市场成交额 4 个指标产生较明显的驱动作用。通过观测具体仿真数据可知，调整方案一和调整方案二对 GDP，技术、制度、金融协同创新程度，科研成果转化率，技术市场成交额的推动力优于基准方案。其中，金融创新动力最优，政府创新动力的优势主要体现在初始阶段。因其他三个指标的预测趋势与“技术、制度、金融协同创新程度”类似，因此，本书只选取“技术、制度、金融协同创新程度”的仿真数据进行更细致的观测（见表6-8）。

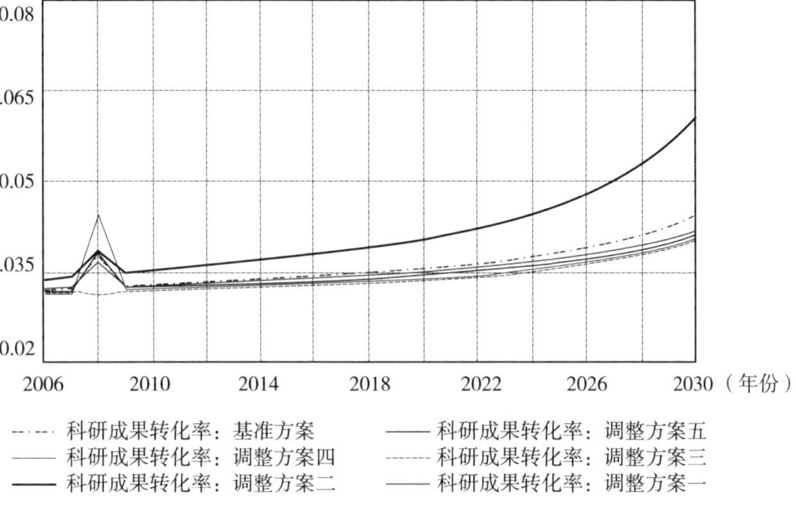

图 6-14　科研成果转化率仿真方案对比模拟

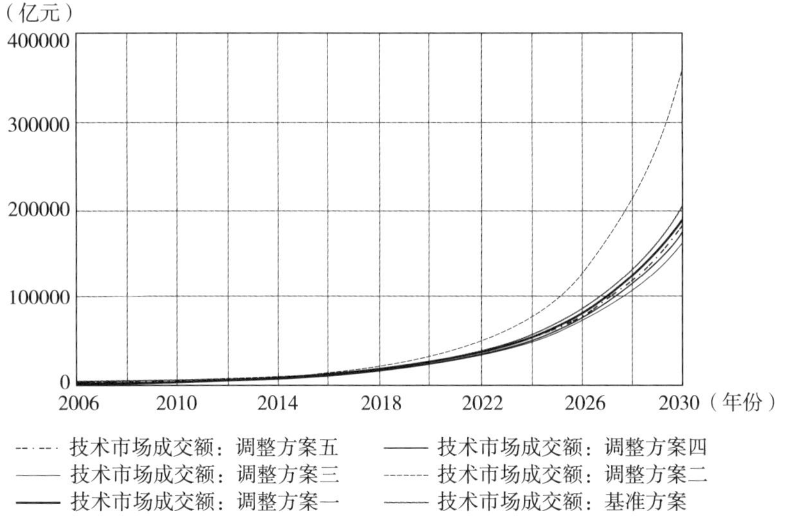

图 6-15　技术市场成交额仿真方案对比模拟

表 6-8　技术、制度、金融协同创新程度仿真方案对比

年份	调整方案五	调整方案四	调整方案三	调整方案二	调整方案一	基准方案
2006	0. 352035	0. 324913	0. 340565	0. 516317	0. 402985	0. 387363
2007	0. 361578	0. 324347	0. 352048	0. 55155	0. 41534	0. 400974
2008	0. 900259	1. 42104	0. 315955	0. 91939	0. 753854	0. 8621
2009	0. 41121	0. 388681	0. 365194	0. 627087	0. 44404	0. 447232
2010	0. 426247	0. 391315	0. 379475	0. 659546	0. 453842	0. 46205
2011	0. 438669	0. 398856	0. 391534	0. 690753	0. 465152	0. 476927
2012	0. 451291	0. 408509	0. 396456	0. 723769	0. 482664	0. 492437
2013	0. 46432	0. 41918	0. 406949	0. 757106	0. 495565	0. 508476
2014	0. 480129	0. 432682	0. 420426	0. 793905	0. 51217	0. 52766
2015	0. 496019	0. 446084	0. 433624	0. 830615	0. 52806	0. 546594
2016	0. 510664	0. 460333	0. 448317	0. 869175	0. 54392	0. 566348
2017	0. 52633	0. 475649	0. 464194	0. 91153	0. 560581	0. 587336
2018	0. 543383	0. 492427	0. 481134	0. 958263	0. 578737	0. 610302
2019	0. 562329	0. 511129	0. 499893	1. 01048	0. 598851	0. 635819
2020	0. 583596	0. 532171	0. 520891	1. 06956	0. 621347	0. 664473
2021	0. 607705	0. 556064	0. 544638	1. 13717	0. 646745	0. 696981
2022	0. 635295	0. 583438	0. 571754	1. 21541	0. 675681	0. 734222
2023	0. 66715	0. 615066	0. 602999	1. 30693	0. 708937	0. 777277
2024	0. 704237	0. 651902	0. 639306	1. 41504	0. 747479	0. 827485
2025	0. 747748	0. 695122	0. 681826	1. 54395	0. 792502	0. 886501
2026	0. 799156	0. 746182	0. 731976	1. 69908	0. 845495	0. 956387
2027	0. 860292	0. 806885	0. 791514	1. 88742	0. 908307	1. 03971
2028	0. 933427	0. 879467	0. 862618	2. 11812	0. 983247	1. 13969
2029	1. 02139	0. 966715	0. 947995	2. 40334	1. 0732	1. 26037
2030	1. 12773	1. 07211	1. 05102	2. 75953	1. 18179	1. 40687

结合表 6-8 的预测数据可以看出，金融创新动力对协同创新的影响最大，其次为政府创新动力，其他三种方案水平皆低于基准方案水平，这个结果实证检验了理论中金融创新对协同创新发展的重要黏合作用。政府的创新动力系数调整之后，2006~2007 年政府创新动力的拉动力明显高于基准方案，2008 年开始反而落后于基准方案，其优势逐步递减。同样在 GDP、科研成果转化率、技术市场成交额的仿真结果中，政府创新动力的优势仍然体现在初始阶段或前中

期阶段。这说明技术创新不能只依赖于制度创新的驱动力，政府的创新驱动力有带头示范作用，但并非市场主体，金融创新动力对协同创新的驱动效应最大。

结论 1：在三者协同创新机制下，金融创新动力对协同创新的驱动效应最大，是自带引擎与活力的增长点。金融创新是加速跨越经济增长率台阶，保持增长活力的催化动力，对技术、制度、金融协同创新具有明显的驱动作用。金融创新动力的支撑有助于产学研项目合作落地孵化，更有效地进行市场化运作，从而更快、更可持续驱动经济增长。

2. 金融创新动力调控型方案

在金融创新动力系统中，金融创新发展环境是金融创新的基础，金融集聚程度是市场发展的重要形态，金融产品服务创新是实现金融创新的重要载体。本书选取金融产业就业人数中高学历人口、金融融资结构市场化程度、金融业 R&D 投入占比三个指标，将数值在基准方案基础上分别提升一倍，形成调整方案六——人才调控优先、调整方案七——市场化调控优先、调整方案八——R&D 投入优先三个调整方案（见表 6-9），观测科研成果转化率的变化情况。三个方案与基准方案对比后，选取较优的调整方案，作为政策建议的依据。

表 6-9　金融创新动力调控方案系数调整

金融创新动力	人才调控优先	市场化调控优先	R&D 投入优先
基准方案	0.2	0.2251	0.0005
调整方案六	0.4	0.2251	0.0005
调整方案七	0.2	0.4502	0.0005
调整方案八	0.2	0.2251	0.001

通过 Vensim 软件对以上三种调整方案进行模拟，分别模拟出在不同调整方案下对金融创新动力的影响情况，如表 6-10 所示。

表 6-10　金融创新动力仿真方案对比

年份	基准方案	调整方案八	调整方案七	调整方案六
2006	0.90318	0.903208	0.915685	0.907624
2007	1.00321	1.00324	1.01572	1.00766
2008	1.09108	1.0911	1.10358	1.09552
2009	1.16527	1.1653	1.17779	1.16972
2010	1.24968	1.24971	1.26212	1.25411
2011	1.32867	1.3287	1.3411	1.33309

续表

年份	基准方案	调整方案八	调整方案七	调整方案六
2012	1.41287	1.4129	1.42529	1.41728
2013	1.49635	1.49638	1.50877	1.50076
2014	1.58398	1.58401	1.59641	1.5884
2015	1.67109	1.67112	1.6835	1.6755
2016	1.76778	1.76781	1.78023	1.77221
2017	1.87098	1.87101	1.88336	1.87538
2018	1.98356	1.98359	1.99593	1.98796
2019	2.10845	2.10848	2.12081	2.11284
2020	2.24866	2.24869	2.26101	2.25305
2021	2.40783	2.40786	2.42017	2.41222
2022	2.59044	2.59047	2.60277	2.59482
2023	2.80195	2.80198	2.81429	2.80634
2024	3.04913	3.04916	3.06147	3.05352
2025	3.34032	3.34035	3.35268	3.34471
2026	3.68587	3.6859	3.69827	3.69028
2027	4.0987	4.09873	4.11115	4.10313
2028	4.5949	4.59493	4.60745	4.59937
2029	5.19473	5.19476	5.20742	5.19925
2030	5.92373	5.92377	5.93665	5.92833

由表 6-10 的结果可以看出，调整方案七优于调整方案六与调整方案八，调整方案八对金融创新动力的影响最弱。调整方案七——市场化调控优先说明，在优化调整金融创新动力结构的过程中，优化金融融资结构市场化程度比提升金融行业高素质人才比重与 R&D 投入更急迫，应优先调整金融融资结构中的直接金融比重，使得资本市场更加完善，不仅有利于高技术企业、中小企业的融资和成长，且更有利于为社会就业与创业提供低成本与高效的融资成本，从而激活资本市场动力与活力，反过来激励金融不断创新，产生更有效的动能。

结论 2：金融创新越强，技术、制度、金融协同创新力就越强，创新黏合力与协同度也越高；反之，协同创新力就越弱，创新黏合力与协同度也越低。在金融创新动力中，应优先调整金融融资结构中的直接金融比重，以优化动力结构，并更快提升金融创新动力。

3. 政府创新动力调控型方案

政府创新动力不仅体现在“机制抓手”上，还体现在“平台抓手”与“经济抓手”上。一方面，政府在R&D经费的投入上逐年增加，如2017年，我国研发经费投入为1.76万亿元，投入强度为2.13%，比2016年提升了0.02%。R&D经费投入的增加也预示着创新能力提升有了基础保障，有利于推动我国创新驱动发展战略的实施（人民日报，2018）。另一方面，政府通过搭建项目投资交易平台，构建智库平台，促进产学研协同创新，节省项目成果交易成本，增加科研成果转化率，拉动经济增长。本书以此设计三个调整方案并进行对比：调整方案一说明政府的创新动力主要体现在以机制抓手为主，调整方案九说明政府的创新动力主要体现在以平台抓手为主，调整方案十说明政府的创新动力主要体现在以经济抓手为主（见表6-11）。

表6-11　政府创新动力调控方案系数调整

政府创新动力	机制调控优先	平台调控优先	R&D投入优先
基准方案	0.2	0.12	0.016
调整方案一	0.4	0.12	0.016
调整方案九	0.2	0.24	0.016
调整方案十	0.2	0.12	0.032

三个方案都体现了政府创新系统在技术创新系统的支持与引导作用，在同样提升一倍政府创新动力情况下，观测不同情况下对科研成果转化率的影响情况，如表6-12所示。三个方案都呈现上升趋势，说明三个方案对技术创新系统都有正向促进作用。其中，调整方案九最优，说明政府的“平台抓手”比“机制抓手”与“经济抓手”所产生的效应更明显。政府的“经济抓手”最弱，通过R&D经费投入的增加，反而可能使科研成果转化率降低。只有将R&D经费投入转化成高质量科研人员和高水平科研机构的投入，才能提升科研转化率。

如表6-12所示，调整方案九明显优于基准方案，这说明政府在项目成果交易平台上更能体现出制度创新的优越性。通过项目投资交易平台，政府能够汇聚市场、高校、科研机构等各方主体，使知识溢出效应、交易成本节约、项目孵化落地、技术转化对接等更易于实现，更能体现政府宏观调控职能。同样，在基准方案上将创新动力提升1倍，对比调整方案九和调整方案一可以看出，政府创新动力在平台抓手上比机制抓手上产生的效应明显，更有优势，能最直接产生正向效应。

表 6-12 科研成果转化率仿真方案对比

年份	基准方案	调整方案十	调整方案九	调整方案一
2006	0.0321226	0.0321119	0.0366712	0.0323079
2007	0.032296	0.0322877	0.036862	0.0324664
2008	0.0377251	0.0377187	0.0423959	0.0364411
2009	0.0328117	0.0328064	0.0373692	0.0327738
2010	0.0329802	0.0329756	0.03754	0.0328828
2011	0.0331576	0.033154	0.037729	0.0330179
2012	0.0333743	0.0333711	0.0379892	0.0332583
2013	0.0335694	0.0335667	0.038202	0.0334162
2014	0.0338094	0.0338069	0.0384687	0.0336255
2015	0.0340435	0.0340411	0.0387295	0.0338235
2016	0.0342838	0.0342816	0.0389785	0.0340176
2017	0.0345378	0.0345358	0.0392581	0.0342202
2018	0.0348157	0.0348138	0.0395677	0.034441
2019	0.0351241	0.0351224	0.0399142	0.0346853
2020	0.0354701	0.0354685	0.040306	0.0349582
2021	0.035862	0.0358605	0.0407537	0.0352657
2022	0.0363102	0.0363088	0.0412702	0.0356153
2023	0.0368274	0.0368261	0.041872	0.0360162
2024	0.0374295	0.0374283	0.0425794	0.0364798
2025	0.038136	0.0381348	0.0434183	0.0370202
2026	0.0389712	0.0389701	0.0444216	0.0376549
2027	0.0399656	0.0399645	0.0456311	0.0384059
2028	0.0411573	0.0411561	0.0471002	0.0393004
2029	0.0425943	0.042593	0.048898	0.0403726
2030	0.0443371	0.0443357	0.0511147	0.0416656

在 R&D 经费逐年上升的条件下，政府的“经济抓手”不再体现出优势，政府的“平台抓手”方案与“机制抓手”方案更优。对于政府创新动力而言，平台调控优先方案长期最有效，机制调控方案在初期更有效，政府对协同创新的作用更多体现在引导与宏观调控上。从节约市场交易成本角度，政府创新驱动体现在通过不断制度创新，加强多方创新平台的主体作用，优化资源配置，使技术、人才、资本、项目能够高度协同创新，促进更多优质项目落地孵化，

从而实质性地服务于协同创新。

结论3：制度创新驱动力取决于创新收益大于创新交易成本。在政府创新动力中，应优先选择平台调整方案。在协同创新均衡状态中，政府的“经济抓手”优势作用逐渐下降，政府的“平台抓手”优势作用逐渐上升，通过“平台抓手”不断优化市场的资源配置，使技术、人才、项目、资本处于高度“协同创新态”，持续推动创新项目成果孵化和转化，从而高质量地推进经济“爬梯增长”。

在平台调控方案中，智库对项目投资交易平台的作用不容忽视。按照联合国教科文组织的规定，60~69岁为低龄老年人，属于还能发挥余热并有所作为的年龄段。随着科教兴国战略的实施，中国越来越多的人接受高等教育。2016年60~69岁低龄高学历人口平均占比约14.7%，且平均每年按照2.62%的速度增长。本书将低龄高学历老年人口占比增加2.62%，调整为15.1%，形成调整方案十七，与基准方案进行对比。

表6-13　科研成果转化率仿真方案对比

年份	调整方案十七	基准方案
2006	0.0321276	0.0321226
2007	0.032301	0.032296
2008	0.0377301	0.0377251
2009	0.0328167	0.0328117
2010	0.0329852	0.0329802
2011	0.0331626	0.0331576
2012	0.0333793	0.0333743
2013	0.0335745	0.0335694
2014	0.0338144	0.0338094
2015	0.0340485	0.0340435
2016	0.0342888	0.0342838
2017	0.0345429	0.0345378
2018	0.0348207	0.0348157
2019	0.0351292	0.0351241
2020	0.0354752	0.0354701
2021	0.0358671	0.035862
2022	0.0363154	0.0363102
2023	0.0368327	0.0368274

续表

年份	调整方案十七	基准方案
2024	0.0374348	0.0374295
2025	0.0381414	0.038136
2026	0.0389767	0.0389712
2027	0.0399713	0.0399656
2028	0.0411632	0.0411573
2029	0.0426004	0.0425943
2030	0.0443435	0.0443371

我们发现，当低龄高学历老年人口平均增长率为2.62%时，平均每年将会提升约0.015%的科研成果转化率（见表6-13）。如果合理利用这部分低龄高学历老年人口的经验与智慧，将有效提升智库平台的效率。这不仅能够积极应对人口老龄化问题，对于政府创新动力系统也是一个重要的补充，也有利于技术、制度、金融协同创新，从而助力更多科研成果转化，提高技术成交额，推动经济高质量增长。

结论4：在政府创新动力系统中，应重视智库平台的作用，大力有效开发低龄高学历老年人口的人力资本优势，不仅有利于应对逐渐消失的"人口红利"优势，更有利于额外提升科研成果转化率与协同创新度。

4. 人才调控型方案

随着受教育水平的不断提升，国家越来越重视高科技人才的培养与任用。由结论4可知，高学历人力资本对科研成果转化率有显著正向作用。因此，无论在技术创新系统、制度创新系统，还是金融创新系统，高学历人才的需求量是不断上升的。在人才调控型方案中，本书分别将技术创新系统、制度创新系统和金融创新系统各种高学历人员与科研人员的比例提升20%，形成五个调整方案（见表6-14），将科研人员流动率提升20%形成调整方案十六。以技术、金融、制度协同创新程度为观测对象，将最终形成的六个调整方案逐一与基准方案进行对比，并分析不同方案对科研成果转化率的影响程度。

表6-14 人才调控方案系数调整对比

技术、制度、金融协同创新程度	政府公务员高学历比例	金融机构高学历比例	高技术企业科研人员比例	科研机构科研人员比例	高校科研人员比例
基准方案	0.573	0.2	0.1915	0.1478	0.0492
调整方案十一	0.6876	0.2	0.1915	0.1478	0.0492

续表

技术、制度、金融协同创新程度	政府公务员高学历比例	金融机构高学历比例	高技术企业科研人员比例	科研机构科研人员比例	高校科研人员比例
调整方案十二	0. 573	0. 24	0. 1915	0. 1478	0. 0492
调整方案十三	0. 573	0. 2	0. 2298	0. 1478	0. 0492
调整方案十四	0. 573	0. 2	0. 1915	0. 1774	0. 0492
调整方案十五	0. 573	0. 2	0. 1915	0. 1478	0. 059

通过 Vensim 软件对以上七个调整方案进行模拟，分别模拟出不同调整方案对科研成果转化率的影响情况（见表 6-15）。

表 6-15　科研成果转化率仿真方案对比

年份	基准方案	调整方案十六	调整方案十五	调整方案十四	调整方案十三	调整方案十二	调整方案十一
2006	0. 0321226	0. 032178	0. 0321182	0. 0320976	0. 0321305	0. 0321247	0. 0321323
2007	0. 032296	0. 0323522	0. 0322876	0. 0322556	0. 0323132	0. 0322981	0. 0323056
2008	0. 0377251	0. 0378101	0. 0380757	0. 0391154	0. 037023	0. 0377272	0. 0377348
2009	0. 0328117	0. 0328709	0. 0328192	0. 0328354	0. 0327954	0. 0328138	0. 0328214
2010	0. 0329802	0. 0330404	0. 0329841	0. 0329894	0. 0329702	0. 0329823	0. 0329899
2011	0. 0331576	0. 0332188	0. 0331603	0. 0331622	0. 0331486	0. 0331597	0. 0331673
2012	0. 0333743	0. 0334365	0. 0333763	0. 0333765	0. 0333682	0. 0333764	0. 033384
2013	0. 0335694	0. 0336328	0. 0335711	0. 0335704	0. 0335632	0. 0335715	0. 0335792
2014	0. 0338094	0. 033874	0. 0338108	0. 0338095	0. 0338024	0. 0338115	0. 0338192
2015	0. 0340435	0. 0341094	0. 0340448	0. 0340431	0. 0340349	0. 0340456	0. 0340533
2016	0. 0342838	0. 0343511	0. 034285	0. 0342831	0. 0342732	0. 0342859	0. 0342936
2017	0. 0345378	0. 0346064	0. 0345389	0. 0345367	0. 0345287	0. 0345399	0. 0345476
2018	0. 0348157	0. 0348859	0. 0348168	0. 0348146	0. 0348028	0. 0348178	0. 0348255
2019	0. 0351241	0. 0351962	0. 0351253	0. 0351233	0. 0351067	0. 0351262	0. 035134
2020	0. 0354701	0. 0355443	0. 0354713	0. 0354696	0. 0354471	0. 0354722	0. 03548
2021	0. 035862	0. 0359387	0. 0358634	0. 035862	0. 0358324	0. 0358641	0. 035872
2022	0. 0363102	0. 0363898	0. 0363117	0. 0363109	0. 0362725	0. 0363123	0. 0363203
2023	0. 0368274	0. 0369105	0. 0368292	0. 036829	0. 0367801	0. 0368295	0. 0368376
2024	0. 0374295	0. 0375166	0. 0374315	0. 0374321	0. 0373703	0. 0374316	0. 0374399
2025	0. 038136	0. 0382281	0. 0381384	0. 0381399	0. 0380625	0. 0381381	0. 0381465

续表

年份	基准方案	调整方案十六	调整方案十五	调整方案十四	调整方案十三	调整方案十二	调整方案十一
2026	0.0389712	0.0390693	0.0389741	0.0389768	0.0388802	0.0389734	0.038982
2027	0.0399656	0.040071	0.039969	0.0399733	0.0398533	0.0399678	0.0399767
2028	0.0411573	0.0412717	0.0411614	0.0411676	0.0410188	0.0411595	0.0411688
2029	0.0425943	0.0427198	0.0425993	0.0426078	0.0424237	0.0425965	0.0426063
2030	0.0443371	0.0444766	0.0443432	0.0443548	0.0441271	0.0443394	0.0443498

根据表 6-15 所示仿真结果，按照科研成果转化率从大到小对七个调整方案进行排序，如表 6-16 所示。

表 6-16　人才调控方案中七种调整方案对比

序号	方案	调整类型
1	调整方案十六	提升科研人员流动率
2	调整方案十一	提升政府公务员高学历比例
3	调整方案十三	提升高技术企业科研人员比例
4	调整方案十二	提升金融机构高学历比例
5	基准方案	—
6	调整方案十五	提升高校科研人员比例
7	调整方案十四	提升科研机构科研人员比例

由表 6-16 的排序结果可知，有四个调整方案优于基准方案，分别为调整方案十六、调整方案十一、调整方案十三、调整方案十二。在这四个方案中，调整方案十六——提升科研人员流动率对科研成果转化率的影响最优，其次为提升政府公务员高学历比例，再次为提升高技术企业科研人员比例，最后是提升金融机构高学历比例。调整方案十六充分说明了提升科研人员流动率对提升科研成果转化率的最优效果。调整方案十一、调整方案十二、调整方案十三分别说明高素质、高学历人才在政府创新系统、金融创新系统、高技术企业创新系统的重要性，该系统的创新驱动离不开高学历人才。政府提升公务员系统高学历人才比例，有利于增强政府制度创新系统的驱动力，从而提升宏观决策水平，这对金融创新系统也有带动辐射作用。调整方案十四与调整方案十五次于基准方案，这并不说明在这两个系统中高学历人才不重要，只是相对而言，在这两个方案中，高学历人才储量相对较多，提升高学历人才比例并不是最优路径。

结论5： 各系统各自提升高学历人才比例只是形成人力资本的量变，而提升科研人员流动率，能从横向协同创新机制上提升高学历人才的综合能力水平，更易于形成质变。因此，应当充分重视科研人员流动率对提升科研成果转化率的重要作用，并大力创造相应环境、机制与条件提升科研人员流动率，从而提升协同创新度。

（四）较优路径选择

在四种调控型方案中，R&D投入调整方案排最后。中国改革开放40多年，中国成为世界第二大经济体。中国越来越注重科研经费的投入，研发投入总量与美国之间的差距逐年缩小。2013年我国R&D经费总量就已跃居世界第二，2013~2016年，我国R&D经费年均增长11.1%，而同期美国、欧盟和日本分别为2.7%、2.3%和0.6%。这说明随着我国R&D经费投入的不断增加，给予科学研究更加宽松的创新发展条件与保障基础，使R&D经费投入已不是主要矛盾，逐渐让位于“机制调控”，各创新主体之间的协同创新程度成为本阶段最重要的调控目标。

本书认为，在建立技术、制度、金融协同创新机制下，从整体系统可持续发展来看，机制调控型方案中调整方案二金融创新动力方案最优。在当前的经济增长阶段，国家鼓励科技创新并投入了大量R&D经费之后，不仅需要各方创新主体协同创新、相互促进，更需要落实协同效果，不断推进科研成果转化率的提升，推动孵化更多科技成果。在机制调控型方案下，金融系统的创新能够带来更大的经济效应，不仅能够推动金融产业本身的创新发展，更能够运用金融创新系统的资本优势推动协同创新程度，加快项目落地进程，加速推进科研成果转化率，使更多的创新能够得到资本大规模效应的支持以摊薄创新成本，不断形成可持续发展创新模式。

以政府创新系统为观测对象，平台调控型优于机制调控型，政府创新系统对平台的掌控更容易，更能从制度优越性方面产生更优的效益。政府可以通过搭建起来的项目投资交易平台聚集各种创新资源，发布各类创新创业信息，汇集各种创新创业要素，激发各类创新主体活力，使平台成为政府实施创新驱动的重要抓手。在人才调控型方案中，调整方案十六、调整方案十一、调整方案十三、调整方案十二依次排序，且四种方案都优于基准方案。这说明人才战略在整个创新驱动系统中的重要性，科技是第一生产力，作为经济增长的内核驱动力，人才是第一要素。高校作为技术创新系统基础研究的重要科研阵地，更是需要高质量的人才进行最基础、最前沿的理论体系与学术研究。通过抓住高校这个主阵地，推动有中国经济增长特色的理论研究体系，树立中国科研体系在国际经济理论研究的地位是时不我待的大事。

本书根据以上五个结论，选择三条较优路径：第一，金融创新动力调整方案中的金融融资结构市场化路径优先；第二，政府创新动力调整方案中平台路径优先；第三，人才调控方案中人才流动路径优先。在技术、制度、金融协同创新基础上，本书以这三点作为政策建议的核心，并根据中国经济制度发展现状，分别提出相应政策建议。

第五节　本章小结

本章通过分析技术创新系统、制度创新系统、金融创新系统的因果关系图，构建了技术、制度、金融三者协同创新的系统动力学模型。本书描绘了各个系统的流图，在流图基础上建立了一系列方程，确定了 133 个变量。其中，包括状态变量 6 个、速率变量 6 个、常量 9 个、112 个辅助变量，主要通过线性回归、发展趋势推算法、专家调查法等对参数进行赋值。本书运用 Vensim 软件对模型进行仿真，通过仿真检验后，设计四种调控方案，并分析不同方案下科研成果转化率、GDP、技术市场成交额等重要指标的变化情况。研究结论如下：我国科研经费投入年增长率不断上升，在经济发展的现阶段，协同创新机制应优先考虑，而金融创新是协同创新机制中的重点，是提升三者协同度的重要催化剂。本书进一步通过十七种调整方案分析得出五个结论，在此基础上提出三条较优路径：第一，金融创新是迅速推进协同机制创新的最优路径，在金融创新中，优先考虑优化金融融资结构市场化程度；第二，政府创新动力调整方案中平台路径优先，在政府平台建设中，合理开发利用低龄高学历老年人力资本有利于提升平台效率；第三，在人才调控中，通过提高人才的流动率来提升人才质量，优于各个系统单独提升人才数量。本章结论中的三条较优路径为下一章提出相关的政策建议提供了实证依据。

第七章

技术与制度协同创新驱动经济增长的路径选择政策建议

第六章对技术与制度协同创新的路径进行了研究，并根据不同调控方案分析出了较优的路径。本章在前几章的基础上，结合第六章的仿真研究结果，分别针对三条优先路径：金融创新动力调整方案中的金融融资结构市场化路径优先、政府创新动力调整方案中平台路径优先、人才调控方案中人才流动路径优先提出：完善金融创新动力机制、加快政府创新平台建设、健全激发科研人员创新活力制度的具体机制设计与政策建议。

第一节　完善金融创新动力机制

一、放宽金融市场环境，引入社会资本参与

在推进协同创新的过程中，金融创新是迅速推进协同机制创新的最优路径。虽然 R&D 经费投入方案不是最优路径，但并不说明 R&D 经费投入不重要，恰恰相反，大量的 R&D 经费投入是进行科研创新的基础。加快金融创新动力机制，不仅有利于增加科研经费投入，更有利于合理优化科研经费使用结构。在金融创新的支持下，科技创新能够募集到更多的风险投资资本，完善金融融资市场化结构，能够增加多层次的科研经费投入来源，且能够优化科研经费配置。因此，有必要鼓励包括社会资本在内的各种新型金融服务创新主体参与技术创新。

完善间接金融体系建设，提高与科技创新的协同程度。目前，银行作为间接金融仍然占据市场的主体地位，且国有大型银行对创新型中小企业的金融支持力度有限。民营银行作为传统银行的重要补充，有利于匹配市场中小型企业科技创新的需求，从而提高二者的协同度。特别是国务院“金十条”后，对民

营银行的研究、对民间资本进入银行业、对民营银行的申报，成了社会热议的问题。民营银行试点的成立，有利于拓宽中小企业融资渠道，更有利于社会资本参与支持科技创新，加大技术创新研发的总体投入。

打造新兴资本市场与多极化，促进有效率的金融服务创新。与传统银行相比，小微企业、“三农”金融服务将成为民营银行发展的蓝海空间。显然，在资本实力、信息技术、资金量上，大型国有银行比民营银行占据更明显优势，但在经营机制、人才选择、客户挑选等方面民营银行拥有更灵活的选择。因此，小存小贷业务模式将成为民营银行的着眼点，且民营银行更能从这些差异化的战略实现并贯彻国家普惠金融的理念，有利于建立起多维的金融服务体系，让越来越多的普通消费者与小微企业能够享受更多的普惠金融服务。同时，通过系统整合使银行提供的服务更加便捷，渠道更加畅通，有利于建立起新型的金融商业生态圈。

二、发展直接金融市场，完善多层次金融体系

大力发展直接金融市场，提高金融体系与科技创新的协同程度。在金融创新动力中，优先考虑优化金融融资结构市场化程度路径。这充分说明了发展直接金融市场的必要性与紧迫性，但在当前经济发展阶段却需要渐进发展、逐步培育。因此，需要在改革发展间接金融市场的基础上，努力发展债券市场，激励各种类型的金融机构参与市场竞争，将目前间接金融市场“一方独大”的局面逐步过渡到形成直接金融市场与间接金融市场之间比例合理的资本市场，探索一种符合中国特色的新时代金融创新发展模式。如逐步培育民间金融的发展，大力发展股份制、合资类等多种所有制和多样化经营方式的投资银行、基金公司、金融控股公司等新型金融机构和组织参与完善直接金融市场，搭建更多有利于科技创新直接对接资本市场的载体。这既可以满足不同资金投资方对不同层次风险的偏好，更能满足处于不同发展阶段的创新主体对融资的多层次需求，有利于提高资本与技术创新之间的匹配度与协同度，从而推动技术创新成果快速向市场转化。

完善多层次金融体系，有利于化解系统性风险。发展多层次金融体系不仅有利于增强资本供给市场活力，更有利于建立金融闭环体系，防范与化解以间接金融市场为最大主体的金融体系带来的系统性风险：第一，以间接金融市场为最大主体的金融体系，一方面，间接金融的属性与功能决定了其资本的活跃度较低，并不能满足风险系数高的资本需求，一旦实体经济出现漏洞，银行坏账不可避免，且并无保障只能兜底；另一方面，单一的体系使整个系统的抗风

险能力脆弱，能够相互支撑的金融机构过于弱小，风险承担主体单一化，不利于金融市场稳定。第二，通过优化市场的准入与退出机制，逐步形成优胜劣汰机制，有利于促进资本流动，使得优质企业能够不断吸收资本市场的有效资本，让资本为实体经济更好地服务，也能让劣质企业退出市场。因此，完善多层次的金融体系，建立多层次金融市场的准入与退出机制，有利于形成金融生态系统的多样化，有利于建立良性循环的金融闭环体系，并演化出多层次、多维度的风险承担主体，从而分散金融风险，提升资本利用活跃度，增强金融创新体系活力。

三、加大互联网金融创新，开辟协同创新新空间

加大互联网金融创新，为社会资本参与协同创新开辟新领域和新业态。制约中小企业生产与发展的关键因素是融资困难问题，试点民营银行的成立也为中小企业的发展壮大打开了局面，而互联网金融的迅猛发展则为金融创新开辟了无限广阔的空间。互联网金融融资模式使中小企业更容易、更迅速地获得金融服务，具有便捷性、普惠性、针对性等特点。第一，利用互联网金融技术的发展，可以在一定程度上解决金融机构经营风险问题。第二，互联网金融的数据、信息、过程是相对透明的、公开的，且突破了地域的限制，这对促进金融机构的发展起到积极的推动作用。第三，传统的银行业务市场已经饱和，蛋糕被瓜分已接近完毕，互联网业务才是未来应该抢占的制高点（王雷雷和刘倩，2015）。第四，在互联网金融发展背景下，社会资本的发展模式不仅仅包括信贷业务，还将涉猎保险、基金、保理、债券等业务。未来创新型的金融机构应是一个业务上能够融合大金融、大科技、大文化、大健康、大能源等方面的新型多元综合体。

加快建立开放、合作的顶端创新中心，培育建设国际科技创新的支点城市，提升社会资本参与协同创新的国际化水平。已经获批的五家试点民营银行分别位于珠江三角洲、长江三角洲和京津冀地区，是我国经济发展最好的三大中心地区，这在国家战略布局上以及市场定位上，对未来建立开放合作的国际创新中心起到很好的示范作用。未来，作为国有资本的重要补充，社会资本可向丝绸之路经济带的中西部倾斜，也可向21世纪海上丝绸之路的沿线地区延伸，并充分发挥灵活的机制优势，通过民间的、正常市场竞争的方式参与“一带一路”各国经济建设与国际市场竞争，逐步提升社会资本参与协同创新的国际化水平，与“一带一路”沿海沿线国家共同发展，寻求命运共同体的可持续发展模式。这既服务于中国这个全球第一大贸易国，服务于国家积极鼓励的“走出

去”战略，同时又服务于“一带一路”国家与地区，为世界人民谋福祉。

四、加强金融产品及服务创新，加速向绿色金融转型

金融资本是科研成果走向市场化的催化剂，能否快速实现科技成果转化，完成项目孵化，很大程度上取决于是否有金融资本支撑。充盈的全球风险投资资本和多形态的直接融资市场是硅谷成为世界高新技术创新和发展中心最重要的内在因素之一。因此，在国家政策允许与鼓励的框架下，应加大制度创新力度，鼓励支持金融创新与技术创新的融合，提供多维的金融创新服务，研发多样化的金融创新产品，降低科技创新成本和市场风险，加大科技成果转化率，加速优质项目孵化。

加速各类金融产品与服务创新，灵活利用金融市场机制分摊风险。结合科技创新，积极贯彻绿色发展理念，加速向绿色金融转型，如积极探索绿色保险、绿色保理、绿色再保险、绿色产业投资基金、绿色债券等创新型金融产品。让金融创新为科技服务，分摊创新风险；让科技为产业服务，实现产业转型升级；让绿色产业为转变经济发展方式服务，实现经济高质量、可持续增长。一方面，加快创新科技保险、科技再保险等金融产品，为科技创新提供保障。创新研发针对性强、适应科技企业需要的金融创新产品，能有效规避创新研发过程中的诸多外部不确定因素带来的风险与损失。另一方面，政府应加大引导与扶持力度，鼓励发展科技保险等金融中介机构，高校应加强理论研究与前沿问题相结合，培养高端专业金融人才，保险、再保险等金融机构应加强与风险投资机构的合作，建立多方协商机制与共同对话平台，多方共同加速推进技术创新成果落地发展。

第二节　加快政府创新平台建设

一、建立综合型协同创新平台，全面实施创新驱动

在政府的创新动力中，平台的调控政策是最优路径。这说明，在当前经济发展阶段，政府需要加快创新型平台建设，为推动技术创新提供综合型的协同创新平台。在国家创新驱动战略下，为紧跟世界科技进步方向推进科技创新，

更应从协同创新平台着手，立体式打造创新生态系统。在这个创新生态系统中，三者协同创新的机制是最重要的，应优先考虑。因此，需以技术创新为核心，让政府起牵头作用，使金融创新作为不可或缺的催化剂，三者协同创新共同驱动经济高质量增长。

让市场配置创新资源起决定性作用，政府主要从管理和服务上突破创新。综合型协同创新平台是全面实施创新驱动重要阵地，融合了技术创新体系、高质量人才库、金融创新支撑体系、重大领域产业项目库、决策服务型智库群五大要素为一体的创新生态系统。通过坚持深化改革与制度创新，政府不断在职能上突破创新，提供高质高效的管理服务，全面激发各类创新主体的创新动力和创造活力，为加快新旧动能转换、实现高质量发展提供技术创新支撑，进而，集聚重大领域的创新型企业和规模的产业配套，打造专业化的科技成果转化平台，不断提升中国在世界科技创新和产业变革中的竞争力和影响力。

协同创新平台需要政府、高校、企业共同组建，创造科研人员参与协同创新的终端平台，不断对科研人员产生正向激励作用。具体而言，一方面，特别是“数字中国建设峰会”后，可利用资源的整合优势，探索建立“数字海丝创新创业平台”或“数字海丝创新创业中心”。在这个双向开放的“哑铃式”平台上，一边对接市场需求，另一边做好技术、项目、人才、资本的匹配，引导创新供给。协同创新平台可独立运作，也可以依托高校协同运作。另一方面，在对接“一带一路”沿线沿岸国家人才培养模式上，围绕深入实施创新驱动战略，探索建立“协同创新型孵化器”“综合型创新学院”和“一带一路创新创业学院”等，通过项目带动释放所有创新主体的活力，集研究、培训、孵化、成果转化、投资服务、创新创业为一体，融合“可持续发展”理念孵化市场需求创新项目，设立可持续发展的激励机制，不仅三方共同培养创新综合型人才，更有利于为经济高质量发展提供强劲创新动力。

二、集聚优质科技创新资源，加强重大原创技术研发

以塑造全球影响力为目标，以科技创新为核心动力，在协同创新平台集聚全球各类优质科技创新资源，加强在重大核心领域原创技术研发取得突破，不断在世界竞争格局中形成自己的话语权，并有能力对“一带一路”沿线沿岸国家形成较强的辐射带动作用，且以创新为驱动持续推动经济高质量增长。

科技创新资源是协同创新驱动经济增长的核心动力。从宏观层面，对标国际最优技术，集聚国家级创新资源。通过优化政策环境，提升技术交易市场的活力，吸引国外优质科技创新资源，集聚更多国家级创新资源。如将国家级技

术研究中心，国家重点实验室建设，重大领域产业研究院等整合到协同创新平台。从产业升级角度，研究最先进技术，加强自主创新能力。只有摆脱对国外核心技术的依赖，不断突破自主研发创新，才能真正实现创新驱动。如协同创新平台可重点扶持以现代化信息技术为主的大科技、以生物技术为主的大健康、以战略能源为主的大能源、以新型生态文明为导向的大农业等领域，不断孵化培育高附加值战略性新兴产业的大集群，不断提升各个领域、各种行业、各类产业在转型升级过程中的自主创新度。在协同机制方面，聚焦最前沿领域，加速理论深度探索。突破常规的产学研合作模式，发挥协同创新平台的创新生态系统优势，加强协同创新平台的综合转化能力。一方面，开辟新领域与新方向，发挥高校与科研院所的优势，聚焦最前沿领域，加快建立相应的理论研究体系，不断向更深度的知识领域探索，以利于在理论进一步指导下进行新时代的创造、创新、创业。另一方面，对接市场需求，协同创新平台对人才培养体系提出更高的要求。如可对接高校加强协同创新平台的博士后工作站建设和博士孵化中心建设等，支持高校与科研院所为市场培育应用型高端科技人才。

三、创建高质量人才高地，加快新型高质量人才培育

习近平总书记指出，发展是第一要务，人才是第一资源，创新是第一动力（习近平，2018）。人力资本是推动经济增长的主要动力和源泉，人力资本通过外部性激发创新，推动技术进步，有助于规模经济和集聚经济的发展，进而不断提高整体劳动生产率。然而，不同的经济发展阶段对人才有着不同的需求，而人才供给决定着发展的水平和质量（陈耀，2018）。尤其是目前，在中国经济正由高速增长阶段向高质量发展阶段过渡的背景下，高质量人才有利于增强国际竞争力。在内生增长理论框架内，随着经济高质量增长，在劳动投入过程中将弱化对劳动力数量的追求，而强化对劳动力质量的需求，推动包括研发、创新在内的技术进步是经济持续增长的决定因素。未来，我国不会出现劳动力总量短缺，但劳动力结构性短缺不可避免，特别是高智能的产业和部门对高端人才的短缺，将逐步出现人才断层现象（廖力贤，2008）。因此，这就决定了必须提升劳动力质量，加快培育新型高质量人才。

创建高质量人才高地，丰富复合型人才培育途径。改革开放 40 多年来，随着受教育年限和接受高等教育程度的不断提升，虽然人力资本结构已经不断优化升级，但在产业结构升级和经济转型的过程中，高层次领军人才、有影响力的杰出人才、复合型科研人才等国际复合型人才仍然紧缺，严重制约了创新驱动的实施。首先，立足国家创新驱动战略点，建设创新型大学。对标世界最新

最前沿科技，加强复合型优秀人才培育，以提升高等教育的综合实力，提升人才供给和产业升级需求的匹配度。其次，重视高端人才的最后“一度”培训，实现全方位育人目标。随着国际地位的提升，在与国际社会接轨的过程中，国际交流不断丰富加深，需要进行有针对性的、匹配性的培训，以不断提升复合型人才的国际竞争力。最后，充分利用“高质量人口红利”，共同加速综合型高质量核心人才的培养。受教育年限和接受高等教育是低龄高学历老年人口促进经济增长的关键因素，这些低龄高学历老年人口积累了许多改革开放的宝贵经验。一方面，建议建立起“退而不休”的体制机制，建立低龄高学历老年人才信息库、服务中介机构等，为传承并培养综合高素质人才奠定巨大的人才导师智库。另一方面，在“一带一路”倡议背景下，低龄高学历老年人口更需要平台发挥余热，建立“一带一路相应产业的智库平台”等新型组织，鼓励其参加各种研发创新活动，使他们的累积经验可以发挥知识促进效应。

四、放活智库平台运行机制，转变“人口红利”路径依赖

转变“人口红利”路径依赖，充分开发质量型老年人力资本。“人口红利”是中国实现经济快速增长的重要基础与推动力量，但并非可持续性的增长源泉。目前，中国已进入老龄社会国家行列，但却体现出新的特征：在60~69岁的劳动人口中，受教育程度逐年递增，在这个年龄层的劳动人口中，越来越多的人接受过高等教育。经济中的高学历老年人口由于拥有较高的人力资本，尽管不能参加体力劳动，但仍可以从事咨询研究工作等再创造知识，提高生产效率（武康平，2015）。“质量型人口红利”观点说明，人口老龄化并不一定意味着人口必然进入负债期，老年人虽然退出劳动力市场，但仍具有生产价值，未来老年人口受教育程度显著提高，随着老年人代际转换，老年人力资本开发的有效性也会随之提高（原新等，2017）。因此，低龄高学历老年人口虽不是劳动力的主要动力，但却能够在中国经济高质量增长转型中继续为经济可持续发展提供智力支持，对经济增长有正向促进作用，能够部分中和老龄化对经济增长的负向影响。

分类管理质量型老年人口，给予更宽泛平台与灵活机制。目前，中国低龄高学历老年人口的转轨与中国经济的转轨叠加，而这个阶层是脑力智慧最成熟的阶段，是人力资本发展的最高峰期，在干中学的过程中积累了许多经验，对技术进步与制度创新有积极的促进作用。应有意识地把中国低龄高学历老年人口从老龄化人口中剥离出来，将有利于推进低龄高学历老年人口人力资本潜力的开发。在高科技医疗健康的保障下，平均寿命的延长有助于高学历老年人口

促进经济增长，这些低龄高学历老年人口至少还能影响未来5~10年的中国经济，甚至影响着下一轮改革开放中国经济高质量与可持续增长。未来，中国“制度创新”能够不断建立健全的政策法规，更宽泛与灵活的体制机制，让“低龄高学历老年人口”能发挥更大的潜力，释放更多的人力资本优势，从“积极老龄化”的角度转变路径依赖，缓解逐渐失去的“人口红利数量优势”带来的经济压力。

五、完善项目成果交易平台，加速科技成果转化与项目孵化

为了加快科技成果向现实生产力转化，应紧密融合金融创新，创新建设项目成果交易服务平台。这是协同创新平台引导金融服务创新支撑技术创新，加快科技成果转化，加强宏观调控制度创新，优化创新环境，加速项目成果落地孵化的重要立足点。

充分发挥政府牵引动力，引导资本市场投资方向。政府对产业的扶持，对金融创新的引导是实现科技成果转化与项目落地不可或缺的制度创新主体。一方面，扩大产业引导基金规模，从而加强政府引导的产业投资基金重点向高新技术与前沿科技领域覆盖。目前，大部分沿海省市的投资基金管理职能都在财政厅、发改委等重要部门，基于政府的宏观调控职能，可专门针对相应的产业引导基金成立事业单位，或由具有相应业务职能的事业单位承担科技金融创业服务职能，并作为投资主体，支持创新成果各个阶段的引导性投入，并建立公平公正的遴选机制，合理、有序引导优质社会资本投入。另一方面，支持间接金融体系设立相应的投资管理公司，积极鼓励民营银行参与，加强各类金融主体与协同创新平台的合作，引导各类金融主体建立投资联动机制与风险分担机制，以各种创新业态加大力度支持科技创新。

放宽科技成果转移转让制度，积极促进技术创新等无形资产交易。对于高校和科研机构而言，不乏诸多科研成果，但大部分都束之高阁，不能转化成为现实生产力。这需要从处置权、收益权等角度创新改革无形资产转让制度，才能让这些科研成果活起来，成为交易的对象，并进入市场成为有效生产力。一方面，对不涉密的重大科研成果，可以允许高校和科研机构拥有自主性较强的处置权和收益权，特别是科研成果转化所产生的收益权。另一方面，需要协同创新平台对科研成果进行有效评估，允许科研成果在项目成果交易平台进行交易，以进一步完善知识产权的资本化与证券化交易。

第三节　健全激发科研人员创新活力制度

科研人员是具备一定的科学理论并从事具有创新性科学研究工作的人员，一定程度上代表我国先进社会生产力。在深化改革过程中，知识流通过科研人员的流动来实现产业间的互动，而科研人员通过流动达到提升人力资本质量的目的。因此，科研人员合理、有序流动，对实施创新驱动战略、优化物质资源配置、提升人力资本质量、实现科研生态良性循环、推动生产力的发展起到至关重要的作用（梁伟年，2004）。经济合作与发展组织在讨论国家创新体系时指出，创新体系的顺利运行取决于知识流在产业界、大学（或科研机构）之间的流动性（张寒和饶凯，2016），人才流动是知识扩散的重要方式之一，不断促进技术成果的转换与传播。美国心理学家勒温（Kurt Lewin）、Swiss（2001）、卡兹（Katz）、库克（Kuck）、中松义郎分别从个人创新绩效、直接影响科研成果、人的创造力、目标一致论等方面，论证了人才流动与组织和环境息息相关，说明了人才流动是个人目标与组织目标协同的最优选择（黄宗成，1989；Levin和Rosse，2001；古继宝和李国伟，2006；孔春梅，2010；Oleksiyenko，2013；金莉，2016）。亨利·埃茨科威兹（2008，2009）提出了著名的官、产、学三螺旋理论，这也是研究人才创新流动螺旋上升的新范式。在西方国家，还有一种特殊的人才流动机制——旋转门机制。Kent Weaver（1989）提出，智库作为政府人才供应商的作用在很大程度上是行政精英渗透的结果，智库天然地适合这样的美国政治体系，而“旋转门”这种特殊的人才流动机制是美国智库能够产生创新性思想的关键。因此，科研人员的合理、有序流动是国家创新系统的关键，从更好发挥科研人员的创造力角度，应优化整体创新环境，放活人才流动机制，允许建立容错机制，完善人才制度建设。

一、优化整体创新环境，完善人才制度建设

人才是实施创新驱动、促进经济高质量增长的首要资源，更是实现民族复兴、提升国际竞争力的战略性资源。在实现中国梦，践行“一带一路”倡议与推动新时代伟大事业的进程中，因对人才的迫切需求，使得“抢人争夺战”“留人大战”等现象层出不穷。重点是要优化整体创新环境，大力支持各种研发创新机构，有力推动科技中介服务机构集群化发展，加快建造创新创业孵化

空间，关键是要转变政府管理职能，完善人才制度建设，充分发挥市场在人才资源配置中的决定性作用，形成事业—生活协调发展的用人环境，责任—动力融为一体的约束条件，价值—待遇相互匹配的激励机制，精神—物质双丰收的归属感，最大限度释放人才的创新动力，激发经济发展活力。

建立科学的人才引进政策，优化人才培育机制。加快政府职能转变，持续推进简政放权、放管结合、优化服务，努力促使经济发展型政府转向公共服务型政府，推进人才管理制度创新，建立合理的人才引进政策和优秀人才培育机制。第一，在引进国际一流人才以及海外高层次人才方面，加大对创新创业人才的政策倾斜力度，沿海一线城市还可充分发挥户籍制度优势，吸引人才入户。第二，在基础培育方面，积极探索校企合作、联合培育的综合模式，对标国际名校，对接市场需求，试点开拓国际一流学科设置，强化创造性思维培育，使基础人才培育向综合应用型转型。第三，在高端人才培育方面，科研人员参与国际创新合作交流活动，有利于提升国内高素质人才的国际竞争力，有助于在前沿科技上与国际接轨。因此，在人才选拔培育上，有别于领导人员因公出境出国的审批程序，应分类管理并积极鼓励科研人员的出境出国交流。

建立健全的科研人员评价体系，注重实践能力评价。如何评价科研工作是一项复杂的系统工程，这也直接影响科研人员的积极性与创新活力。第一，丰富评价标准，形成立体式、多方位考核体系。采用评审与考核相结合的手段，既全面评价科研人员的德、能、勤、绩，又对科研人员所属领域进行交叉考核，形成整体综合实力考评。第二，根据考核主体差异化，分类制定考核标准。因人才素质结构、专业属性、入职匹配度的差异性，使对科研人员的考核标准不能采用“一刀切”模式，应对从事基础研究、综合研究、应用研究的科研人员进行分类，分别制定相应的评价标准。第三，适当调整理论部分考核，加强实践能力评价。对科研人员的理论考核是硬实力，而对实践能力评价是软实力，二者缺一不可。因此，在对科研人员考核中，论文、专著是必要要求，但不应是唯一要求，应适当降低标准，调整所占比例，增加考核具体项目的实际操作能力与理论的运用能力。第四，开辟绿色评审通道，引进高端杰出人才。针对特殊紧缺人才，可启动绿色评审通道机制，引入行业内专业机构参与评价，形成政府、高校、行业、科研机构等多方的考核小组，快速、客观、公允评价创新能力突出且成果显著的高端人才。

二、创新人才流动机制，促进人才有序合理流动

优化高层次人才智慧流动，快速发展新型混合型民间智库。通过加强高端

人才流动，带动科研市场创新运作。如利用“6·18”或“9·8”国际会展平台，建立起政府政策研究中心、高校科研机构与民间智库或企业研究机构三者之间的对话机制，形成“顶层智库常态化的论坛或年会”，使政府研究部门、学校科研机构、民间智库机构真正三足鼎立，并建立起规范性的流动机制，为政府、高校、企业建立起的产学研平台提供智力支持。目前，政府的研究中心、高校的科研机构发展得比较成熟，但代表市场化运作的民间智库还处于起步阶段。三种机构代表三种不同创新主体的创新发展立足点，应加快速度发展民间智库，在整体上形成政府、高校、民间三种智库的互补机制，发挥各自的优势，趋向决策科学平衡。政府和大学的智库已经逐步参与并影响政府的决策，也出现了智库与政府之间人才流动的现象。三种类型智库的协同发展，能够从战略角度不断影响政府、高校、企业三种创新主体的决策朝更均衡优化的方向演化发展。

鼓励人才体制内外流动，科研人才实行“双聘制”和“多聘制”。以市场需求和创新成果为标准，分别鼓励不同体制流动，根据项目需求与实践需要，实行双聘制与多聘制，更加有效地促进项目的对接与市场化运作。如充分发挥“6·18”平台的院士资源库，“本土化”科研旋转门机制，探索建立“旋转合作机制”，鼓励科研人员参与企业间流动。一方面，在不损害科研人员职业的前提下，鼓励科研人员向富有活力的企业流动或在职离岗创业，可以采取顾问咨询、定期研讨会与休年假等方式，允许科研人员进入企业进行一线项目运作，在理论积累的基础上进行实践操作。通过在不同体制中磨合提升科研人员理论与实践的结合能力，更进一步使科学研究有的放矢。同时，原有科研人员流动后，科研院所可以再招聘培养年轻科研人员作为后备力量，不断可持续培养创新型人才。另一方面，企业高级人才可流动到科研机构，进行进一步的理论学习与进修，从丰富知识深度与层次角度，有利于再次流动回企业，形成科研人员理论与实践学习的螺旋式上升，发挥创新型人才的无限潜力。

促进人才孵化式流动，项目引导制度实现市场化运作。在校博士研究生是科研金字塔体系的基础，2016 年仅在校博士生占高校 R&D 人员近 95%，且这个群体较有活力，具有较强的可塑性，偏好流动的概率较高。因此，针对我国科研人员结构逐步年轻化的现状趋势，可采取以下措施：第一，鼓励在校博士研究生参与项目创新，使研究方向与项目相结合，研究成果进入市场化检验，提升博士研究的转化率与研究效用；第二，结合“博士人才引进计划”，让博士项目研究与市场项目相结合，探索培养“应用研究型博士研究生”；第三，在校博士研究生在校完成三年的理论学习，对相关问题的研究嫁接相对应的企业或政府，进行两年的项目实践。通过孵化式流动，有利于放活高校这座巨大智库的同时，也为企业、高校、科研机构、政府的创新培养复合型高级人才队伍。同时也积极鼓励企业聘用高层次人才，激发整个市场的创新活力。

鼓励人才跨域式流动，促进区域协调发展。改革开放以来，中国成为世界第二大经济体，但东、中、西三大区域经济发展仍然不平衡，区域差异性较大。特别是中西部地区、东北地区、中小城市对人才的需求尤其紧缺，严重制约其经济发展。在“创新、协调、绿色、开放、共享”五大发展理念下，更应从包容性角度，通过收益分配制度、科研经费管理制度、股权激励制度、科研成果入股等激励机制和优质的住房、医疗、教育等保障措施健全合理、有序的人才流动制度，将有利于吸引人力资本回流，从而充分发挥人力资本在经济增长中的首要资源作用，有利于缩小区域收入差距，从而促进区域协调发展。

三、积极引入金融资本，建立符合创新的容错机制

积极引入金融资本，减少流动成本。如何减少流动成本，资本是实现三螺旋有效运转的金融工具，应加大社会资本支持人才流动，鼓励设立政府引导产业股权投资基金，以完善人才优化和创新生态系统。可建立“绿色金融科技项目孵化试点中心”，在这个准孵化器内，加大金融资本的支持力度，鼓励创新，降低流动成本，允许创新失败，保证科研创新的可持续性。加强政府的政策引导与支持，引入社会金融资本，与高校联合成立“创新创业投资基金”。

关于此类基金，其性质可以是产业基金与创投基金，根据市场规模可高达百亿元，资金投向明确，用于创新创业相关的可持续发展产业。因创新创业项目需要较长的时间孵化与培育，可采用至少 10 年或更长的存续期，通过政府与高校的原始资本吸引社会资本参与，共同遴选优质管理人，提高项目成果的转化率，保证投资的可持续运转。通过金融创新模式，加快孵化扶持可持续创新创业项目，让政府、高校、企业共同参与创新创业大平台的搭建与创新创业合作区的建设，达到通过创新创业推动经济增长动力转换、提高社会整体经济增长的目的。

建立容错机制，鼓励科研人员敢于挑战、勇于创新。创新的过程是复杂的，只有建立健全容错、纠错机制，才能让科研人员无后顾之忧，调动科研人员的积极性与主动性，激发科研人员不断向更复杂、更深度处探索创新。首先，需要将容错机制与纠错机制结合起来，客观、公平、公正、有序地推动创新；其次，在改革创新的过程中，容错机制也是一项系统工程，需要从制度层面完善创新环境，科学、有效设定容错程序，明确容错的范围与内容，积极营造生态可持续的创新环境；最后，应加大财政金融支持力度，建立适当补偿机制，以

分化创新投入风险。

第四节　本章小结

综上所述，本章的主要结论如下：第一，社会资本作为完善金融体系的一种重要补充，具有积极的发展趋势。无论是从金融改革创新，还是从经济转型发展考虑，都应该鼓励并加快推进有实力的社会资本以创新的姿态参与到协同创新驱动经济增长中来，驱动经济增长动力转换，实现经济快速高质量增长。第二，在政府的创新动力中，平台的调控政策是最优路径。这说明，在当前经济发展阶段，政府需要加快创新型平台建设，为推动技术创新提供综合型的协同创新平台。这个平台是融合了技术创新体系、高质量人才库、金融创新支撑体系、重大领域产业项目库、决策服务型智库群五大要素为一体的创新生态系统，有利于加强重大原创技术研发，加快新型高质量人才培育，转变人口红利路径依赖，加速科技成果转化与项目孵化，从而全面实现创新驱动。第三，科研人员的流动有利于提高劳动力的整体素质与质量，能够不断促进经济发展中的一系列创新活动。尤其在人口红利逐步消失的新常态经济背景下，创新科研人员流动机制，在一定程度上解决"需求外溢"的困惑，有利于完善人才制度建设，对解决我国科研成果转化率低下具有十分重要的意义。特别是从提供高质量人才供给体系角度，对加快推进高质量经济增长有重要的现实意义。高校是国家创新体系的主力军，既是培养科研人员的主阵地，也是开展科学研究的重要力量。本书建议在鼓励创新创业的大背景下，应加大力度鼓励"孵化式流动"，支持最基础、最活跃的底层科研力量——博士生流动到基层与前沿市场，不仅实现人力资本质量提升，而且推动科研成果转化，从而逐步提升经济发展质量。因此，这些具体的政策建议对技术、制度、金融三者协同创新驱动经济增长有重要的实践意义。

参考文献

[1] Jay Rao, Fran Chuan. 创新的科学与文化 [M]. 林涛, 孙建国译. 北京: 北京大学出版社, 2017.

[2] 黄晟. 宁波实现由投资驱动向创新驱动转变的路径研究 [D]. 宁波大学博士学位论文, 2009.

[3] 习近平. 在党的十八届五中全会第二次全体会议上的讲话（节选）[J]. 求是, 2016 (1): 3-10.

[4] 习近平. 在中国科学院第十九次院士大会、中国工程院第十四次院士大会上的讲话 [EB/OL]. (2018-05-28) [2019-02-28]. http://www.xinhuanet.com/politics/2018-05/28/c_1122901308.htm.

[5] 习近平. 在庆祝改革开放40周年大会上的讲话 [EB/OL]. [2019-02-28]. http://www.xinhuanet.com/politics/leaders/2018-12/18/c_1123868586.htm.

[6] 刘耀祥. 从重视要素投入到注重制度建设——经济增长理论的发展脉络及其启示 [J]. 四川行政学院学报, 2006 (4): 83-86.

[7] 周小亮. 新常态下中国经济增长动力转换: 理论回溯与框架设计 [J]. 学术月刊, 2015 (9): 15-26.

[8] Romer P. M. Increasing Returns and Long-Run Growth [J]. Journal of Political Economy, 1986, 94 (5): 1002-1037.

[9] Lucas R. E. On the Mechanics of Economic Development [J]. Journal of Monetary Economics, 1988 (22): 3-42.

[10] Barro R. J. Government Spending in A Simple Model of Endogenous Growth [J]. The Journal of Political Economy, 1990, 98 (5): 103-125.

[11] Yang X., Borland J. A Microeconomic Mechanism for Economic Growth [J]. Journal of Political Economy, 1991, 99 (3): 460-482.

[12] Aghion P., Howitt P. A Model of Growth Through Creative Destruction [J]. Econometrica, 1992, 60 (2): 323-351.

[13] Dodzin S., Vamvakidis A. Trade and Industrialization in Developing Economies [J]. Journal of Development Economics, 2004, 75 (1): 1-328.

[14] 道格拉斯·诺斯，罗伯斯·托马斯．西方世界的兴起［M］．厉以平，蔡磊译．北京：华夏出版社，2009.

[15] 曼瑟尔·奥尔森．权利与繁荣［M］．苏长和译．上海：上海人民出版社，2005.

[16] 兰斯·戴维斯，道格拉斯·诺斯．制度变迁与美国经济增长［M］．张志华译．上海：格致出版社，2018.

[17] Acemoglu D., Johnson S., Robinson J. Institutions as the Fundamental Cause of Long-Run Growth [J]. Nanjing Business Review, 2006, 1 (5): 385-472.

[18] Foley D. K. Realization and Accumulation in a Marxian Model of the Circuit of Capital [J]. Journal of Economic Theory, 1982, 28 (2): 300-319.

[19] Matthews P. H. An Econometric Model of the Circuit of Capital [J]. Metroeconomica, 2010, 51 (1): 1-39.

[20] Nelson R. R. Bringing Institutions into Evolutionary Growth Theory [J]. Journal of Evolutionary Economics, 2002, 12 (1-2): 17-28.

[21] Alcouffe A., Kuhn T. Schumpeterian Endogenous Growth Theory and Evolutionary Economics [J]. Journal of Evolutionary Economics, 2004, 14 (2): 223-236.

[22] Audretsch D. B., Keilbach M. Entrepreneurship and Regional Growth: An Evolutionary Interpretation [J]. Journal of Evolutionary Economics, 2004, 14 (5): 605-616.

[23] Galor O., Michalopoulos S. Evolution and the Growth Process: Natural Selection of Entrepreneurial Traits [J]. Journal of Economic Theory, 2012, 147 (2): 759-780.

[24] 胡乃武，周帅，衣丰．中国经济增长潜力分析［J］．经济纵横，2010 (10)：32-48.

[25] 沈坤荣，李子联．中国经济增长的动力和约束［J］．经济学动态，2011 (1)：26-32.

[26] 靳涛．中国经济增长与制度变迁的互动关系研究——基于新中国 60 年经济发展经验的视角［J］．厦门大学学报（哲学社会科学版），2011 (4)：8-16.

[27] 周建军．从“华盛顿共识”到“包容性增长”：理解经济意识形态的新动向［J］．马克思主义研究，2012 (2)：86-93.

[28] 任保平．新常态要素禀赋结构变化背景下中国经济增长潜力开发的动力转换［J］．经济学家，2015，5 (5)：13-19.

[29] 任兴洲．中国经济增长动力的转换与创新驱动［J］．上海质量，2015 (1)：12-15.

[30] 郭艳，李宝会，蔡颖．转型发展新阶段经济增长动力演变研究——以江苏为例［J］．调研世界，2015（1）：4-10.

[31] 国家统计局综合司课题组．我国经济增长动力及其转换［J］．调研世界，2014（12）：3-8.

[32] 胡家勇．新常态下中国经济增长动力将发生根本性转换［J］．农村工作通讯，2015（6）：41.

[33] 李中．新常态与我国经济增长动力机制构建研究［J］．北方经济，2015（3）：25-27.

[34] 唐羽．从“旧常态”向“新常态”转换的动力机制分析［J］．时代金融，2015（33）：6，10.

[35] 张占斌．中国经济新常态下增长动力的转换［J］．前线，2015（4）：28-30.

[36] 李团中，付春晖，王道．经济发展新阶段湖北经济增长动力分析［J］．调研世界，2015（5）：13-16.

[37] 孙兆刚．创新驱动战略与金融创新协同发展机理研究［J］．科技进步与对策，2015（12）：30-34.

[38] Coad A., Rao R. Innovation and Firm Growth in High-tech Sectors：A Quantile Regression Approach［J］. Research Policy，2008，37（4）：633-648.

[39] 傅兆君．中国发展道路的创新驱动特征研究［J］．南京理工大学学报（社会科学版），2012，25（3）：24-29.

[40] 庞柏林．中国农业技术创新驱动模式研究［J］．学习与探索，2008（1）：171-173.

[41] 邓衢文，李纪珍，褚文博．荷兰和英国的创新平台及其对我国的启示［J］．技术经济，2009（8）：11-16.

[42] 罗勇，张旭．英国国家创新战略的测度体系研究及其启示［J］．中国科技论坛，2010（1）：142-146.

[43] 胡婷婷，文道贵．发达国家创新驱动发展比较研究［J］．科学管理研究，2013，31（2）：1-4.

[44] 洪银兴．科技创新与创新型经济［J］．管理世界，2011（7）：1-8.

[45] 蔡乌赶，周小亮．企业生态创新驱动、整合能力与绩效关系实证研究［J］．财经论丛，2013，170（1）：95-100.

[46] 刘志彪．从后发到先发：关于实施创新驱动战略的理论思考［J］．产业经济研究，2011（4）：1-7.

[47] 张银银，邓玲．创新驱动传统产业向战略性新兴产业转型升级：机理

与路径 [J]. 经济体制改革, 2013 (5): 97-101.

[48] 陈勇星, 屠文娟, 季萍等. 江苏省实施创新驱动战略的路径选择 [J]. 科技管理研究, 2013, 33 (4): 103-107.

[49] 马克. 创新驱动发展: 加快形成新的经济发展方式的必然选择 [J]. 社会科学战线, 2013 (3): 1-8.

[50] 张来武. 论创新驱动发展 [J]. 中国软科学, 2013 (1): 1-5.

[51] 任保平, 郭晗. 经济发展方式转变的创新驱动机制 [J]. 学术研究, 2013 (2): 69-75.

[52] 肖文圣. 我国创新驱动战略及驱动力研究 [J]. 改革与战略, 2014 (3): 35-38.

[53] 赵志耘. 创新驱动发展: 从需求端走向供给端 [J]. 中国软科学, 2014 (8): 1-5.

[54] 陈曦. 创新驱动发展战略的路径选择 [J]. 经济问题, 2013 (3): 42-45.

[55] 夏天. 创新驱动经济发展的显著特征及其最新启示 [J]. 中国软科学, 2009 (S2): 113-118.

[56] 吴锋刚, 沈克慧. 中国特色的创新驱动发展战略研究 [J]. 企业经济, 2013 (6): 48-52.

[57] Schumpeter J. A. 经济发展理论 [M]. 孔伟艳等译. 北京: 北京出版社, 2008.

[58] Solow R. M. Technological Change and the Aggregate Production Function [J]. The Review of Economics and Statistics, 1957, 39 (3): 312-320.

[59] Denison E. F. Education, Economic Growth, and Gaps in Information [J]. Journal of Political Economy, 1962, 70 (5): 124-128.

[60] Rostow W. W. 经济增长的阶段 [M]. 郭熙保, 王松茂译. 北京: 中国社会科学出版社, 2001.

[61] Romer P. M. Endogenous Technological Change [J]. Nber Working Papers, 1989, 98 (98): 71-102.

[62] Aghion P., Howitt P. Endogenous Growth Theory [M]. Cambridge, MA. MIT Press, 1998.

[63] Kydland F. E., Prescott E. C. The Computational Experiment: An Econometric Tool [J]. Journalof Economic Perspectives, 1996, 10 (1): 69-85.

[64] Porter Michael E. On Competition, Updated and Expanded Edition [M]. Harvard Business School Press, 2008.

[65] 吕明元. 技术创新与产业成长 [M]. 北京: 经济管理出版社, 2009.

［66］刘伟，张辉．中国经济增长中的产业结构变迁和技术进步［J］．经济研究，2008（11）：4-15.

［67］袁堂军．中国企业全要素生产率水平研究［J］．经济研究，2009（6）：52-64.

［68］胡宗义，刘亦文．科技进步对中国经济影响的动态 CGE 研究［J］．中国软科学，2010（9）：47-55.

［69］陈诗一．节能减排与中国工业的双赢发展：2009—2049［J］．经济研究，2010（3）：129-143.

［70］张浩然，衣保中．技术进步、结构调整与就业增长——基于空间面板模型的经验研究［J］．经济经纬，2011（5）：14-17.

［71］王利政，高昌林，朱迎春等．引入无形资本因素对科技进步贡献率测算的影响［J］．中国科技论坛，2012（12）：39-43.

［72］何锦义．关于科技进步贡献率的几点认识［J］．统计研究，2012，29（8）：91-98.

［73］孙冰，林婷婷．我国高技术产业竞争力与技术创新的关系研究［J］．中国科技论坛，2012（1）：23-29.

［74］邹心勇，赵丽芬．中国经济全要素生产率的变迁：1978—2010 年实证分析［J］．中央财经大学学报，2013，1（11）：51-55.

［75］陈刚，赵志耘，许端阳．科技创新支撑经济发展方式转变的动力机制［J］．中国科技论坛，2014（6）：5-8.

［76］王海花，谢富纪，周嵩安．创新生态系统视角下我国实施创新驱动发展战略的“四维”协同框架［J］．科技进步与对策，2014（17）：7-11.

［77］周绍森，胡德龙．现代经济发展内生动力论——科学技术与人力资本对经济贡献的研究［M］．北京：经济科学出版社，2010.

［78］潘义勇．产权制度创新与经济增长［J］．开放时代，2001（6）：82-87.

［79］邱成利．制度创新与产业集聚的关系研究［J］．中国软科学，2001（9）：100-103.

［80］傅晓霞，吴利学．制度变迁对中国经济增长贡献的实证分析［J］．南开经济研究，2002（4）：70-75.

［81］贾辉艳．以制度创新推动我国经济增长模式的转换［J］．经济问题探索，2007（9）：1-4.

［82］杜明义．制度创新促进西部民族地区新农村建设中的经济增长［J］．北方经济，2008（14）：51-52.

［83］李刚，陈前．中国经济增长初始动力与后金融危机时代的选择［J］．

兰州商学院学报，2010，26（4）：77-82.

［84］尚晓晔．浅析我国农地制度创新与农村经济增长［J］．行政事业资产与财务，2011（12）：87-88.

［85］连宏谋，夏凯，郑明．浅析制度变迁与经济增长的关系［J］．北方经济，2012（4）：21-22.

［86］谢金箫．技术创新、制度创新与经济持续增长［J］．北方论丛，2014（4）：137-139.

［87］王学龙，袁易明．中国能否跨越中等收入陷阱——制度公平和人力资本的视角［J］．经济评论，2015（6）：3-16.

［88］马红．科技与金融结合的研究［D］．西南财经大学博士学位论文，2013.

［89］Levine R. Financial Development and Economic Growth：Views and Agenda［J］．Journal of Economic Literature，1997（35）：688-726.

［90］Beck T.，Levine R.，Loayza N. Finance and the Sources of Growth［J］．Journal of Financial Economics，2004，58（1）：261-300.

［91］Tadesse S. Financial Architecture and Economic Performance：International Evidence［J］．Journal of Financial Intermediation，2002，4（11）：429 -454.

［92］Atanassov J.，Nanda V. K.，Seru A. Finance and Innovation：The Case of Publicly Traded Firms［R］．Ross School of Business Paper，2007.

［93］叶耀明，王胜．金融中介对技术创新促进作用的实证分析——基于长三角城市群的面板数据研究［J］．商业研究，2007（8）：106-111.

［94］国务院．国家创新驱动发展战略纲要［EB/OL］．（2016-05-19）［2019-01-25］http：//www. gov. cn/gongbao/content/2016/content_5076961. htm.

［95］林志帆，龙晓旋．金融结构与发展中国家的技术进步——基于新结构经济学视角的实证研究［J］．经济学动态，2015（12）：57-68.

［96］王莉．技术创新、金融结构与新经济发展［M］．北京：经济科学出版社，2007.

［97］孙伍琴．金融发展促进技术创新的机制及启示［J］．杭州电子科技大学学报（社会科学版），2008（3）：19-23.

［98］叶子荣，贾宪洲．金融支持促进了中国的自主创新吗［J］．财经科学，2011（3）：10-18.

［99］俞立平．金融支持、政府与企业投入对科技创新的贡献研究［J］．科研管理，2015，36（3）：57-63.

［100］程宇，周小亮，陈晓芳．基于技术创新视角的金融结构优化与金融

制度变革［J］. 福州大学学报（哲学社会科学版），2016，30（4）：27-34.

［101］Nelson R. R. The Co-evolution of Technology, Industrial Structure, and Supporting Institutions［J］. Industrial & Corporate Change, 1994, 3（1）：47-63.

［102］沈能，赵建强. 我国金融发展与技术进步的动态演进［J］. 统计与决策，2005（11）：67-70.

［103］Saviotti P. P., Pyka A. The Co-evolution of Technologies and Financial Institutions［J］. Chapters, 2009（1）：81-100.

［104］李颖. 分层视角的科技产业与金融结合路径探析［J］. 产经评论，2011（3）：12-24.

［105］吴勇民，纪玉山，吕永刚. 技术进步与金融结构的协同演化研究——来自中国的经验证据［J］. 现代财经（天津财经大学学报），2014（7）：33-44.

［106］吴勇民，王倩. 互联网金融演化的动力——基于技术与金融的协同演化视角［J］. 经济与管理研究，2016，37（3）：46-53.

［107］刘湘云，吴文洋. 科技金融与高新技术产业协同演化机制及实证检验——源于广东实践［J］. 广东财经大学学报，2018，33（3）：22-34.

［108］刘纪恒. 中小企业在我国经济发展当中比重越来越大［EB/OL］.（2018-07-29）［2019-01-10］https：//baijiahao. baidu. com/s? id = 1607334653869284336&wfr = spider&for = pc.

［109］彭振江，王斌. 我国以银行贷款为主的存量融资结构需要优化［EB/OL］.（2017-06-8）［2019-01-10］. https：//www. sohu. com/a/147020323_ 115124.

［110］Jeong H., Townsend R. M. Sources of TFP Growth: Occupational Choice and Financial Deepening［J］. Economic Theory, 2007, 32（1）：179-221.

［111］Auken H. E. V. Financing Small Technology-Based Companies: The Relationship between Familiarity with Capital and Ability to Price and Negotiate Investment［J］. Journal of Small Business Management, 2010, 39（3）：240-258.

［112］毛茜，赵喜仓. 科技金融创新与我国经济增长效应研究——基于科技型中小企业发展视角［J］. 科技进步与对策，2014（12）：23-26.

［113］姚耀军，董钢锋. 中小企业融资约束缓解：金融发展水平重要抑或金融结构重要——来自中小企业板膳食公司的经验证据［J］. 金融研究，2015（4）：42-53.

［114］祝佳. 创新驱动与金融支持的区域协同发展研究——基于产业结构差异视角［J］. 中国软科学，2015（9）：106-116.

［115］闻媛．技术创新政策分析与工具选择［J］．科技管理研究，2009（8）：47-49.

［116］孙芙蓉．金融加快助推战略性新兴产业［J］．中国金融，2011（2）：12.

［117］陈文俊，周晓杰，寻舸等．科技金融助推创新驱动发展［J］．宏观经济管理，2013（7）：38-39.

［118］张岭，张胜．金融体系支持创新驱动发展机制研究［J］．科技进步与对策，2015（5）：15-19.

［119］梁琳，林善浪．金融结构与经济绿色低碳发展［J］．经济问题探索，2018（11）：179-190.

［120］孙静．金融结构促进技术创新的比较制度分析——基于制度互补性的视角［J］．华东经济管理，2018，32（12）：152-163.

［121］童藤．金融创新与科技创新的耦合研究［D］．武汉理工大学博士学位论文，2013.

［122］刘芮珺．论金融创新与制度创新［J］．济南金融，2004（7）：57-58.

［123］Porta R. L.，Lopez-De-Silanes F.，Shleifer A. Government Ownership of Banks［J］．The Journal of Finance，2002，57（1）：265-301.

［124］刘建军．以制度创新推进金融创新［J］．求是，2002（2）：30-32.

［125］巴曙松，张宁．"基于制度缺陷的金融创新及其监管"问题讨论［J］．学术月刊，2004（1）：12-17.

［126］陶广峰．金融创新的制度机理［J］．现代经济探讨，2006（12）：18-21.

［127］彭芳春，许媛媛．中小企业融资异象、制度缺陷与金融创新［J］．浙江金融，2008（9）：29-30.

［128］马运全．金融创新的制度环境研究［J］．当代经济管理，2011，33（10）：87-91.

［129］蒋雨亭，史彦泽．我国商业银行金融创新的动力与监管制度的构建［J］．财经问题研究，2016（11）：51-58.

［130］林毅夫．制度、技术与中国农业发展［M］．上海：上海三联书店，1994.

［131］吴敬琏．发展中国高新技术产业：制度重于技术［M］．北京：中国发展出版社，2002.

［132］拉坦．诱致性制度变迁理论［M］//科斯等．财产权利与制度变迁．上海：上海三联书店，1994.

［133］袁庆明．技术创新的制度结构［M］．北京：经济管理出版

社，2002.

[134] 赵放．论技术和制度的关系及其在经济增长中的作用 [J]．当代经济研究，2003，89 (1)：35-39.

[135] Ehrlich P. R.，Ravent P. H. Butterfly and Plants：A Study in Co-evolution [J]. Evolution，1964 (18)：586-608.

[136] Jazen D. H. When is It Co-evolution? [J]. Evolution，1980 (34)：611-612.

[137] 赫尔曼·哈肯．协同学——大自然构成的奥秘 [M]．上海：上海译文出版社，2005.

[138] 杨勇华．基于演化范式的技术与制度关系探要 [J]．广州大学学报 (社会科学版)，2009，8 (11)：32-36.

[139] Pelikan P. Bringing Institutions into Evolutionary Economics：Another View with Links to Changes in Physical and Social Technologies [J]. Journal of Evolutionary Economics，2003，13 (3)：237-258.

[140] Murmann P. J. Knowledge and Competitive Advantage：The Co-evolution of Firms，Technology，and National Institutions [M]. Cambridge University Press，2003.

[141] Reinstaller A. Policy Entrepreneurship in the Co-evolution of Institutions，Preferences，and Technology：Comparing the Diffusion of Totally Chlorine Free Pulp Bleaching Technologies in the US and Sweden [J]. Research Policy，2005，34 (9)：1366-1384.

[142] Funk J. L. The Co-evolutionof Technology and Methods of Standard Setting：The Case of the Mobile Phone Industry [J]. Journal of Evolutionary Economics，2009，19 (1)：73-93.

[143] Elsner W. The Process and A Simple Logic of "meso". Emergence and the Co-evolution of Institutions and Group Size [J]. Journal of Evolutionary Economics，2010，20 (3)：445-477.

[144] 谢识予．有限理性条件下的进化博弈理论 [J]．上海财经大学学报，2001，3 (5)：3-9.

[145] 胡支军，黄登仕．证券组合投资分析的进化博弈方法 [J]．系统工程，2004，22 (7)：44-49.

[146] 高洁，盛昭瀚．发电侧电力市场竞价策略的演化博弈分析 [J]．管理工程学报，2004，18 (3)：91-95.

[147] 石岿然，肖条军．双寡头零售市场的演化稳定策略 [J]．系统工程

理论与实践，2004（12）：24-28.

［148］易余胤，肖条军．我国信贷市场的进化与调控［J］．东南大学学报（自然科学版），2003，33（4）：483-486.

［149］易余胤，盛昭瀚，肖条军．不同行为规则下的 Cournot 竞争的演化博弈分析［J］．中国管理科学，2004，12（3）：125-129.

［150］易余胤，盛昭瀚，肖条军．企业自主创新、模仿创新行为与市场结构的演化研究［J］．管理工程学报，2005，19（1）：14-18.

［151］石岿然，肖条军．基于演化博弈理论的企业组织模式选择［J］．东南大学学报（自然科学版），2007，37（3）：537-542.

［152］徐英吉，徐向艺．企业持续成长的创新理论——技术创新与制度创新协同的经济学分析［J］．山西财经大学学报，2007，29（9）：6-10.

［153］沈炳珍．浙江工业经济增长与广义技术进步［J］．浙江统计，2009（5）：25-27.

［154］齐宝库，蔚筱偲，郭亮亮．基于演化博弈理论的绿色采购政府激励模型构建与应用［J］．沈阳建筑大学学报（自然科学版），2010，26（4）：813-816.

［155］孙晓华，秦川．产业演进中技术与制度的协同演化——以中国水电行业为例［J］．中国地质大学学报（社会科学版），2011，11（5）：78-85.

［156］孙兆刚．制度—技术—资源协同影响生态经济的效果分析［J］．生态环境学报，2012，21（3）：590-594.

［157］蔡乌赶．技术创新、制度创新和产业系统的协同演化机理及实证研究［J］．天津大学学报（社会科学版），2012，14（5）：401-406.

［158］眭纪纲．技术与制度的协同演化：理论与案例研究［J］．科学学研究，2013，31（7）：991-997.

［159］程宇．动态演化博弈视角下“科技—金融”双轮创新驱动的收益分配机理探析［J］．宁夏党校学报，2013，15（3）：62-65.

［160］焦雨生．技术与制度协同演化的范式创新：TSCPII 的提出［J］．科技进步与对策，2014（10）：10-14.

［161］李昌峰，张娈英，赵广川，莫李娟．基于演化博弈理论的流域生态补偿研究［J］．中国人口·资源与环境，2014，24（1）：171-176.

［162］黄凯南．演化增长理论：基于技术、制度与偏好的共同演化［J］．东岳论丛，2014，35（2）：26-38.

［163］李清泉，祁雪春，郭晓芸．基于“技术—制度”协同视角下欠发达地区产业创新模式研究——以永州市为例［J］．湖南科技学院学报，2015（5）：146-148.

［164］解学芳．基于技术和制度协同创新的国家文化产业治理［J］．社会科学研究，2015（2）：50-57.

［165］刘英基．经济制度、技术创新与清廉政府建设协同发展研究［J］．科技管理研究，2015，35（22）：53-60.

［166］王继升．小微企业与银行的信贷行为分析——基于演化博弈视角［J］．时代金融，2015（6X）：97-100.

［167］李煜华，刘洋，胡瑶瑛．科技型小微企业与科技型大企业协同创新策略研究——基于动态演化博弈视角［J］．科技进步与对策，2015（3）：90-93.

［168］威廉·鲍莫尔．创新经济增长的奇迹［M］．郭梅军，唐宇，李青译．北京：中信出版社，2016.

［169］迈克尔·波特．国家竞争优势［M］．李明轩，邱如美译．北京：华夏出版社，2002.

［170］张晖明，张亮亮．企业家资本：解释“欧洲悖论”的一个新的视角［J］．复旦学报（社会科学版），2011，53（6）：99-108.

［171］吉恩—菲利普·塔夫特，彭晓宇．哪些制度更适于欧洲的增长、研究、金融和劳动力市场［J］．经济社会体制比较，2007（4）：43-50.

［172］王海燕，梁洪力．瑞典创新体系的特征及启示［J］．中国国情国力，2014（12）：67-69.

［173］Fragkandreas T. When Innovation Does Not Pay Off：Introducing the “European Regional Paradox”［J］. European Planning Studies，2013，21（12）：2078-2086.

［174］PessoaA. R&D and Economic Growth：How Strong Is the Link?［J］. Economics Letters，2010，107（2）：152-154.

［175］Audretsch D. et al. Entrepreneurship Capital and Its Impact on Knowledge Diffusion and Economic Performance［J］. Journal of Business Venturing，2008，23（6）：687-698.

［176］Ejermo O. et al. The R&D Growth Paradox Arises in Fast-growing Sectors［J］. Research Policy，2011，40（5）：664-672.

［177］Moutinho R. et al. Beyond the “Innovation's Black-box”：Translating R&D Outlays Into Employment and Economic Growth［J］. Socio-Economic Planning Sciences，2015（50）：45-58.

［178］Rodriguez-Pose A. Innovation Prone and Innovation Averse Societies：Economic Performance in Europe［J］. Growth and Change，1999，30（1）：74-105.

［179］Sterlacchini A. R&D，Higher Education and Regional Growth：Uneven Linkages Among European Regions [J]. Research Policy, 2008, 37 (6): 1096-1107.

[180] Cornett A. P. Aims and Strategies in Regional Innovation and Growth Policy: A Danish Perspective [J]. Entrepreneurship and Regional Development, 2009, 21 (4): 399-420.

[181] Rodriguez-Pose A., Comptour F. Do Clusters Generate Greater Innovation and Growth? An Analysis of European Regions [J]. Professional Geographer, 2012, 64 (2): 211-231.

[182] 萨缪·鲍尔斯. 微观经济学: 行为、制度和演化 [M]. 江艇, 洪福海, 周业安等译. 北京: 中国人民大学出版社, 2006.

[183] Smith N., Thomas E. Socio-institutional Environmentand Innovation in Russia [J]. Journal of East-West Business, 2015, 21 (3): 182-204.

[184] Crescenzi R., Rodríguez-Pose A. Innovation and Regional Growth in the European Union [M]. Springer Berlin Heidelberg, 2011.

[185] Crescenzi R., Rodríguez-Pose A. Infrastructure and Regional Growth in the European Union [J]. Papers in Regional Science, 2012, 91 (3): 487-513.

[186] Rodríguez-Pose A., Villarreal Peralta E. M. Innovation and Regional Growth in Mexico: 2000-2010 [J]. Growth and Change, 2015, 46 (2): 172-195.

[187] 覃成林, 任建辉. 社会过滤与经济增长关系研究进展 [J]. 经济学动态, 2016 (9): 115-123.

[188] 克莱顿·克里斯坦森, 迈克尔·雷纳. 创新者的解答 [M]. 李瑜偲, 林伟, 郑欢译. 北京: 中信出版社, 2013.

[189] 李宏芳. 科学实验推进了客观实在论——关于"薛定谔猫佯谬"的哲学研究 [J]. 自然辩证法研究, 2006 (11): 29-33.

[190] 钟欣. 量子世界里薛定谔的猫 [J]. 科技经济导刊, 2018 (1): 136.

[191] John Gribbin. 寻找薛定谔的猫——量子物理的奇异世界 [M]. 张广才等译. 海南: 海南出版社, 2015.

[192] John Gribbin. 薛定谔的小猫——对量子物理和真实性的探索 [M]. 张广才等译. 海南: 海南出版社, 2015.

[193] 郭光灿. 来自量子世界的新技术 [J]. 科学中国人, 2011 (12): 46-51.

[194] 赵倩. 基于突变理论的农业供应链金融风险评估 [D]. 广东外语外贸大学硕士学位论文, 2014.

[195] 丁庆华. 突变理论及其应用 [J]. 黑龙江科技信息, 2008

(35): 11.

[196] 金观涛, 刘青峰. 兴盛与危机——论中国社会超稳定结构 [M]. 北京: 法律出版社, 2011.

[197] 张文杰. 基于熵理论的我国房地产企业可持续发展研究 [D]. 西安建筑科技大学硕士学位论文, 2012.

[198] 吴玲, 任佩瑜, 陈维政. 管理系统中的熵理论及利益相关者框架下企业综合绩效的熵值评估法 [J]. 软科学, 2004, 18 (1): 36-40.

[199] 宋华岭. 企业系统管理复杂性评价 [M]. 北京: 经济管理出版社, 2004.

[200] 刘建波. 基于自组织理论的企业进化机制研究 [D]. 哈尔滨工程大学博士学位论文, 2005.

[201] 焦斌龙. 企业家人力资本理论评介 [J]. 理论探索, 2001 (3): 47-49.

[202] Rifkin J., Howard T. Entropy A New World View [M]. 吕明, 袁舟等译. 上海: 上海译文出版社, 1987.

[203] 王丽平, 许娜. 中小企业可持续成长能力评价及能力策略研究——基于熵理论和耗散结构视角 [J]. 中国科技论坛, 2011, 17 (12): 54-59.

[204] 伊·普里高津. 从存在到演化 [M]. 曾庆宏等译. 上海: 上海科学技术出版社, 1986.

[205] 刘丽萍, 刘玲玲. 基于耗散结构理论的企业合作创新系统研究 [J]. 中国软科学, 2009 (S1): 316-320.

[206] 李志强, 刘春梅. 基于耗散结构的企业家创新行为系统熵变模型 [J]. 中国软科学, 2009 (8): 162-166.

[207] 车林杰. 协同创新系统耗散结构判定研究——基于熵理论和耗散结构理论 [D]. 重庆大学硕士学位论文, 2016.

[208] 汪传雷, 熊月霞, 潘珊珊. 协同创新研究综述 [J]. 科技管理研究, 2013, 33 (18): 27-34.

[209] 汤兆云. 风险管理中的社会协同问题——基于人口风险管理的研究 [J]. 中国软科学, 2010 (s1): 185-192.

[210] 姜颖. 协同创新发展问题及对策研究 [J]. 经济技术协作信息, 2016 (28): 27.

[211] Bonaccorsi A., Piccalugadu A. A Theoretical Framework for the Evaluation of University-industry Relationships [J]. R&D Management, 1994, 24 (3): 229-247.

[212] Etzkowita H. The Triple Helix: University-industry-government Innovation

in Action［M］. London and New York：Rout-ledge，2008.

［213］饶燕婷．“产学研”协同创新的内涵、要求与政策构想［J］. 高教探索，2012（4）：29-32.

［214］Philbin S. Measuring the Performance of Research Collaborations［J］. Measuring Business Excellence，2008，12（3）：16- 23.

［215］Cyert R. M.，Goodman P. S. Creating Effective University－industry Alliances：An Organizational Learning Perspective［J］. Organizational Dynamics，1997，25（4）：45-57.

［216］陈劲，阳银娟．协同创新的理论基础与内涵［J］. 科学学研究，2012，30（2）：161-164.

［217］周晓阳，王钰云．产学研协同创新绩效评价文献综述［J］. 科技管理研究，2014，34（11）：45-49.

［218］张方．协同创新对企业竞争优势的影响——基于熵理论及耗散结构论［J］. 社会科学家，2011（8）：78-81.

［219］刘艳梅，姜振寰．熵、耗散结构理论与企业管理［J］. 西安交通大学学报（社会科学版），2003，3（23）：88- 91.

［220］王伟光，由雷．创新驱动发展中的产业协同创新体系文献综述［J］. 技术经济与管理研究，2016（3）：114-118.

［221］刘苹，贾海利，冯娜．产学研结合机制与策略探讨［J］. 职业教育研究，2009（4）：134-135.

［222］任佩瑜，张莉．基于复杂性科学的管理熵、管理耗散结构理论及其在企业组织与决策中的作用［J］. 管理世界，2001（6）：142-147.

［223］中华人民共和国商务部．2017 年欧盟国家研发强度 2.07%，较上一年略有增加［EB/OL］. http：//www. mofcom. gov. cn/article/i/jyjl/m/201901/20190102826346. shtml.

［224］程家怡．瑞典科技与创新体系的现状与演进过程［J］. 全球科技经济瞭望，2016，31（7）：1-8.

［225］美国康奈尔大学，英士国际商学院，世界知识产权组织．全球创新指数报告 2017［R］. 2018：319-399.

［226］蒋绚，张培培．制度、政策与运行机制：瑞典创新驱动发展研究与启示［J］. 武汉大学学报（哲学社会科学版），2017（5）：131-142.

［227］杨洋，张艳秋．瑞典的科技创新模式：演变与挑战［J］. 全球科技经济瞭望，2017（10）：1-7.

［228］王津，江建云．瑞典银行系统发展简史及运行机制［J］. 财务与金

融，2002（1）：56-58.

［229］瑞典投资环境［EB/OL］．（2019-03-06）．https：//www.xzbu.com/3/view-10613220.htm.

［230］PitchBook：2018 年前三个季度美国风险投资总额为 843 亿美元［EB/OL］．http：//www.199it.com/archives/783718.html，2019-03-06.

［231］阿尔法公社．2018 年美国风险投资行业报告：创企 VC 融资总额创近 20 年最高值［EB/OL］．http：//finance.sina.com.cn/money/smjj/smgq/2019-01-18/doc-ihqhqcis7191831.shtml.

［232］王国强．创新驱动：世界各国的战略选择［M］．北京：中国科学技术出版社，2015.

［233］雷海波，孙可娜，刘娜．发达国家科技创新金融支撑体系的运作模式与有益借鉴［J］．北方经济，2011（14）：70-71.

［234］娄金洋．产权市场：我国多层次资本市场建设的可行路径［J］．产权导刊，2014（8）：23-26.

［235］李建伟．技术创新的金融支持：理论与政策［M］．上海：上海财经大学出版社，2005.

［236］罗斯托．经济增长理论史：从大卫·休谟至今［M］．陈春良等译．浙江：浙江大学出版社，2016.

［237］郭宇，王晰巍，杨梦晴等．基于文献计量和知识图谱可视化方法的国内外低碳技术发展动态研究［J］．情报科学，2015，33（4）：139-148.

［238］刘敏，赵公民，褚帅卿．科技金融与科技型中小企业协同演进的可视化研究［J］．科技管理研究，2016，36（12）：34-39.

［239］孙树强．经济增长研究的简单脉络［EB/OL］．（2018-09-12）［2018-10-12］．https：//wallstreetcn.com/articles/3405372.

［240］冯伟，孙文远，郑义．技术选择与产业演进：以 BD 与 HD-DVD 之争为例［J］．西安电子科技大学学报（社会科学版），2010，20（5）：58-63.

［241］Nelson R.，Winter G. An Evolutionary Theory of Economic Change［M］. Mass：Harvard Univ. Press，1982.

［242］何立胜．制度创新与产业变迁［M］．北京：中国财政经济出版社，2009.

［243］Nelson R. On the Uneven Evolution of Human Know-how［J］．Research Policy，2003，32（6）：909-922.

［244］Clarke I. Emerging Value Propositions for M-commerce［J］．Journal of Business Strategies，2001，18（2）：133-148.

［245］赵玉林，谷军健．技术与制度协同创新机制及对产业升级的协同效应［J］．中国科技论坛，2018（3）：1-9.

［246］马克思．马克思恩格斯选集（第4卷）［M］．北京：人民出版社，1972.

［247］吴艳文．基于制度和技术的产业组织协同演化研究［D］．上海社会科学院博士学位论文，2008.

［248］特日昆，宋波，徐飞．技术与制度协同创新的战略性新兴产业演化机理研究［J］．科学管理研究，2015（4）：50-53.

［249］孟庆松，韩文秀．复合系统协调度模型研究［J］．天津大学学报，2000，33（4）：444-446.

［250］新华社．去年我国科学研究和技术服务业税收增长13%［EB/OL］．（2016-01-26）［2018-09-16］．http：//www. xinhuanet. com//fortune/2016-01/26/c_1117903823. htm.

［251］王文博，陈昌兵，徐海燕．包含制度因素的中国经济增长模型及实证分析［J］．统计研究，2002，24（2）：33-37.

［252］金玉国．宏观制度变迁对转型时期中国经济增长的贡献［J］．财经科学，2001（2）：24-28.

［253］吴献金，苏学文．金融创新与金融产业升级指标体系及效用分析［J］．湖南大学学报（自然科学版），2003，30（3）：108-112.

［254］杨晓敏，韩廷春．制度变迁、金融结构与经济增长——基于中国的实证研究［J］．财经问题研究，2006（6）：70-81.

［255］刘文革，高伟，张苏．制度变迁的度量与中国经济增长——基于中国1952—2006年数据的实证分析［J］．经济学家，2008（6）：48-55.

［256］刘儒，张杨，董研林．制度变迁、金融发展对区域经济增长影响的实证分析——基于浙江、陕西两省的VAR模型比较［J］．情报杂志，2015（10）：201-207.

［257］卢中原，胡鞍钢．市场化改革对我国经济运行的影响［J］．经济研究，1993（12）：49-55.

［258］王小鲁，余静文，樊纲．中国市场化八年进程报告［J］．财经，2016（11）：18-32.

［259］郑红霞，王毅，黄宝荣．绿色发展评价指标体系研究综述［J］．工业技术经济，2013（2）：142-152.

［260］关海玲．基于熵值法的城市生态文明发展水平评价的实证研究［J］．工业技术经济，2015（1）：116-122.

［261］于惊涛，张艳鸽．中国绿色增长评价指标体系的构建与实证研究［J］．工业技术经济，2016，35（3）：109-117.

［262］王其藩．系统动力学［M］．北京：清华大学出版社，1994.

［263］程华，王金湘，李冬琴等．区域技术创新与经济增长的系统动力学模型仿真——基于浙江省的研究［J］．科技管理研究，2015，332（10）：93-96.

［264］游达明，车文镇．基于系统动力学的区域技术创新与经济增长——以湖南省为例［J］．科技管理研究，2016，36（19）：27-32.

［265］金浩，张文若．金融集聚影响区域经济增长的系统动力学仿真——基于要素流动视角［J］．河北大学学报（哲学社会科学版），2016，41（6）：68-74.

［266］逯进，范云云，王文波．我国省域金融生态与经济增长交互作用机制研究——基于系统动力学的实证分析［J］．上海经济研究，2017（6）：55-63.

［267］王丽莉．我国民营科技企业自主创新系统研究［D］．哈尔滨工程大学硕士学位论文，2007.

［268］贾一伟．基于系统动力学的高校科技产业可持续发展研究［D］．北京交通大学博士学位论文，2013.

［269］段树青．格力供给侧改革闯出升级路　利润5年提升2倍［EB/OL］．（2017-10-9）［2018-11-6］. http：//finance. sina. com. cn/chanjing/gsnews/2017-10-09/doc-ifymrcmm9375315. shtml.

［270］North D. C. Institutions［J］．Journal of Economic Perspectives，1991，5（1）：97-112.

［271］North D. C. Institutions and Economic Theory［J］．American Economist，1992，36（1）：3-6.

［272］宋圭武．制度问题之我见［EB/OL］．（2005-10-19）［2017-11-29］. http：//www. boraid. com.

［273］范如国，张明山．制度演化的复杂性特征与我国公司治理的效率分析［J］．科技进步与对策，2006，23（12）：20-23.

［274］中国·海峡项目成果交易会组委会办公室．创新的力量［M］．福州：福建人民出版社，2017.

［275］苗丽娜．基于系统动力学的金融生态环境评价研究［D］．武汉理工大学硕士学位论文，2007.

［276］连建辉，孙焕民，钟惠波．金融企业集群：经济性质、效率边界与竞争优势［J］．金融研究，2005（6）：72-82.

［277］余丽霞．金融产业集群对区域经济增长的效应研究［D］．西南财经大学博士学位论文，2012.

［278］ 程慕华．北京市金融产业集聚与经济增长的关系研究［D］．首都经济贸易大学硕士学位论文，2014.

［279］ Greenwood J.，Jovanovich B. Financial Development, Growth and Distribution of Income［J］. The Journal of Political Economy，1990，98（5）：1076-1107.

［280］ Smith D. D. Urban Food Distribution in Asia and Africa［J］. The Geographical Journal, 1991, 34（3）：51-61.

［281］ Bencivenga V. R.，Smith D. D. Financial Inter-mediation and Endogenous Growth［J］. The Review of Economic Studies, 1991, 58（2）：195-209.

［282］ 苏建军．金融发展、产业结构升级与经济增长——理论与经验研究［J］．工业技术经济，2014（2）：139-149.

［283］ 李旭．社会系统动力学［M］．上海：复旦大学出版社，2009.

［284］ 连莲．基于系统动力学视角的产业经济增长研究［D］．北京交通大学博士学位论文，2017.

［285］ 新京报．北京为什么将社会劳动生产率首度列入发展主要目标?［EB/OL］．（2018-01-27）［2018-09-20］．http：//www.sohu.com/a/219206426_616821.

［286］ 新京报．一张图告诉你全国公务员人数近两年下降是咋回事［EB/OL］．（2016-06-23）［2018-01-27］. http：//www.chinagwy.org/html/xwsz/zyxw/201606/21_159600.html.

［287］ Mark O. Sellenthin Technology Transfer Offices and University Patenting in Sweden and Germany［J］. The Journal of Technology Transfer，2009，34（6）：603-620.

［288］ 侯风华．山东省区域创新系统研究［D］．天津大学博士学位论文，2007.

［289］ 李敏．金融创新与经济增长关联性的系统动态研究［D］．武汉理工大学博士学位论文，2010.

［290］ 滕宇思．基于系统动力学的西安市土地综合承载力评价与预测研究［D］．西北工业大学博士学位论文，2016.

［291］ 贾俊平，何晓群，金勇．统计学［M］．北京：中国人民大学出版社，2009.

［292］ 刘敏．山西省科技服务业系统动力学建模与实证研究［D］．中北大学硕士学位论文，2017.

［293］ 丁行超．基于系统动力学原理的金融生态环境质量评价［D］．北京交通大学硕士学位论文，2015.

[294] 1.76万亿！我国研发经费投入强度再创历史新高 [N]. 人民日报，2018-10-10 (10).

[295] 王雷雷，刘倩．互联网金融视角下民营银行发展路径探析 [J]. 现代经济信息，2015 (12)：289-291.

[296] 习近平．习近平：发展是第一要务，人才是第一资源，创新是第一动力 [EB/OL]. (2018-03-07) [2019-06-12]. http://www.xinhuanet.com/politics/2018-03/07/c_1122502719.htm.

[297] 陈耀．高质量发展把对人才的要求推向新高度 [EB/OL]. (2018-06-13) [2019-06-12]. http://theory.people.com.cn/n1/2018/0613/c83851-30055446.html.

[298] 廖力贤．对城市低龄老年人的人力资源开发 [J]. 中国商界，2008 (11)：229.

[299] 武康平，倪宣明，殷俊茹．人口老龄化、经济增长与社会福利——基于内生经济增长理论的分析 [J]. 经济学报，2015 (1)：47-60.

[300] 原新，高瑗，李竞博．人口红利概念及对中国人口红利的再认识 [J]. 中国人口科学，2017 (6)：19-31.

[301] 梁伟年．中国人才流动问题及对策研究 [D]. 华中科技大学博士学位论文，2004.

[302] 张寒，饶凯．大学—产业界科研成果流动模式的演变：从技术转移到知识交换 [J]. 科学学与科学技术管理，2016，37 (2)：62-69.

[303] 金莉．基于勒温“场论”中旅游道德问题分析 [J]. 中南林业科技大学学报（社会科学版），2016，10 (1)：16-19.

[304] Levin R. A., Rosse J. G. Talent Flow: A Strategic Approach to Keeping Good Employees, Helping Them Grow, and Letting Them Go [M]. San Francisco: Jossey-Bass, 2001.

[305] 古继宝，李国伟．基础研究人员流动的分层次管理研究 [J]. 科学学与科学技术管理，2006，27 (2)：109-113.

[306] 孔春梅．高校人才的流动管理——以西部某高校为例 [J]. 内蒙古财经学院学报（综合版），2010 (6)：15-19.

[307] Oleksiyenko A. Opportunity Structures and Higher Learning in a Globally-connected Place: Tensions and Ties between Outbound and Upward Mobility [J]. Higher Education, 2013, 66 (3): 341-356.

[308] 黄宗成．国外人才流动及其有关理论研究 [J]. 科技进步与对策，1989 (4)：51-52.

［309］ Etzkowitz H. The Triple Helix：University-Industry-Government in Action［M］. New York：Roultedge，2008.

［310］ 亨利·埃茨科威兹．创业型大学与创新的三螺旋模型［J］．科学学研究，2009，27（4）：481-488.

［311］ Kent Weaver. The Changing World of Think Tanks［J］. Political Science and Politics，1989，22（3）：563-578.

［312］ 威廉·伊斯特利．经济增长的迷雾：经济学家的发展政策为何失败［M］．姜世明译．北京：中信出版社，2016.

附录 DYNAMO 程序

（001） FINAL TIME = 2030

Units：Year

The final time for the simulation.

（002） GDP 增加量 =

0.68×金融产业增加值+0.11×工业生产总值+31089.7

Units：亿元

（003） INITIAL TIME = 2006

Units：Year

The initial time for the simulation.

（004） SAVEPER =

TIME STEP

Units：Year

The frequency with which output is stored.

（005） TIME STEP = 1

Units：Year

The time step for the simulation.

（006） 上市公司数量=

0.000192×全国法人单位数量+196.73

Units：个

（007） 专利授权增长率=

0.96×高校创新动力

Units：Dmnl

（008） 中长期贷款=

0.6093×银行贷款额-28747.9

Units：亿元

（009） 产业结构高级化程度=

0.6×上市公司数量/全国法人单位数量+0.4×金融产业就业人数中高学历人

口/金融产业就业人数

Units：Dmnl

（010） 人均 GDP=全国 GDP/总人口

Units：亿元/万人

（011） 人口素质水平=

教育影响因子×人均受教育年限/大专以上学历受教育年限

Units：Dmnl

（012） 人口自然增长率 = WITH LOOKUP（Time,

（[（2006,0）-（2015,100）],（2006,0.00528）,（2007,0.00517）,（2008,0.00508）,（2009,0.00487）,（2010,0.00479）,（2011,0.00479）,（2012,0.00495）,（2013,0.00492）,（2014,0.00521）,（2015,0.00496）））

Units：Dmnl

（013） 人口金融密度=

年末金融机构各项存贷款余额总和/总人口

Units：亿元/万人

（014） 人力资本市场化指数=

非国有经济单位从业人员数/城镇化从业人员总数

Units：Dmnl

（015） 人均受教育年限 = WITH LOOKUP（教育经费投入,

（[（0,0）-（50000,100）],（6592.76,8.04006）,（8992.02,8.186）,（11188.2,8.26987）,（12511.1,8.37965）,（15052.3,8.2103）,（19050.8,8.84567）,（23074.2,8.94238）,（25388.2,9.04768）,（26436.4,9.03682）,（29080.3,9.07692）））

Units：Year

（016） 人均居民消费支出=

0.3756×人均 GDP+2112.16

Units：亿元/万人

（017） 人才引进投资额占财政支出比例=

0.001

Units：Dmnl

（018） 低龄高学历老年人口占比=

0.147

Units：Dmnl

（019）体制内科研机构总数 = WITH LOOKUP（Time,
（[（2006,5000）-（2015,20000）]，（2006,7957），（2007,8277），（2008,8886），（2009,9789），（2010,11529），（2011,12303），（2012,12899），（2013,13493），（2014,14309），（2015,15382）））

Units：个

（020）保险保费收入=

0.0346×全国 GDP-1586.61

Units：亿元

（021）保险发展程度=

保险保费收入/全国 GDP

Units：Dmnl

（022）信息通信水平=

移动和互联网用户/总人口

Units：Dmnl

（023）全国 GDP= INTEG（

GDP 增加量，219029）

Units：亿元

（024）全国法人单位数量 = WITH LOOKUP（Time,
（[（2006,100000）-（2015,2.8e+007）]，（2006,6.06891e+006），（2007,6.49506e+006），（2008,7.09877e+006），（2009,8.00387e+006），（2010,8.75459e+006），（2011,9.59373e+006），（2012,1.06165e+007），（2013,1.08256e+007），（2014,1.37014e+007），（2015,1.57292e+007）））

Units：个

（025）全社会劳动生产率增长率=

0.086

Units：Dmnl

（026）公共管理环境=

劳动人事争议结案数量/劳动人事争议受理案件数量

Units：Dmnl

（027）其他投资=

0.1301×总投资额+2938.91

Units：亿元

（028）养老保险参保人数=

1.7037×总人口-202229

Units：万人

（029）出版著作增长率=

0.015×高校创新动力

Units：Dmnl

（030）利用外资=

0.0032×总投资额+2899.68

Units：亿元

（031）制度公平性=

（全国GDP-财政收入）/全国GDP

Units：Dmnl

（032）劳动人事争议受理案件数量 = WITH LOOKUP（Time,

（[（2006，10000）-（2015，5e+006）]，（2006，339327），（2007，375606），（2008，726549），（2009，768088），（2010，678791），（2011，631552），（2012，677353），（2013，700238），（2014，746959），（2015，853439）））

Units：件

（033）劳动人事争议结案数量 = WITH LOOKUP（Time，

（[（2006，10000）-（2015，5e+006）]，（2006，310780），（2007，340030），（2008，622719），（2009，689714），（2010，634041），（2011，592823），（2012，643292），（2013，669062），（2014，711044），（2015，812461）））

Units：件

（034）各类资本证券交易额=

10.1311×全国GDP-1.04763e+006

Units：亿元

（035）各类资本证券发展程度=

各类资本证券交易额/全国GDP

Units：Dmnl

（036）吸引人才程度=

（人才引进投资额占财政支出比例+归国留学人员占比+市场体制完善程度+政府公务员高学历比例）/4

Units：Dmnl

（037）固定资产投资=

0.8395×全国GDP-60208.6

Units：亿元

（038）国内外投资占比=

(利用外资+对外投资额)/全国 GDP

Units：Dmnl

(039) 国有单位就业人数=

-0.2585×就业人口数+26167.3

Units：万人

(040) 土地面积=

9.63406e+006

Units：平方公里

(041) 地理金融密度=

年末金融机构各项存贷款余额总和/土地面积

Units：亿元/平方公里

(042) 城镇化从业人员总数=

2.4764×就业人口数-154241

Units：万人

(043) 大专以上学历受教育年限=

17

Units：Year

(044) 对外开放程度=

0.6×进出口总值占比+0.4×国内外投资占比

Units：Dmnl

(045) 对外投资额=

1.4328×全国 GDP-151590

Units：亿元

(046) 就业人口数=

0.5606×总人口-953.059

Units：万人

(047) 居民生活水平 = WITH LOOKUP (人均居民消费支出,

([(0,-10)-(100000,10)],(8697,0.542),(9997,0.537),(11243,0.521),(12265,0.535),(13471.5,0.543),(15160.9,0.537),(16674.3,0.5377),(18487.5,0.588),(19968.1,0.59),(21392.4,0.594)))

Units：Dmnl

(048) 工业生产总值=

1.5722×高技术企业收入+38153.8

Units：亿元

（049）市场体制完善程度 = WITH LOOKUP（Time,
（[（2006,0）-（2015,100）],（2006,6.55）,（2007,6.92）,（2008,5.47）,（2009,5.64）,（2010,5.35）,（2011,5.22）,（2012,6.03）,（2013,5.92）,（2014,6.25）,（2015,6.43）））

Units：Dmnl

（050）市场化程度=

0.3×人力资本市场化指数+0.7×投资市场化指数

Units：Dmnl

（051）年末金融机构各项存贷款余额总和=

3.2158×全国 GDP-117330

Units：亿元

（052）归国留学人员占比 = WITH LOOKUP（Time,
（[（2006,-10）-（2015,10）],（2006,0.313433）,（2007,0.305556）,（2008,0.385428）,（2009,0.472307）,（2010,0.473481）,（2011,0.548131）,（2012,0.682933）,（2013,0.854071）,（2014,0.793388）,（2015,0.781172）））

Units：Dmnl

（053）总人口= INTEG

（总人口×人口自然增长率，131448）

Units：万人

（054）总投资额=

0.9053×全国 GDP-64942.9

Units：亿元

（055）技术、制度、金融协同创新程度=

0.2×政府创新动力+0.2×金融创新动力+0.2×高技术企业创新动力+0.2×科研机构创新动力+0.2×高校创新动力

Units：Dmnl

（056）技术市场成交额=INTEG（技术市场成交额×科研成果转化率×6.1，1818.18）

Units：亿元

（057）投资市场化指数=

（其他投资+利用外资+自筹投资）/固定资产投资

Units：Dmnl

（058）政府 R&D 投入=

（0.07+STEP（0.0035,2007）-STEP（0.0038,2009）+STEP（0.0035,2011）+

STEP(0.0035, 2012)-STEP(0.004, 2015)+0.016×政府创新动力)×财政支出

Units：亿元

(059) 政府公共服务效率=

0.35×行政管理能力+0.65×财政能力

Units：Dmnl

(060) 政府公务员高学历比例=

0.573

Units：Dmnl

(061) 政府创新动力=

0.18×(GDP 增加量/全国 GDP)+0.06×制度公平性+0.09×吸引人才程度+0.13×对外开放程度+0.11×市场化程度+0.11×非国有化率+0.12×全社会劳动生产率增长率+0.2×政府调控效率

Units：Dmnl

(062) 政府干预程度=

财政缺口/财政收入

Units：Dmnl

(063) 政府调控效率=

(财政收入/全国 GDP)×(1-国有单位就业人数/就业人口数)×(1-行政管理费/财政支出)

Units：Dmnl

(064) 教育影响因子=

0.6

Units：Dmnl

(065) 教育经费投入=

0.1895×财政收入-13.96

Units：亿元

(066) 新产品开发增长率=

0.21×(1+高技术企业创新动力)

Units：Year

(067) 新产品销售收入 = INTEG

(新产品销售收入×新产品开发增长率, 8248.86)

Units：亿元

(068) 智库平台效率=

1.2×低龄高学历老年人口占比

Units：Dmnl

（069）有效发明增长率=

0.81×高技术企业创新动力

Units：Dmnl

（070）社会保障就业支出=

0.1163×财政收入-244.06

Units：亿元

（071）社会保障程度=

0.5×社会保障就业支出/全国 GDP+0.5×养老保险参保人数/总人口

Units：Dmnl

（072）科研人员流动率=

0.15+0.3×技术、制度、金融协同创新程度

Units：Dmnl

（073）科研创新人数=

0.0988×就业人口数-7261.83

Units：万人

（074）科研成果增加率=

科研机构成果年均增长率+高技术企业成果年均增长率+高校科研成果年均增长率

Units：Year

（075）科研成果总数量= INTEG

（科研成果总数量×（1+（科研成果增加率-科研成果转化率）），

1.37122e+006）

Units：件

（076）科研成果转化率=

0.0231×(1+0.5×项目投资交易平台技术专利交易额占比+0.5×技术、制度、金融协同创新程度)

Units：Dmnl

（077）科研机构专利增长率=

0.941×科研机构创新动力

Units：Dmnl

（078）科研机构人员数量=

0.0536×科研创新人数+16.62

Units：万人

（079）科研机构出版著作增长率=

0.028×科研机构创新动力

Units：Dmnl

（080）科研机构创新动力=

0.1478×科研机构人员数量/科研创新人数+0.0009×科研机构数目/体制内科研机构总数+0.8513×科研经费投入/“政府 R&D 投入”

Units：Dmnl

（081）科研机构成果年均增长率=

（科研机构专利增长率+科研机构出版著作增长率+科研机构论文增长率）/3

Units：Dmnl

（082）科研机构数目=

-0.018×体制内科研机构总数+3898.23

Units：个

（083）科研机构论文增长率=

0.031×科研机构创新动力

Units：Dmnl

（084）科研经费投入=

0.1377×政府 R&D 投入+159.28

Units：亿元

（085）移动和互联网用户=

5.1052×总人口-642540

Units：万人

（086）税收收入=

0.9076×高技术企业收入+4272.66

Units：亿元

（087）自筹投资=

0.7061×总投资额-10313.8

Units：亿元

（088）行政管理能力=

行政管理费/财政支出

Units：Dmnl

（089）行政管理费=

0.0856×财政收入+2337.32

Units：亿元

（090）“规模以上工业企业 R&D 机构数” = WITH LOOKUP（Time，（[（2006，0）-（2015，1）]，（2006，21903），（2007，24077），（2008，26177），（2009，29879），（2010，30775），（2011，31320），（2012，45937），（2013，51625），（2014，57199），（2015，62954）））

Units：个

（091）论文发表增长率=

0.025×高校创新动力

Units：Dmnl

（092）诚信环境=

0.3×人口素质水平+0.7×居民生活水平

Units：Dmnl

（093）财政支出=

全国 GDP×财政支出占 GDP 比重

Units：亿元

（094）财政支出占 GDP 比重=

0.18+STEP（0.01，2008）+STEP（0.03，2009）+STEP（0.01，2011）+STEP（0.01，2013）+STEP（0.02，2015）

Units：Dmnl

（095）财政收入=

1.1963×税收收入-2184.19

Units：亿元

（096）财政缺口=

IF THEN ELSE（财政支出-财政收入>0，财政支出-财政收入，0）

Units：亿元

（097）财政能力=

（财政收入/全国 GDP+财政支出/全国 GDP+财政支出/财政收入）/3

Units：Dmnl

（098）进出口总值=

0.4139×全国 GDP+13721.8

Units：亿元

（099）进出口总值占比=

进出口总值/全国 GDP

Units：Dmnl

（100）金融业 R&D 投入占比=

0.0005

Units：Dmnl

（101）金融主体独立性=

中长期贷款/全国 GDP-政府干预程度

Units：Dmnl

（102）金融产业产值= INTEG

（金融产业增加值，9951.7）

Units：亿元

（103）金融产业增加值=

金融产业产值×金融产业增长率

Units：亿元

（104）金融产业增长率 = WITH LOOKUP

（Time×（1+0.008×（DELAY1（金融创新动力，1）-金融创新动力）/DELAY1（金融创新动力，1）+STEP（0.03，2007）-STEP（0.03，2009）），

（[（2006，0）-（2015，1）]，（2006，0.332311），（2007，0.524734），（2008，0.206917），（2009，0.190281），（2010，0.178103），（2011，0.194643），（2012，0.14699），（2013，0.170585），（2014，0.132898），（2015，0.240166）））

Units：Dmnl

（105）金融产业就业人数=

0.0331×就业人口数-2046.1

Units：万人

（106）金融产业就业人数中高学历人口=

0.2×金融产业就业人数

Units：万人

（107）金融产业社会贡献率=

金融产业产值/全国 GDP

Units：Dmnl

（108）金融产品服务创新=

（信息通信水平+"金融业 R&D 投入占比"+金融产业社会贡献率+金融投资率+产业结构高级化程度+金融融资结构市场化程度）/6

Units：Dmnl

（109）金融创新动力=

（金融产品服务创新+金融创新发展环境+金融集聚程度）/3

Units：Dmnl

（110）金融创新发展环境=

0.11×诚信环境+0.13×政府公共服务效率+0.18×公共管理环境+0.1×社会保障程度+0.26×金融机构发展程度+0.22×金融主体独立性

Units：Dmnl

（111）金融密度=

0.5×人口金融密度+0.5×地理金融密度

Units：Dmnl

（112）金融投资率=

金融投资额/全国 GDP

Units：Dmnl

（113）金融投资额=

0.15×对外投资额-2903.61

Units：亿元

（114）金融机构发展程度=

（保险发展程度+各类资本证券发展程度+银行发展程度）/3

Units：Dmnl

（115）金融机构数目=

0.0059×全国法人单位数量-24396.8

Units：个

（116）金融活跃度=

年末金融机构各项存贷款余额总和/全国 GDP

Units：Dmnl

（117）金融融资结构市场化程度=

0.2251

Units：Dmnl

（118）金融规模=

（金融机构数目/全国法人单位数量+金融产业就业人数/就业人口数）/2

Units：Dmnl

（119）金融集聚程度=

（金融密度+金融活跃度+金融规模）/3

Units：Dmnl

（120）银行发展程度=

银行贷款额/全国 GDP

Units：Dmnl

（121）银行贷款额=
1.2995×全国 GDP-41321.5
Units：亿元
（122）非国有化工业总产值=
0.1993×高技术企业收入-653.5
Units：亿元
（123）非国有化率=
非国有化工业总产值/工业生产总值
Units：Dmnl
（124）非国有经济单位从业人员数=
1.1604×就业人口数-81218
Units：万人
（125）项目投资交易平台技术专利交易额占比=
0.3×(1+0.4×政府创新动力+0.3×智库平台效率+0.3×科研人员流动率)
Units：Dmnl
（126）高技术产业 R&D 机构数=
0.27×高技术企业数量
Units：个
（127）高技术企业 R&D 投入=
0.0169×高技术企业收入-215.92
Units：亿元
（128）高技术企业创新动力=
0.4227×高技术产业 R&D 机构数/规模以上工业企业 R&D 机构数+0.1915×高技术企业研发人数/科研创新人数+0.3858×高技术企业 R&D 投入/新产品销售收入
Units：Dmnl
（129）高技术企业成果年均增长率=
(新产品开发增长率+有效发明增长率)/2
Units：Dmnl
（130）高技术企业收入=
1.5195×新产品销售收入+6.6931×技术市场成交额+16964.6
Units：亿元
（131）高技术企业数量=
0.0003×全国法人单位数量+22445.2

Units：个

（132）高技术企业研发人数=

0.18×科研创新人数-6.47

Units：万人

（133）高校研究经费投入=

0.0696×政府 R&D 投入+45.01

Units：亿元

（134）高校创新动力=

0.5602×高校研究经费投入/政府 R&D 投入+0.0492×高校科研人员数量/科研创新人数+0.3906×高校科研机构数目/体制内科研机构总数

Units：Dmnl

（135）高校科研人员数量=

0.0605×科研创新人数+12.6

Units：万人

（136）高校科研成果年均增长率=

（专利授权增长率+出版著作增长率+论文发表增长率）/3

Units：Dmnl

（137）高校科研机构数目=

1.0261×体制内科研机构总数-4008.59

Units：个

后 记

花开生命两旁，有爱也有情。

一路繁花似锦，或一路披荆斩棘，人生皆如白驹过隙。本书的形成过程是整个人生中不可复制的宝贵体验，有甜也有苦，有悲也有喜，跌宕起伏。有时不禁问自己：为什么要踮起脚尖去争取离唾手可得还有很大一段距离的东西？是理想追求还是现实需求，是挑战困难还是实现自我？在著此书的过程中，我细细品味出理论知识的力量，在脑海中建立了理论与实践的桥梁与回路，逐步清晰地在空白处架构起可视的微观世界。在这艰苦前行的过程中，虽然这是一场自己一个人的马拉松，只有终点，唯一的对手是自己，但我仍然得到许多可亲、可敬、可爱的老师们、前辈们、长辈们、同学们、朋友们、家人们的关心与照顾，是他们一路不断地支持与鼓励，才让我不畏困苦，扶地而起，鼓起勇气，前行至今。

衷心感谢也十分感恩我的导师周小亮教授。您踏实严谨的治学态度是最令我佩服的，《资本论》一书尽管破旧，却满满当当都是笔记。同时，您具有敏锐前瞻性的学术思维，为我建议了一个非常好的选题，使我的研究向更抽象的深处延展。您不仅是我科研学习路上的引路人，还在生活上鼓励我向更成熟的人生迈进。您总是将自己比喻成“中央空调”，没有时刻约束着我，却总在关键时刻给予我温暖的照拂。“做科研就是在地狱口挣扎往上爬；任何时候都应该要坚强，不放弃。”尤其在遇到跨不过去坎的时候，我无数遍翻读这几句话，从中汲取坚强前行的力量。

衷心感谢也十分感恩陈清福教授。您一直鼓励我继续深造，并在本书形成的过程中提供了许多非常精彩的理论提示和踩准热点的宏观政策建议。“基辛格三角理论，你要去研究”“量子理论，你要去关注”等与创新、协同创新相关的文件、书籍、报纸，您都一张一张截图发给我参考。您对“一带一路”金融创新的前瞻性理解与深度研究，都不吝分享与我，希望能够对我有所帮助。您总是说：“你所做的研究要经得起推敲，数据分析翔实是基础，提出有思想性的科学实验是你作为博士应该要具备的。”

在本书形成的过程中，陈国宏教授、林迎星教授、唐振鹏教授、叶阿忠教授、张岐山教授、徐学荣教授、孙秋碧教授、朱斌教授、蒋岳祥教授、邹文杰教授提出了许多非常中肯且实质性的修改建议，既尊重我的研究思路，又积极帮助我一起寻找适用的模型和解决方案，甚至还在行文细节处提出许多更好的修改方式。在台湾交流学习期间，宜兰大学王俊如教授基于我的三轮协同创新机制，提示我可以去看《论中国社会超稳定结构》一书，最终借用了其中的突变理论成为毕业论文的理论分析之一。非常感谢台湾政治大学黄智聪教授的严格教诲，考验式鼓励我不断反复修订英文文章，并将结论形成毕业论文中政策建议部分。“你去看‘薛定谔的猫’”，薛钰老师拥有丰富的华尔街经验，就这么一句话，却为我开启了一扇门，启发我用物理学的微观研究方法去分析宏观经济学。在“一带一路”背景下，Marc 教授从国际视角为本书提供了许多关于金融创新的重要研究思路。这些点点滴滴的提示最终组成了本书中许多重要的闪光点。

本书在不断完善的过程中，陈杰博士、吴兴南教授、林育兹教授、邵宜重主任、高杨华老师等都对本书提出了修改意见。非常感谢周小红老师及屈峰、段海玲、陈尾红等博士同学和李鸿冠、崔云两位硕士同窗对我毫无保留的帮助，十分感谢博士同门中蔡乌赶师姐对我构建论文模型给予的重要启发，以及吴武林师弟等在本书修订上的帮助。

在这本书最终形成的过程中，家人给予我无私、不求回报的帮助，甚至父亲的一生都在成就我，为我放弃诸多。父亲只字未留，却告诉我一个道理：“必须敢于正视，这才可望敢想、敢说、敢做、敢当。”必须敢于正视？那么到底正视什么？正视失败，正视失去，正视失望……这才可望，在哈姆雷特式的纠结中知取舍，洗净容颜铅华，只为从头再来。从此刻开始，斩断过往的优与劣；从此刻开始，凝结当前的神与力；从此刻开始，感受来之的荆与棘。“爱在左，情在右，走在生命的两旁，随时撒种，随时开花，将这一径长途点缀得花香弥漫，使得穿花拂叶的行人，踏着荆棘，不觉痛苦，有泪可挥，不觉悲凉。”

本书形成不易，感恩所有帮助过我的人。未来，希望通过不断研究学习，能够做深做实学问，不断突破自我。光明在前，坚定信念，希望定会有。

李 婷
2020 年 2 月 3 日于福州